Italiano Intermediário PARA LEIGOS

Italiano Intermediário PARA LEIGOS

por Daniela Gobetti
Cristiana Mora Thielmann
Chiara Marchelli

ALTA BOOKS
EDITORA
Rio de janeiro, 2011

Italiano Intermediário para Leigos Copyright © 2011 da Starlin Alta Con. Com. Ltda.
ISBN 978-85-7608-563-8

Produção Editorial
Starlin Alta Con. Com. Ltda

Gerência Editorial
Anderson da Silva Vieira
Carlos Almeida

Supervisão de Produção
Angel Cabeza
Augusto Coutinho
Leonardo Portella

Equipe Editorial
Heloisa Pereira
Sérgio Cabral
Andréa Bellotti
Deborah Marques

Tradução:
Leila Kommers

Revisão Gramatical
Tatiana Lopes
Alda Terezinha

Revisão Técnica
Aderbal Torres
Bacharel em Letras (Italiano/UERJ)

Diagramação
Robson Lima

Fechamento
Carla Romano

Translated From Original Intermediate Italian for Dummies 978-0-470-50202-0 Copyright © 2010 by Wiley Publishing, Inc. All rights reserved including the right of reproduction in whole or in part in any form. This translation was published by arrangement with Wiley Publishing, Inc.

Portuguese language edition Copyright © 2011 da Starlin Alta Con. Com. Ltda. All rights reserved including the right of reproduction in whole or in part in any form. This translation was published by arrangement with Wiley Publishing, Inc

"Willey, the Wiley Publishing Logo, for Dummies, the Dummies Man and related trad dress are trademarks or registered trademarks of John Wiley and Sons, Inc. and/or its affiliates in the United States and/or other countries. Used under license.

Todos os direitos reservados e protegidos pela Lei 9.610 de 19/02/98. Nenhuma parte deste livro, sem autorização prévia por escrito da editora, poderá ser reproduzida ou transmitida, sejam quais forem os meios empregados: eletrônico, mecânico, fotográfico, gravação ou quaisquer outros.

Todo o esforço foi feito para fornecer a mais completa e adequada informação. Contudo, a editora e o(s) autor(es) não assumem responsabilidade pelos resultados e usos da informação fornecida.

Erratas e atualizações: Sempre nos esforçamos para entregar ao leitor um livro livre de erros técnicos ou de conteúdo. Porém, nem sempre isso é conseguido, seja por motivo de alteração de software, interpretação ou mesmo quando há alguns deslizes que constam na versão original de alguns livros que traduzimos. Sendo assim, criamos em nosso site, www.altabooks.com.br, a seção *Erratas*, onde relataremos, com a devida correção, qualquer erro encontrado em nossos livros.

Avisos e Renúncia de Direitos: Este livro é vendido como está, sem garantia de qualquer tipo, seja expressa ou implícita.

Marcas Registradas: Todos os termos mencionados e reconhecidos como Marca Registrada e/ou comercial são de responsabilidade de seus proprietários. A Editora informa não estar associada a nenhum produto e/ou fornecedor apresentado no livro. No decorrer da obra, imagens, nomes de produtos e fabricantes podem ter sido utilizados, e, desde já, a Editora informa que o uso é apenas ilustrativo e/ou educativo, não visando ao lucro, favorecimento ou desmerecimento do produto/fabricante.

Impresso no Brasil

O código de propriedade intelectual de 1º de julho de 1992 proíbe expressamente o uso coletivo sem autorização dos detentores do direito autoral da obra, bem como a cópia ilegal do original. Esta prática, generalizada, nos estabelecimentos de ensino, provoca uma brutal baixa nas vendas dos livros, a ponto de impossibilitar os autores de criarem novas obras.

Dados Internacionais de Catalogação na Publicação (CIP)

```
G574i   Gobetti, Daniela.
           Italiano intermediário para leigos / por Daniela Gobetti, Cristiana Mora Thielmann, Chiara
        Marchelli; [tradução Leila Kommers]. – Rio de Janeiro, RJ : Alta Books, 2011.
           356 p. : il. – (Para leigos)
           Inclui índice e apêndice.
           Tradução de: Intermediate italian for dummies.
           ISBN 978-85-7608-563-8

        1. Língua italiana - Estudo e ensino. 2. Língua italiana - Gramática - Problemas, exercícios, etc.
        3. Língua italiana - Fala I. Thielmann, Cristiana Mora. II. Marchelli, Chiara. III. Título. IV. Série.

                                                             CDU 805.0
                                                             CDD 450.7
```

Índice para catálogo sistemático:
1. Língua italiana : Estudo e ensino   805.0
(Bibliotecária responsável: Sabrina Leal Araujo – CRB 10/1507)

ALTA BOOKS
EDITORA

Rua Viúva Cláudio, 291 – Bairro Industrial do Jacaré
CEP: 20970-031 – Rio de Janeiro – Tels.: 21 3278-8069/8419 Fax: 21 3277-1253
www.altabooks.com.br – e-mail: altabooks@altabooks.com.br

Sobre os Autores

Daniela Gobetti nasceu na Itália e vive nos Estados Unidos há 30 anos. Ela é formada em Letras e Filosofia pela Universidade de Turim, Itália, e é PhD em Ciências Políticas pela Universidade de Columbia. Lecionou teoria política por vários anos e ajudou a construir o Centro da União Europeia na Universidade de Michigan. É uma das fundadoras do PROXIMA – Treinamento de Consultoria de Educação Global (www.proxima-gect.com), uma empresa de consultoria no campo da internacionalização da educação superior e de treinamento cultural.

Desde que chegou aos Estados Unidos, uma das metas de Daniela foi tornar-se o mais proficiente possível em inglês, sem perder sua própria língua materna. Assim, ensinou italiano, traduziu livros do italiano para o inglês e do inglês para o italiano, publicou artigos revisados por especialistas em ambos os idiomas e escreveu vários livros sobre o aprendizado de italiano. Revisou *2001 Italian and English Idioms* e *Italian Idioms* e publicou *Dictionary of Italian Slang* pela Barron´s Educational Series, *Better Reading Italian, Italian Pronouns and Prepositions, Must-Know Italian* e *Italian Vocabulary* pela McGraw-Hill.

Agradecimentos do Autor

Sou grata à minha agente, Grace Freedson, que confia em mim e me ajuda há muitos anos. E sou grata às minhas editoras, Kristin DeMint e Elizabeth Rea, que me ajudaram a trabalhar com a abordagem *Para Leigos* ao escrever os livros.

— Daniela Gobetti

Sumário Resumido

Introdução 1

Parte I: Orientando-se: Revisando o Básico 7

Capítulo 1: O Que Você Sabe? Categorias Gramaticais e Exemplos 9
Capítulo 2: Fundamentos do Substantivo e Artigo: Gênero e Número 27
Capítulo 3: Números, Datas e Hora 45

Parte II: Uma Olhada de Perto nas Categorias Gramaticais ... 57

Capítulo 4: Tudo Sobre Pronomes 59
Capítulo 5: Adjetivos, Advérbios e Comparações 81
Capítulo 6: Preposições: O Grande Desafio 101
Capítulo 7: Qualificadores Demonstrativos, Indefinidos e Possessivos 115
Capítulo 8: Ligando Frases com Conjunções e Pronomes Relativos 131

Parte III: O Que Você Faria sem Verbos E Tempos Verbais? 147

Capítulo 9: Escrevendo no Presente 149
Capítulo 10: Voltando ao Passado: O Pretérito Perfeito Composto e o Pretérito
Perfeito Simples 169
Capítulo 11: Quando as Coisas Duravam (no Passado): O Pretérito Imperfeito 189
Capítulo 12: O Futuro 205

Parte IV: Acrescentando Nuances aos Modos
e Tempos Verbais 217

Capítulo 13: O Imperativo 219
Capítulo 14: Formando Verbos no Condicional e no Subjuntivo 229
Capítulo 15: O Condicional e o Subjuntivo em Ação 245
Capítulo 16: Satisfazendo Sua Curiosidade com Perguntas e Respostas 261
Capítulo 17: As Construções Reflexivas, Passivas e Impessoais 275

Parte V: A Parte dos Dez 289

Capítulo 18: Dez Fatos para Lembrar-se da Gramática Italiana 291
Capítulo 19: Dez Distinções Sutis dos Verbos 299

Parte VI: Apêndices 303

Apêndice A: Tabelas de Verbos 305
Apêndice B: Dicionário Português-Italiano 325
Apêndice C: Dicionário Italiano-Português 329

Índice Remissivo 333

Sumário

Introdução **1**

Sobre Este Livro 1
Convenções Usadas Neste Livro 2
Suposições Tolas 2
Como Este Livro É Organizado 3
    Parte I: Orientando-se: Revisando o Básico 3
    Parte II: Uma Olhada de Perto nas Categorias Gramaticais 3
    Parte III: O Que Você Faria sem os Verbos e os Tempos Verbais? 4
    Parte IV: Acrescentando Nuances aos Modos e Tempos Verbais 4
    Parte V: A Parte dos Dez 4
    Parte VI: Apêndices 5
Ícones Usados Neste Livro 5
Onde Ir Daqui 5

Parte I: Orientando-se: Revisando o Básico **7**

Capítulo 1: O Que Você Sabe? Categorias Gramaticais e Exemplos 9

Entendendo Termos e Nuances da Gramática Italiana 10
    Fonologia: Dizendo e escrevendo as palavras corretamente 10
    Morfologia: Estrutura da palavra e variações nas formas das palavras 11
    Sintaxe: Colocando as palavras em ordem 19
Tirando o Máximo dos Dicionários 21
    Navegando em um dicionário monolíngue 22
    Navegando em um dicionário bilíngue italiano-português/português-italiano23
Respostas 25

Capítulo 2: Fundamentos do Substantivo e Artigo: Gênero e Número ... 27

Um Manual Sobre Artigos 28
    Lidando com os artigos definidos "o(s), a(s)" 28
    Dizendo "um" ou "uma" em italiano: Artigos indefinidos 29
Distinguindo Entre Substantivos Masculinos e Femininos 30
    Reconhecendo terminações comuns de substantivos 30
    Classificando os substantivos em três classes 31
Indo do Singular ao Plural: Regras Básicas 34
Exceções às Regras Básicas Quanto ao Número 35
    Mudando mais do que apenas a terminação 35
    Mudando somente o artigo 37

Italiano Intermediário para Leigos

Usando somente substantivos no singular ou no plural 37
Decidindo Quando Incluir Um Artigo 38
    Quando (e quando não) usar um artigo definido 38
    Quando (e quando não) usar um artigo indefinido 40
Respostas 41

Capítulo 3: Números, Datas e Hora 45

Contando Itens com Números Cardinais 45
Colocando os Itens em Ordem com Números Ordinais 48
Lidando com Seu Calendário e Seu Tempo 50
    Il calendario: O calendário 50
    L'ora: Hora 51
Respostas 54

Parte II: Uma Olhada de Perto nas Categorias Gramaticais 57

Capítulo 4: Tudo Sobre Pronomes 59

Leitor, Conheça os Pronomes Retos 60
    Sabendo quando usá-los 61
    Adaptando os pronomes retos para uso formal e informal 61
Pronomes Átonos 62
Pronomes Oblíquos Diretos 63
Pronomes Oblíquos Indiretos 66
Combinando Pronomes Oblíquos Diretos e Indiretos Para Formar Pronomes
    Compostos 69
Mas Espere – Tem Mais! Pronomes Especiais do Italiano 71
    O pronome adverbial ci 71
    O pronome ne 73
Quando o Sujeito É Também Objeto: Pronomes Reflexivos 75
Respostas 77

Capítulo 5: Adjetivos, Advérbios e Comparações 81

Combinando Adjetivos com Substantivos em Gênero e Número 82
    Adjetivos Regulares 83
    Adjetivos Irregulares 84
    Adjetivos Invariáveis 85
Quando Você Precisar Combinar Um Adjetivo Com Mais de Um Substantivo 86
Colocando Adjetivos no Seu Lugar 87
    Reconhecendo os adjetivos que vêm antes dos substantivos 87
    Usando a colocação para modificar o significado de um adjetivo 88
Formando Advérbios da Maneira Italiana 89
    Advérbios originais 90
    Advérbios derivados 90

Encontrando Um Lugar para Advérbios em Uma Frase..........92
Fazendo Comparações..........93
Designando o melhor e o pior: Os superlativos..........95
Migliore and peggiore, meglio and peggio: Melhor e pior..........96
Respostas..........98

Capítulo 6: Preposições: O Grande Desafio..........101

Combinando Preposições com Artigos..........102
Formando Complementos (Preposição + Substantivo, Nome ou Pronome)..........103
Posse e especificação..........103
Qualidades e funções..........103
Lugar..........104
Lugar e função..........106
Tempo..........107
Finalidade e agente da ação..........110
Ferramentas, razões e causas..........111
Respostas..........113

Capítulo 7: Qualificadores Demonstrativos, Indefinidos e Possessivos..........115

Apontando para Algo com Questo (Este) e Quello (Aquele)..........116
Expressando Algo Indefinido..........117
Palavras indefinidas usadas como adjetivos ou pronomes..........117
Palavras indefinidas usadas somente como pronomes..........124
Palavras indefinidas que expressam uma parte de um grupo: artigos partitivos, indefinidos e o pronome ne..........126
Designando Posse com Qualificadores Possessivos..........128
Respostas..........130

Capítulo 8: Ligando Frases com Conjunções e Pronomes Relativos....131

Palavras de Ligação e Orações com Conjunções e Preposições..........132
Conectando palavras ou frases com conjunções coordenativas..........132
Unindo uma oração dependente a uma independente..........134
Unindo Orações Que Pertencem Uma à Outra..........138
Lidando com seus pronomes relativos médios..........138
Economia de discurso: Pronomes combinados..........142
Respostas..........144

Parte III: O Que Você Faria sem Verbos E Tempos Verbais?..147

Capítulo 9: Escrevendo no Presente..........149

Os Caras Confiáveis: Verbos Regulares..........149
Encontrando Surpresas em Cada Volta: Verbos Irregulares..........151

Italiano Intermediário para Leigos

Verbos auxiliares e modais... 151
Verbos irregulares da primeira conjugação: -are 154
Verbos irregulares da segunda conjugação: -ere 155
Verbos irregulares da terceira conjugação: -ire............................. 157
Mais verbos irregulares: aqueles que terminam em -arre, -urre e -orre 159
Ter que Fazer Sem Sujeito: Verbos Impessoais.................................... 160
O Que Está Acontecendo Agora: Presente Progressivo........................ 161
Usando Pronomes com Verbos no Infinitivo e no Gerúndio................. 163
Respostas... 166

Capítulo 10: Voltando ao Passado: O Pretérito Perfeito Composto e o Pretérito Perfeito Simples 169

Passo 1: Transformando Um Verbo em Particípio Passado.................. 170
Formando o particípio passado dos verbos regulares................... 170
Formando o particípio passado dos verbos irregulares 171
Passo 2: Descobrindo Qual Auxiliar Usar 174
Passo 3: Coordenando o Particípio Passado Com o Sujeito ou Objeto............... 177
Adicionando Um Auxiliar Modal a Uma Forma Verbal no
Pretérito perfeito composto...178
Escrevendo e Lendo Sobre Passado Distante: O Pretérito 180
O pretérito perfeito simples dos verbos regulares........................ 181
Pretérito Perfeito Simples dos verbos irregulares 182
Resposta.. 185

Capítulo 11: Quando as Coisas Duravam (no Passado): O Pretérito Imperfeito 189

Formando o Pretérito Imperfeito 190
Acrescentando terminações aos verbos regulares......................... 190
Alguns vilães: Verbos irregulares 192
Esculpindo o Pretérito Imperfeito Progressivo.................................. 194
Quando o Andamento Fica Complicado: Comparando o Pretérito Imperfeito
Com o Pretérito Perfeito Composto.. 195
Escolhendo um sobre o outro: pretérito imperfeito ou pretérito perfeito
composto 195
Usando tempos diferentes em frases diferentes............................. 196
Expressando Suas Ações em Sequência no Passado: O Trapassato Prossimo 197
Praticando Sua Navegação Entre os Três Tempos Verbais 199
Respostas... 202

Capítulo 12: O Futuro 205

Sabendo Quando Usar o Presente Para Falar Sobre o Futuro.............. 206
Formando o Futuro do Presente 206

Verbos regulares.. 206
Verbos Irregulares... 208
Formando o Futuro do Presente Composto 213
Respostas 215

Parte IV: Acrescentando Nuances aos Modos e Tempos Verbais... 217

Capítulo 13: O Imperativo 219

A Forma Imperativa dos Verbos Regulares 220
    Uso informal... 220
    Uso formal 220
A Forma Imperativa dos Verbos Irregulares 221
    Verbos que são irregulares no imperativo informal..................... 222
    Verbos que são irregulares no imperativo formal........................ 222
Comandos Negativos 223
Acrescentando Pronomes aos Comandos.. 225
    Quando o pronome segue o imperativo 225
    Quando o pronome precede o imperativo.................................... 226
Respostas 228

Capítulo 14: Formando Verbos no Condicional e no Subjuntivo 229

Moldando Verbos no Presente do Condicional 230
    Verbos regulares.. 230
    Verbos Irregulares (Bem, algo assim)... 231
Terminou Agora! Formando o Pretérito do Condicional 233
Colocando Verbos no Presente do Subjuntivo................................. 234
    Verbos regulares.. 234
    Verbos irregulares 236
Criando o Subjuntivo Imperfeito.. 237
    Verbos regulares.. 237
    Verbos irregulares 238
Construindo o Modo Subjuntivo do Pretérito Perfeito Composto
  e Pretérito Perfeito 240
Respostas 242

Capítulo 15: O Condicional e o Subjuntivo e Ação 245

Usando o Condicional Sozinho.. 246
Construindo Orações Declarativas 247
Administrando o Tempo nas Orações Declarativas.......................... 250
Determinando as Condições: Orações Se... Então 253

Italiano Intermediário para Leigos

Orações se... então reais, possíveis e irreais.. 254

Lidando com variações de sequências temporais de orações se... então... 256

Respostas 258

Capítulo 16: Satisfazendo Sua Curiosidade com Perguntas e Respostas 261

As Três Maneiras de Fazer Uma Pergunta.. 262

Acrescentando um ponto de interrogação a uma frase............................ 262

Empregando o óbvio: Palavras interrogativas 263

Usando pronomes interrogativos para perguntas específicas.................. 264

As Nuances de Adjetivos e Pronomes Negativos: P & R 268

Respondendo às Perguntas.. 269

Respostas simples.. 270

Usando um pronome em resposta 270

Respostas 273

Capítulo 17: As Construções Reflexivas, Passivas e Impessoais ... 275

Virando o Objeto de Suas Próprias Ações.. 275

Formando verbos reflexivos.. 276

Transformando um verbo transitivo em um verbo reflexivo.................... 277

Verbos que são muito reflexivos 279

Agindo no corpo (ou partes dele): Pronome reflexivo + verbo
transitivo + objeto direto.. 279

Engajando-se em ações recíprocas 281

Indo da Forma Ativa Para a Passiva.. 282

Referindo-se ao Anônimo "Alguém" 284

Respostas 286

Parte V: A Parte dos Dez 289

Capítulo 18: Dez Fatos para Lembrar-se da Gramática Italiana 291

Falsos Amigos: Palavras Similares no Italiano e no Portugjuês Que Não
Necessariamente Compartilham Significados 291

Verbos Italianos Podem Ter Funções Múltiplas.. 293

Alguns Verbos Transformam o Objeto Em Sujeito 293

Alguns Verbos Não Podem Ficar Sem Pronomes.. 294

Fare é o Coringa.. 295

da + Verbo = Quatro Significados Possíveis.. 295

Expressar a Voz Passiva em Mais de Uma Maneira.. 296

Expressar Emoções Fortes com Palavras Exclamativas.................................... 297

Dar (ou Solicitar) Permissão para Sair 297

Se Quiser Que Alguém Concorde Com Você, Acrescente Non è Vero?............. 298

Capítulo 19: Dez Distinções Sutis dos Verbos ... 299

Abitare (Habitar, Morar) *versus* Vivere (Viver, Morar) ... 299
Andare (Ir) *versus* Partire (Partir) ... 300
Sapere (Saber) *versus* Conoscere (Conhecer) ... 300
Fare (Fazer) *versus* Essere (Ser) ... 300
Essere (Ser) *versus* Stare (Estar) ... 300
Suonare (Tocar um Instrumento) *versus* Toccare (Tocar) ... 301
Partire (Partir) *versus* Uscire (Sair) ou Lasciare (Sair, Partir) ... 301
Prendere (Pegar, Tomar) *versus* Bere (Beber) ou Mangiare (Comer) ... 301
Potere (Poder) *versus* Riuscire (Poder, Ser Capaz De) ... 302
Udire/Sentire (Ouvir) *versus* Ascoltare (Escutar) ... 302

Parte VI: Apêndices ... 303

Apêndice A: Tabelas de Verbos ... 305

Verbos Regulares ... 305
Verbos Regulares Com Uma Deformação: Mudanças Simples na Ortografia ... 307
Verbos -care/gare ... 307
Verbos -ciare/giare ... 307
Verbos –gliare ... 308
Verbos –ìare ... 308
Verbos –iare ... 308
Verbos –ire ... 308
Verbos Irregulares ... 309
Auxiliares e modais auxiliares ... 309
Primeira conjugação em -are ... 311
Segunda conjugação em –ere ... 312
Terceira conjugação em -ire ... 319
Combinando Irregularidades: Verbos Que Usam Um Radical Antigo ... 321

Apêndice B: Dicionário Português-Italiano ... 325

Apêndice C: Dicionário Italiano-Português ... 329

Índice Remissivo ... 333

Introdução

Você pode gostar de italiano porque é a língua da arte, da criação, da boa (e saudável) comida, das montanhas geladas e dos mares de cor azul profunda, da música e, é claro, da ótima literatura. Conforme você vai conhecendo mais a língua, descobre que é também a língua dos grandes cientistas, comerciantes, exploradores e emigrantes. O italiano é falado pelos 60 milhões de habitantes da Itália e pelos muitos descendentes de italianos, em países estrangeiros (aproximadamente 16 milhões somente nos Estados Unidos). E cresce o número de americanos não descendentes de italiano que querem aprender a língua.

O italiano foi estabelecido como a língua da alta cultura, no século XIII graças aos trabalhos de muitos poetas e contadores de histórias (sendo o mais importante Dante e sua *Divina Comédia*). Desde então, um idioma compartilhado tem dominado a alta cultura, mesmo com a fragmentação política, apesar de a população local falar idiomas locais e dialetos também derivados do latim.

O italiano, como qualquer outro idioma, é algo vivo que mudou consideravelmente com o tempo e, especialmente, nos últimos 100 anos, conforme a sociedade moderna e a chegada da mídia de massa, introduziram um modo de falar mais simples e mais direto. Graças à educação pública universal, TV, jornais e cinema, os italianos hoje falam, todos, a mesma língua, somente com algumas variações no vocabulário e pronúncia. Ainda assim, muitas pessoas, especialmente, aqueles que não moram nas grandes cidades, continuam a falar dialetos locais, que, após uma fase de abandono, atualmente são populares novamente.

Sobre Este Livro

O idioma que apresento no *Italiano Intermediário Para Leigos* é a língua do dia a dia, da Itália atual. Você vai encontrá-la nos jornais, na TV, nos romances modernos, nos livretos de instruções, na Internet e por aí afora. Em qualquer situação, há boas e más maneiras de expressar-se; portanto, apresento a versão correta da língua e seu uso. Mas, não fique surpreso se for para a Itália e ouvir ou ler algo diferente do que vai encontrar neste livro. Com o tempo, você desenvolverá sua própria sensibilidade para expressões que são variações interessantes do idioma, em vez de meros equívocos.

Como o título sugere, *Italiano Intermediário Para Leigos* é um livro de referências para pessoas que têm alguma familiaridade com o idioma. Você poderá encontrar informações das quais já tem conhecimento, de modo que poderá pular e seguir adiante. Pode também escolher por onde começar e consultar somente os capítulos do seu interesse. Mas tenha em mente que o livro possui uma sequência lógica dos assuntos mais simples aos mais

Italiano Intermediário Para Leigos

complexos. A Folha de Cola e os apêndices apresentam a você ferramentas de referência rápida para checar as coisas básicas como palavras desconhecidas, especialmente pronomes e conjugações de verbos, que são dois dos aspectos menos intuitivos no idioma italiano.

A primeira parte do livro é dedicada aos substantivos, adjetivos e vários pronomes. O que eles têm em comum é que variam em gênero e número e exigem que se aprenda como coordená-los quando são usados em conjunto. Dedico a parte central aos verbos, tanto à conjugação quanto à maneira de usá-los dentro de um contexto. Na última parte, introduzo tópicos que auxiliam você a entender como juntar as orações, tanto para fazer perguntas quanto para dar respostas ou para ligar as orações a fim de transmitir informações complexas.

Em cada capítulo, você tem a oportunidade de praticar o que acabou de ler. Pode ter que dar uma palavra, criar uma frase inteira ou selecionar a melhor palavra ou expressão para completar uma frase. O fator preponderante importante é testar suas habilidades e ser capaz de encontrar as informações armazenadas, na sua mente. A Chave de Respostas, no final de cada capítulo, permite que você verifique seu progresso.

Convenções Usadas Neste Livro

Para facilitar ao máximo o uso deste livro, lancei mão de determinadas convenções:

- Coloquei em **negrito** todas as palavras em italiano para que se destacassem no texto; as traduções estão em *itálico*.

- Quando um exercício prático possui mais de uma resposta correta, apresento as respostas mais comuns, assim como as menos comuns.

- Uso alguns termos gramaticais. Cada assunto tem seu jargão, e é muito mais conveniente aprender a diferença entre *modo* e *tempo verbal*, ou *coordenativa* e *subordinativa*, do que engatar em uma explicação cheia de detalhes que essas palavras definem. Quanto mais você se utiliza desses termos, mais familiares eles se tornam – confie em mim.

Suposições Tolas

Fiz as seguintes suposições a seu respeito (meu leitor) e seu italiano, quando escrevi este livro:

- Você é proficiente o bastante em italiano para considerar-se um escritor ou falante em nível intermediário. Já entendeu que mesmo a frase mais simples, em italiano, exige um entendimento das opções de gênero e número, habilidade para coordenar as finalizações e memorização de formas verbais diferentes, para dizer o mínimo.

✔ Você entende os conceitos básicos da gramática da língua portuguesa. Eu os defini, mas espero que você já tenha visto estes termos antes e consiga aplicá-los em qualquer idioma. De um ponto de vista gramatical, o italiano e o português usam os mesmos conceitos: um verbo é um verbo nos dois idiomas, assim como um pronome, uma oração subordinada, e assim por diante.

✔ Você quer ficar mais seguro no uso dos verbos, pronomes e outras categorias gramaticais. É claro que os italianos entenderão se disser **Volere Coca-Cola** (*querer Coca-Cola*) em vez de Vorrei una **Coca-Cola** (Gostaria de uma Coca-Cola), mas o prazer de falar uma língua estrangeira vem com a proficiência nela.

✔ Você quer usar seu italiano para ler romances, viajar pela Itália, fazer negócios com italianos ou, possivelmente, buscar uma graduação em italiano.

✔ Você quer saber o italiano do dia a dia em vez da linguagem de um campo específico, como economia ou medicina.

Espero que seja o leitor que eu tinha em mente, enquanto escrevia este livro. Se achar muito difícil de usar, talvez um texto mais básico possa ajudá-lo a atingir o ponto onde este livro se torna útil para você – deve ser desafiador, porém alcançável.

Como Este Livro É Organizado

Dividi este livro em partes, começando com os blocos de construção de italiano e terminando com os apêndices. Cada parte tem vários capítulos que lidam em detalhes com o assunto daquela parte. Aqui está uma decomposição das seis partes.

Parte I: Orientando-se: Revisando o Básico

Nesta parte, explico as estruturas básicas gramaticais do italiano (e português), categorias gramaticais e as principais diferenças entre o italiano e o português; os artigos definidos e indefinidos; substantivos masculinos, femininos, singular e plural; e números, incluindo como lidar com expressões de tempo e o calendário.

Parte II: Uma Olhada de Perto nas Categorias Gramaticais

Nesta parte, guio você através do labirinto dos pronomes italianos, que são numerosos e complicados. Falo sobre adjetivos e como coordená-los com substantivos; e como formar frases curtas feitas de uma preposição e um substantivo (chamados *complementos*), de que você precisa quando o substantivo por si mesmo não carrega seu significado. Também cubro as palavras como *este(a)* e *aquele(a)*, indefinidos como *algum(a)* e *um pouco*, e como dizer que algo pertence a você. Finalizo esta parte com um capítulo sobre pronomes relativos e conjunções – palavras curtas como *e* (*e*), **ma** (*mas*), **quando** (*quando*) e **che** (*que*), que possibilitam a você unir as orações.

Parte III: O Que Você Faria sem os Verbos e os Tempos Verbais?

Os verbos são o coração de qualquer língua, porque eles transmitem muito significado. Tudo de que você precisa é uma palavra – bem, talvez duas ou três em tempos compostos – para dar às pessoas um sentido de tempo, a emoção que está sentindo, se está falando sobre você mesmo ou sobre outra pessoa, e se você está fazendo algo ou está recebendo a ação de outra pessoa. Os verbos em italiano são conjugados como os verbos em português. Darei a você as diretrizes sobre como conjugar os verbos.

Com os verbos regulares, bem, eles são regulares; portanto, aplique o padrão neles. Com os irregulares, terá que esperar por surpresas. (Às vezes eu mesma me surpreendo!)

Parte IV: Acrescentando Nuances aos Modos e Tempos Verbais

Mais verbos, mais nuances. Esta parte explora como dar comandos e como transmitir possibilidade, esperança e incerteza. A língua italiana tem formas verbais bem específicas para estes conceitos. Esta parte diz a você como usar vários modos (indicativo, condicional e subjuntivo) em combinações de frases e como fazê-lo quando falar no presente, passado e futuro.

Ainda, esta parte se baseia na ideia de que um idioma é um bem público, em que o compartilha com outras pessoas. Você geralmente o usa para interagir, e eles não existiriam se as pessoas não estivessem na companhia de outros seres humanos. Portanto, você faz perguntas e as responde em italiano, e usa construções diferentes para dizer que está agindo no mundo, que é o objeto de suas próprias ações ou que algo está sendo feito para ou em você.

Parte V: A Parte dos Dez

Quando está falando com alguém, tem a chance de esclarecer o que está dizendo, ou a outra pessoa pode dar uma sugestão útil sobre como expressar-se melhor. Porém, se estiver escrevendo, você está por sua conta. Esta parte inclui uma lista de *falsos amigos*, palavras que parecem similares, mas, que significam coisas bem diferentes. Também faço uma lista de dez maneiras de expressar-se que vai enriquecer seu italiano e torná-lo mais idiomático – na escrita e na fala.

Parte VI: Apêndices

Os apêndices incluem uma tabela de verbos que resume as conjugações dos irregulares e regulares, em italiano; um dicionário português--italiano que ajudará você a encontrar as palavras certas em italiano e um dicionário italiano-português que ajudará a descobrir o significado de palavras desconhecidas.

Ícones Usados Neste Livro

Como em todos os livros *Para Leigos*, os ícones marcam as informações que são únicas de certo modo. Usei os seguintes ícones no decorrer do livro (você poderá localizá-los na margem esquerda):

Este ícone destaca um conselho que pode ajudá-lo a usar ou a lembrar da informação a mão, assim como enfatizar as variações secundárias no tópico.

Este ícone alerta você para as regras gramaticais, casos especiais ou pontos sobre significados aos quais deva prestar atenção.

Este ícone destaca diferenças importantes entre o italiano e o português.

Cada língua tem suas regras... e muitas exceções! Eu as aponto aqui com este ícone a fim de conscientizá-lo de que, quando você se depara com uma exceção, tem que confiar na sua memória mais do que nas suas habilidades de dedução de raciocínio.

Você encontra este ícone no início de cada exercício prático.

Para Onde Ir Daqui

No *Italiano Intermediário Para Leigos*, penso nos meus leitores como pessoas altamente motivadas que estão se autoiniciando e que têm paciência em trabalhar nos exercícios de treino, como se estivessem na academia. Aprender um idioma não é fácil, mas você pode torná-lo mais agradável variando sua abordagem. Talvez você queira juntar-se com um amigo para fazerem perguntas um ao outro, corresponder-se com um italiano que queira praticar seu português em troca de ajudá-lo com seu italiano, pegue alguns filmes italianos e assista-os (sem legendas!), ou comece a explorar os websites italianos e os grupos de discussão.

Você pode começar com qualquer capítulo, portanto, escolha o que Você quer. Pode querer olhar o sumário primeiro ou o índice remissivo e selecionar um capítulo e mergulhar nele. Em cada capítulo, faço referências a outros capítulos quando o assunto exige; recomendo que siga a linha, como está, porque todos os pedaços de uma língua estão, no final das contas, interligados. **Buon lavoro!**

Parte I
Orientando-se: Revisando o Básico

A 5ª Onda — Por Rich Tennant

"Espere! Espere! Eu quero descobrir qual o gênero de "berinjela", assim eu sei como apanhá-la."

Nesta Parte...

Antes de você mergulhar no labirinto dos verbos italianos e sair do outro lado parabenizando-se por seu grande senso de direção, convido-o a revisar algumas informações básicas. Nesta parte, você provavelmente vai encontrar muitas coisas que já sabe com relação ao uso da língua, mas, é sempre bom refrescar a memória e integrar informações novas e velhas. Com isso em mente, revisitarei as categorias gramaticais, todas as finalizações possíveis dos artigos e substantivos, como ir do singular ao plural e vice-versa, e como contar.

Capítulo 1
O Que Você Sabe?
Categorias Gramaticais
e Exemplos

Neste Capítulo

▶ Revisitando alguns fundamentos gramaticais

▶ Entendendo as categorias gramaticais

▶ Trabalhando com dicionários de todos os tipos

O italiano é uma *língua Românica*, derivada do latim. Ela tem algumas características de sua língua materna, incluindo a variação nas finalizações dos substantivos e adjetivos, dependendo do grupo gramatical a que pertencem: um ocasionalmente enlouquecido grupo de formas verbais que variam em pessoa, tempo e modo (conjugação); e uma fraqueza por unir frases acrescentando uma ou mais orações dependentes a uma independente.

Em outras palavras, o italiano tem muitos marcadores, e o gênero, número, pessoa, modo e tempo são apenas os principais. A vantagem dos marcadores é que eles possibilitam que você veja que duas palavras estão relacionadas, mesmo estando distantes uma da outra, em uma frase. Portanto, a ordem das palavras não é tão rígida. Como todas as partes podem ser unidas e agrupadas, os escritores constroem parágrafos longos e fluidos. Daí a natureza bela e fluente da língua.

A principal desvantagem de todos os marcadores é que a gramática italiana é complexa, mesmo para o nível iniciante. Você precisa saber perfeitamente um monte de regras para dizer ou escrever mesmo a frase mais simples. Este livro tem o objetivo de ajudá-lo a adquirir esta habilidade.

Se a gramática italiana é complexa, sua fonética é fácil. Dedico algumas palavras sobre pronuncia na seção *fonologia*, a parte da gramática que estuda os sons e a ortografia; mas, em resumo, há uma correspondência de um para um entre o que você escreve e como você diz que torna a compreensão oral do italiano mais fácil e o deixa livre de pesadelos ortográficos!

Parte I: Orientando-se: Revisando o Básico

Entendendo Termos e Nuances da Gramática Italiana

A gramática italiana tem uma história longa, voltando ao – adivinhe – Latim. Os gramáticos latinos são a fonte da maioria dos termos usados nas línguas europeias. Os termos gramaticais fazem o que os termos matemáticos fazem por você: eles permitem que você entenda com que objeto está lidando. É 8 + 8 uma adição ou uma subtração? É ¾ uma fração ou uma equação? Não são apenas rótulos; pelo contrário, são conceitos que permitem que realize a operação correta com aqueles números. Os conceitos gramaticais fazem o mesmo com os idiomas, e você vai descobrir muitos deles nas seções a seguir.

Quando você considerar um idioma, pode analisar muitos aspectos diferentes dele:

- **Fonologia:** O estudo dos sons de uma língua; por exemplo, a diferença entre **ce** (pronuncia-se *tchê*) e **che** (o som de *que*, em português).

- **Morfologia:** O estudo da formação das palavras – são singulares (**gatto** [*gato*]) ou plural (**gatti** [*gatos*])? Masculino (**leone** [*leão*]) ou feminino (**leonessa** [*leoa*])? Primeira pessoa do singular (**io** [*eu*]) ou terceira pessoa do plural (**loro** [*eles*])? Eles transmitem o presente (**lui va** [*ele vai*]) ou o passado (**lui andava** [*ele ia*])? É o modo condicional (**vorrei** [*gostaria*]) ou imperativo (**alzati!** [*levante-se!*])?

- **Sintaxe:** O estudo das regras que dizem a você como formar frases completas e uni-las, como em **Vorrei un tè freddo perché fa così caldo** (*Gostaria de um chá gelado porque está muito quente*).

- **Semântica:** O estudo dos significados do que as pessoas dizem; por exemplo, se você diz **È caldo** (*Está quente*), sobre o que você está falando? O tempo? O rosbife no seu prato?

Nesta seção (e neste livro), falo um pouco sobre fonologia e muito sobre morfologia e sintaxe. E, mesmo sem dizer que estou fazendo isso, falo sobre semântica no livro todo.

Fonologia: Dizendo e escrevendo as palavras corretamente

Se você está lendo este livro, já sabe o básico da ortografia e pronúncia italiana. Assim, minha intenção com esta seção é apenas lembrar algumas diferenças que você pode experimentar quando estiver ouvindo (ou falando) e lendo (ou escrevendo).

Como no português, as letras **c** e **g** podem ter um som forte ([c] como em *casa* e [g] como em *gato*) ou um som suave ([s] como em *cidade* e [j] como em *geleia*). Eis aqui uma demonstração de como a ortografia afeta a pronúncia:

- **c** e **g** têm um som forte antes de **a, o** e **u**: **casa** (*casa*), **cosa** (*coisa*), **cubo** (*cubo*); **gamba** (*perna*), **gola** (*garganta*), **gusto** (*gosto*). Elas também podem ter um som forte seguido por **h**, como em **che** (*que*) e **ghiaccio** (*gelo*).

- **c** e **g** têm um som suave antes de **e** e **i**: **cera** (*cera*), **cinema** (*cinema*); **gelo** (*geada*), **giro** (*giro*).

  Acrescentando um **i** antes de **a, o** e **u** torna o som suave, como em **ciao** (*olá*) e **gioia** (*alegria*).
  Acrescentando um **h** antes de **e** e **i** torna o som forte, como em **che** (*que*) e **chi** (*quem*).

Nas línguas Românicas, os acentos podem fazer uma grande diferença. Em italiano, você escreve o acento apenas nas vogais e apenas nos seguintes casos:

- O acento cai nas vogais no final da última sílaba, como em **città** (*cidade*) e **virtù** (*virtude*).

- Acrescentando um acento ajuda a evitar confusão com outras palavras, como com **la** (*a, dela*) e **là** (*lá*); **da** (*de, desde*) e **dà** (*ele dá*).

Morfologia: Estrutura da palavra e variações nas formas das palavras

No italiano e no português, a morfologia é o estudo da estrutura interna das palavras, as formas que podem tomar e as funções que podem ter quando você as usa na fala ou na escrita. Mas, uma língua tem milhares de palavras! Você precisa estudar sua forma, estrutura e função uma por uma? Seu trabalho nunca acabará! Felizmente, os gramáticos agruparam as palavras de acordo com a função básica que elas têm na língua. Portanto, antes de falar um pouco mais sobre as formas e funções das palavras, vou dizer-lhe como elas estão agrupadas nas *categorias gramaticais*.

Identificando as nove categorias gramaticais

O português tem dez categorias gramaticais, e o italiano tem nove, como listado na Tabela 1-1.

Parte I: Orientando-se: Revisando o Básico

Tabela 1-1		Categorias Gramaticais	
Categorias gramaticais	*Definição*	*Exemplos*	*Notas*
articolo (*artigo*)	Um qualificador especial que modifica um substantivo "determinando-o"	**il, lo, la** (*o, a*) **i, gli, le** (*os, as*) **un, un', uno, una** (*um, uma*)	Ao se referir a um objeto específico, você usa um artigo definido. Para apontar um objeto entre muitos similares, você usa um artigo indefinido. O artigo e o substantivo a que se refere, compartilham o mesmo gênero e número.
nome (*substantivo*)	Uma palavra que indica uma pessoa, animal, coisa ou ideia; pode ser acompanhada por um artigo	**uomo** (*homem*) **cane** (*cão*) **penisola** (*península*) **amore** (*amor*)	No italiano, os substantivos são masculinos, como **il tavolo** (*mesa*) ou femininos, como **la sedia** (*cadeira*).
aggettivo (*adjetivo*)	Uma palavra que descreve um substantivo, um nome ou um pronome	**piccolo** (*pequeno*) **grande** (*grande*)	Os adjetivos devem concordar em gênero e número com as palavras a que se referem.
pronome (*pronome*)	Uma palavra que substitui um substantivo, nome ou expressão já mencionada; a palavra ou expressão substituída é *antecedente* ao pronome; os pronomes **io** (*eu*), **tu** (*tu, você*), **noi** (*nós*) e **voi** (*vós*) não são substitutos, porém identificam os falantes ou ouvintes	**io** (*eu*) **tu** (*tu, você*) **lui** (*ele*) **lei** (*ela*) **esso, essa** (*ele, ela para objetos e animais*) **noi** (*nós*) **voi** (*vós*) **loro, essi, esse** (*eles*)	Na coluna anterior, listei os pronomes retos. O italiano é tão rico nos pronomes que não é possível listá-los todos aqui. Veja os Capítulos 4, 7 e 17.

(continua)

Capítulo 1: O Que Você Sabe? Categorias Gramaticais e Exemplos   *13*

Tabela 1-1 *(continuação)*

Categorias gramaticais	Definição	Exemplos	Notas
verbo (*verbo*)	Uma palavra que mostra uma ação, um evento ou um estado de ser	**andare** (*ir*) **brillare** (*brilhar*) **soffrire** (*sofrer*)	No italiano, os verbos tomam terminações diferentes para cada um dos seis sujeitos. Veja os capítulos na Parte III.
avverbio (*advérbio*)	Uma palavra que qualifica um verbo, um adjetivo, um substantivo, outro advérbio ou uma frase derivada	**velocemente** (*rapidamente*) **bene** (*bem*) **male** (*mal*)	Os advérbios são invariáveis. Alguns são palavras originais, mas, muitos outros podem ser formados a partir de adjetivos com a adição da terminação **–mente** (ver Capítulo 5)
preposizione (*preposição*)	Uma palavra que identifica uma oração preposicional ou introduz substantivos, ligando-os ao resto da frase.	**di** (*de, a respeito*) **a** (*em*) **da** (*de, por, desde*) **in** (*em, no, na*) **su** (*sobre, no, na*) **con** (*com*) **per** (*por, para, durante*) **fra/tra** (*entre, no meio de*)	As preposições são invariáveis. O italiano tem oito preposições básicas que são geralmente combinadas com o artigo definido (ver Capítulo 6).
congiunzione (*conjunção*)	Uma palavra que conecta duas palavras, expressões ou orações	**e** (*e*) **ma** (*mas*) **o** (*ou*) **che** (*que*) **quando** (*quando*) **perché** (*porque*)	As conjunções são invariáveis. Você usa conjunções coordenativas para conectar orações independentes; usa conjunções subordinativas para unir uma oração dependente a uma oração independente.

(continua)

Parte I: Orientando-se: Revisando o Básico

Tabela 1-1 *(continuação)*

Categorias gramaticais	Definição	Exemplos	Notas
interiezione (*interjeição*)	Uma palavra usada para expressar sentimento forte ou emoção repentina; geralmente colocada no início de uma frase e seguida por um ponto de exclamação	**ahah!** (*ah!*) **ahi!** (*ai!*) **uau!** (*uau!*)	Além das palavras que são apenas interjeições (que são invariáveis), tanto no italiano quanto no português, você pode usar muitas palavras para o mesmo efeito, como em **Bene!** (*Bem!*) ou **Davvero?** (*Mesmo? Verdade?*)

Os termos de concordância: Mais alguns detalhes sobre as formas das palavras

Quando você sabe a qual categoria gramatical a palavra pertence, pode fazer perguntas com relação a sua forma, estrutura e função. As respostas à estas perguntas permitem que você comece a usar estas palavras de forma correta, umas com as outras.

Para começar, você pode perguntar sobre

- **Gênero:** A palavra que está analisando tem um gênero ou não? E qual é ele? Tanto em português quanto em italiano, os nomes usados para as pessoas e animais têm gênero (**Paolo** [*Paulo*] ou **Anna** [*Ana*]), como nos pronomes (**lui** [*ele*] e **lei** [ela]).

  Porém, no italiano, muitas outras palavras também possuem um gênero, ou masculino ou feminino:

    - Substantivos e artigos, como em **il gatto** (*gato*) ou **la gatta** (*gata*)
    - Adjetivos, como em **bello** (*bonito*) ou **bella** (*bonita*)
    - Particípios passados, como em **andato** (*ido*) ou **andata** (*ida*)

- **Número:** A palavra é singular ou plural? Em outras palavras, ela varia em número? Exemplos de mudança de número incluem **il gatto** (*o gato*) à **i gatti** (*os gatos*); **la ragazza** (*a garota*) à **le ragazze** (*as garotas*).

- **Pessoa:** Qual é a pessoa gramatical do agente que está realizando a ação – o falante (primeira pessoa), a quem a fala está sendo dirigida (segunda pessoa) ou outra pessoa (terceira pessoa)? O italiano e o português possuem seis pessoas gramaticais: três no singular e três no plural.

Capítulo 1: O Que Você Sabe? Categorias Gramaticais e Exemplos 15

Nas frases a seguir, identifique a categoria gramatical sublinhada e escreva-a ao lado da frase. Depois, traduza a frase para o português.

P. Mauro e Giovanna <u>ballano</u> il tango.

R. Verbo; *Mauro e Giovanna dançam tango.*

1. <u>Ah</u>! Ci hai fatto una bella sorpresa! _____

2. Luigi non si sente <u>bene</u>. _____

3. Non mi è piaciuto <u>il</u> film. _____

4. Vado <u>con</u> lei <u>in</u> montagna. _____

5. Bianca mangia il pesce, <u>ma</u> non mangia la carne. _____

6. Hai comprato <u>le</u> uova? _____

7. <u>Siete partiti</u> in orario? _____

8. Mi hanno dato una buona <u>ricetta</u>. _____

9. Non <u>ci</u> hanno ascoltato. _____

Conjugando verbos

No italiano, os verbos ganham muitas formas diferentes. Um verbo pode mudar de acordo com:

- Qual das seis pessoas gramaticais está realizando a ação
- Quando a ação acontece (tempo)
- Que sentimento a ação transmite (modo)
- Se o sujeito realiza a ação (voz ativa), o sujeito sofre a ação (voz passiva) ou o sujeito pratica a ação em si mesmo (voz reflexiva)
- Se a forma verbal é finita (como um indicativo ou subjuntivo), significando que expressa um sujeito específico; ou não finita (como infinitivo ou gerúndio), significando que não expressa um sujeito específico

Os verbos no italiano ganham diferentes formas dependendo de todos os critérios da lista acima. Quando você modifica a terminação do verbo de acordo com esses critérios, *conjuga* os verbos. As famílias dos verbos que se comportam da mesma maneira são chamadas *conjugações*. Na conjugação dos verbos italianos, você encontrará o seguinte:

- Três conjugações regulares com a forma infinitiva dos verbos terminando em
  - **-are: guardare** (*olhar*)
  - **-ere: temere** (*temer*)
  - **-ire: sentire** (*ouvir, sentir*)

- Verbos regulares, que mudam a sua forma escrita: **giocare** (*jogar*) à **giochiano** (*nós jogamos*)
- Verbos irregulares, que podem mudar
  - Radical: **andare** (*ir*) à **vado** (*vou*)
  - Terminação (quando comparado com as terminações das formas regulares): **cadere** (*cair*) à **caddi** (*caí*), não **cadei** ou **cadetti**
  - Tanto no radical quando na terminação: **vivere** (*viver*) à **vissi** (*vivi*)

Você precisa conhecer todas as formas verbais a fim de transmitir o tempo e o modo corretamente e concordar o verbo com o sujeito. Quando a forma verbal inclui um particípio passado, você tem que decidir se pode deixar na sua forma padrão, que é singular masculina (como em **amato** [*amado*]), ou se coordena sua terminação com o sujeito ou o objeto da frase, escolhendo entre **amato, amata, amati** e **amate** (*amado(a), amados(as)*). Veja mais detalhes no Capítulo 10.

Se quiser ter domínio total sobre as conjugações dos verbos, decore-os. Escolha o modo e o tempo e, então, conjugue um verbo nas três pessoas (tanto singular quanto plural), com ou sem os pronomes retos. Repita a conjugação de uma maneira musical na esteira, enquanto estiver dirigindo, ou antes de dormir. Por exemplo, o passado simples e remoto de **essere** é **[io] fui, [tu] fosti, [lui] fu** (*[eu] fui, [tu] foste, [ele] foi*); **[noi] fummo, [voi] foste, [loro] furono** (*[nós] fomos, [vós] fostes, [eles] foram*) – e lembre-se de respirar! Você precisa *dizer* as formas verbais, não apenas repeti-las na sua cabeça, para que fiquem gravadas. Com a prática, você pode descobrir-se alegremente surpreso quando precisa do equivalente de *nós fomos* e ele simplesmente surge na sua mente: **noi fummo**!

A Tabela 1-2 dá a você um senso de quantos modos e tempos os verbos italianos podem ter seu equivalente em português. Também apresento pequenos exemplos de como usar o tempo e modo em um contexto dando a referência dos capítulos neste livro, que são dedicados especificamente, ao tempo verbal em questão.

Tabela 1-2		Uma Linha de Tempos e Modos		
Tempo/Modo (Italiano)	*Tempo/Modo (Tradução)*	*Exemplo*	*Tradução*	*Capítulo(s) Contendo Mais Informações*
Indicativo (Modo Indicativo)				
presente	presente	**Vado all'università a Milano.**	*Vou à faculdade em Milão.*	9
presente progressivo	gerúndio com presente	**Sto andando all'università.**	*Estou indo para a faculdade.*	9

(continua)

Capítulo 1: O Que Você Sabe? Categorias Gramaticais e Exemplos 17

Tabela 1-2 *(continuação)*

Tempo/Modo (Italiano)	Tempo/Modo (Tradução)	Exemplo	Tradução	Capítulo(s) Contendo Mais Informações
Indicativo (Modo Indicativo)				
passato prossimo	pretérito perfeito	**Sono andato all' università in Spagna.**	*Fui à faculdade na Espanha.*	10
imperfetto	pretérito imperfeito	**Quando ero giovane andavo all'università.**	*Quando eu era jovem, eu ia à faculdade.*	11
imperfetto progressivo	pretérito com gerúndio	**Stavo andando a lezione quando l'ho incontrato.**	*Estava indo para a aula quando o encontrei.*	11
trapassato prossimo	pretérito perfeito	**Ero andato all'università prima che ci andasse Marisa.**	*Já tinha ido para a faculdade quando Marisa foi.*	11
preterito	pretérito simples/ histórico	**Andai all'università a Roma.**	*Fui à faculdade em Roma.*	10
trapassato remoto	pretérito mais-que-perfeito	**Dopo che fui andato all'università incontrai Marisa.**	*Encontrei Marisa depois de ter ido à faculdade.*	
indicativo futuro	futuro do indicativo	**Andrò all'università l'anno prossimo.**	*Irei para a faculdade no ano que vem.*	12
futuro anteriore	futuro perfeito	**Sarò andato all'università prima che tu ritorni dal servizio militare.**	*Já terei ido para faculdade quando você estiver de volta do serviço militar.*	12
Modo Congiuntivo (Modo Subjuntivo)				
presente	presente	**La mamma crede che io vada all'università**	*Mamãe acredita que eu vá para a faculdade.*	14, 15

(continua)

Parte I: Orientando-se: Revisando o Básico

Tabela 1-2 *(continuação)*

Tempo/Modo (Italiano)	Tempo/Modo (Tradução)	Exemplo	Tradução	Capítulo(s) Contendo Mais Informações
passato	pretérito	**La mamma crede che io sia andato all'università.**	*Mamãe acredita que eu tenha ido para a faculdade.*	14, 15
imperfetto	pretérito imperfeito	**La mamma credeva che io andassi all'università.**	*Mamãe acreditava que eu fosse para a faculdade.*	14, 15
trapassato	pretérito perfeito	**La mamma credeva que io fossi andato all'università.**	*Mamãe pensava que eu tivesse ido para a faculdade.*	14, 15
Modo Condizionale (Modo Condicional)				
presente	presente	**Vorrei andare al'università.**	*Gostaria de ir para a faculdade.*	14, 15
passato	pretérito	**Avrei voluto andare all'università.**	*Teria querido ir para a faculdade.*	14, 15
Modo Imperativo (Modo Imperativo)				
presente	presente	**Vai all'università!**	*Vá para a faculdade!*	13
futuro	futuro	**Andrai all'università!**	*Você vai para a faculdade!*	13
Modo Infinito (Modo Infinitivo)				
presente	presente	**Andare all'università è importante.**	Ir à faculdade é importante.	
passato	pretérito	**Essere andato all'università è stata una esperienza positiva.**	*Ter ido à faculdade foi uma experiência positiva.*	
Modo Participio (Modo Particípio)				
presente	presente	**andante** (usado como substantivo)	*Indo (utilizado nas formas progressivas)*	

(continua)

Tabela 1-2 *(continuação)*

Tempo/Modo (Italiano)	Tempo/Modo (Tradução)	Exemplo	Tradução	Capítulo(s) Contendo Mais Informações
Modo Particípio (Modo Particípio)				
passato	pretérito	**andato** (usado para formar tempos compostos)	*ido*	

Sintaxe: Colocando as palavras em ordem

A *sintaxe* diz como juntar as palavras para formar expressões, frases ou grupos de frases de uma maneira significativa. Nesta seção, você vai percorrer algumas terminologias relacionadas à sintaxe e revisar algumas regras básicas de sintaxe.

Jargão de Sintaxe

Esta seção apresenta alguns termos relacionados à sintaxe de modo que você possa escolher forma e estrutura apropriadas para suas palavras, expressões e frases. Uma *expressão* é um grupo de palavras sem um sujeito ou um verbo que forma uma unidade de significado dentro de uma frase. O termo é usado para descrever uma locução prepositiva, como **per caso** (*por acaso*).

Uma *oração* é um grupo de palavras que inclui um verbo, como **noi preghiamo** (*nós oramos*). No italiano, você raramente usa pronomes retos, porque a terminação verbal informa qual pessoa está praticando a ação, portanto, mesmo a palavra isolada **preghiamo** (*oramos*) é uma oração. Normalmente, o verbo está em sua *forma finita* – em outras palavras, em um dos modos e tempos que um sujeito específico possa tomar.

As orações podem ser independentes ou dependentes:

- Elas são *independentes* quando elas próprias possuem significado, como em **noi preghiamo** (*nós oramos*).
- Elas são *dependentes* quando precisam se apoiar em uma oração independente para transmitir um significado completo. Por exemplo, ...**che le piace il gelato** (...*que ela gosta de sorvete*) precisa de uma introdução – **So che le piace il gelato** (*Eu sei que ela gosta de sorvete*).

Quando você acrescenta orações dependentes a uma independente, pode classificar as orações com base no significado que elas transmitem:

- Orações declarativas introduzidas por **che** (*que*)
- Orações hipotéticas introduzidas por **se** (*se, caso*)
- Orações causais introduzidas por **perché** (*porque*)

Parte I: Orientando-se: Revisando o Básico

O Capítulo 8 cobre as conjunções coordenativas e subordinativas e as orações relativas em detalhes, e o Capítulo 15 aborda as orações declarativas e as orações com *se... então.*

Uma *frase* é um grupo de palavras que transmite um pensamento completo, e é constituído por uma ou mais orações e pontuação. Uma palavra pode ser suficiente, como quando você diz **Vai!** (*Vai!*). No italiano, o sujeito é entendido graças à forma que o verbo toma, mas, o ponto de exclamação é essencial, porque se você o retira e deixa **vai** (*você vai*), não está mais dando uma ordem; está declarando o fato.

As frases podem ser simples, compostas ou complexas:

- Um *período simples* é uma oração única independente: **Lei gioca a palla.** (*Ela joga bola.*)

- Um *período composto* consiste de múltiplas orações independentes unidas através do uso de conjunções coordenativas (ver Capítulo 8): **Vanno in Russia ma non vanno a San Pietroburgo.** (*Eles vão à Rússia, mas não vão a São Petersburgo.*)

- Um *período complexo* consiste de uma ou mais orações independentes com no mínimo, uma oração dependente ligada à oração principal, através de conjunções subordinativas (ver Capítulo 8): **Se ti piace il pesce, quel ristorante è molto buono.** (*Se você gosta de peixe, aquele restaurante é muito bom.*)

As orações também podem ser unidas por um pronome relativo.

Regras básicas de sintaxe

Conhecer a sintaxe possibilita a você juntar as palavras de modo que possa dizer o que quer dizer. O italiano e o português compartilham algumas regras básicas de sintaxe:

- Para construir uma frase, você coloca as palavras em sequência de quatro formas básicas:

  - Sujeito + verbo: **Anna dorme**. (*Anna está dormindo.*)

  - Sujeito + verbo + qualificador do sujeito: **Lisa è professoressa di storia**. (*Lisa é professora de história.*); **Ugo è astuto.** (*Ugo é astuto.*)

  - Sujeito + verbo + objeto: **Mario compra un libro.** (*Mario compra um livro*).

  - Sujeito + verbo + locução prepositiva: **Lucia viene al cinema con noi.** (*Lucia vem ao cinema conosco.*)

- A distinção crucial sintática é a distinção entre orações dependentes e independentes. Por exemplo, **io vado** (*eu vou*) é uma oração independente; **se vuoi** (*se você quiser*) não é. O tempo e modo da oração independente determinam o tempo e o modo da oração dependente.

Capítulo 1: O Que Você Sabe? Categorias Gramaticais e Exemplos 21

Por exemplo, não tem sentido dizer **Sono andato al mercato perché ne ho voglia** (*Fui à feira livre porque eu quero*). Você tem que dizer ou **Sono andato al mercato perché ne avevo voglia** (*Fui à feira livre porque eu quis.*) ou **Vado al mercato perché ne ho voglia** (*Vou à feira livre porque eu quero*).

O italiano e o português diferem:

- No passado, o italiano usa o **passato prossimo** (*pretérito perfeito composto*) na maioria dos casos, quando o português usa mais o pretérito perfeito simples.

As frases a seguir estão fora de ordem. Reorganize-as para torná-las com sentido novamente. As palavras em maiúsculo e a pontuação ajudarão você a encontrar o início e o fim de cada frase.

P. a con noi? sciare venire Volete

R. **Volete venire a sciare con noi?** (*Você quer esquiar conosco?*)

10. a bambini giardino. Goiocano I in palla.

_____

11. bicicletta e faccio forma i in in Per pesi. restare vado

_____

12. dal del finestrino salutandoti Stanno treno.

_____

13. arrestati ieri I ladri mattina. sono stati

_____

14. andare Avrei Cina, ho in ma potuto rinunciato.

_____

15. che credo Enrico. lasci lei lo Non per sposare con

_____

Tirando o Máximo dos Dicionários

Se você não souber como traduzir uma palavra, pode olhar em um dicionário bilíngue; mas, mesmo em casos simples, precisa tomar cuidado em obter a palavra certa. Suponha que você queira saber como se diz *gato* em italiano. Vai encontrar **gatto** (*gato*) no seu dicionário, mas precisa saber que também pode usar **gatta** (*gata*). Aqui está outro exemplo: Suponha que você está traduzindo uma receita. Precisa saber que em italiano, *aipo* tem um tipo de *perna* – **un gambo di sedano** (*um talo de* *aipo*, substantivo masculino) – assim como as flores (*caule*). Porém, uma perna humana ou de mesa é **la gamba** (substantivo feminino).

Nos dicionários eletrônicos, você pode encontrar uma palavra inserindo apenas algumas letras, acionando o programa a listar todas as combinações possíveis. Mas, lembre-se de que se procurar por **facessero**, por exemplo, poderá não encontrar. Verá formas similares, facilitando o entendimento de que **facessero** é uma forma do verbo **fare**. É claro que você pode inserir as palavras inteiras e consultar os dicionários on-line. Surgem muitos resultados com base na sua inserção, o que o ajuda a entender a palavra no contexto. Estas ferramentas também ajudam a consultar sua gramática. Por exemplo, você diz **Me piace?** ou **Mi piace?** (*Eu gosto?*) Com muito mais entradas, **mi piace** é mais provável de estar correta. Mas, cuidado, porque a resposta com mais entradas nem sempre é a correta.

Use as traduções on-line somente para ter uma ideia geral do tópico em questão, não para encontrar uma tradução confiável.

Navegando em um dicionário monolíngue

Aqui estão alguns pontos para serem lembrados quando conferir um verbete em um dicionário de italiano:

- **Todos os verbos são listados no infinitivo.** Para encontrar o infinitivo quando o verbo está em outro modo e tempo, você precisa distinguir entre o radical do verbo e suas possíveis terminações. Para ajudar nesta área, consulte as Partes III e IV para terminações regulares e irregulares e o Capítulo 17 para verbos reflexivos.

- **O singular masculino é o gênero padrão.** Em um dicionário italiano, os adjetivos e outros qualificadores que possam variar em gênero e/ou número são listados no singular masculino (a menos que eles existam somente no feminino, como **la spia** [*a espiã*]). Por exemplo, *nenhum* é listado como **nessuno**. Somente os exemplos no verbete indicam (se você já não souber disso) que pode usar **nessuna** (singular feminino). Similarmente, *vermelho* é listado como **rosso** (*vermelho*), apesar de poder transformar-se em **rossa, rossi** e **rosse**.

Em um dicionário italiano, você encontra tanto **gatto** quanto **gatta**, porém, se verificar somente **gatto**, não há nenhum alerta de que existe **gatta**. Quando estiver em dúvida, procure a versão feminina de um substantivo masculino (ou vice-versa) e seu significado (como no caso de **il gambo** [*talo, caule*] e **la gamba** [*perna*]).

- **Um dicionário diz a você se um verbo é transitivo, intransitivo ou reflexivo.** Esta informação é crucial porque afeta a maioria dos aspectos da conjugação e uso verbal, como verá nos Capítulos 10 e 17.

- **Em um dicionário italiano completo, todas as formas regulares e irregulares são listadas em qualquer modo ou tempo somente na primeira pessoa que leva tal irregularidade.** Se procurar por **facessi** (*que eu fiz*), o dicionário leva você ao verbo **fare** (*fazer*). Mas ele não vai fazer isso com **facessero** (*que eles fizeram*). Por outro lado, você encontra tanto

_____Capítulo 1: O Que Você Sabe? Categorias Gramaticais e Exemplos **23**

feci (*eu fiz*), que é a primeira pessoa do singular no pretérito perfeito simples do indicativo, e **facesti** (*você fez*), que é a segunda pessoa do singular, porque elas são os primeiros exemplos de dois padrões irregulares. Porém, não vai encontrar **facemmo** (*nós fizemos*).

✔ **Você somente encontrará verbetes de particípios presente e passado que sejam também usados como adjetivos ou substantivos.** Por exemplo, você encontra **cantante** (*cantor*), mas não **guardante** (*olhando*), **amato** (*amado*), mas não **ballato** (*dançado*).

Navegando em um dicionário bilíngue italiano-português/português-italiano

Aqui seguem duas entradas para os verbos **parlare** (*falar*) de um dicionário português-italiano/italiano-português, como o que você usará neste estágio de conhecimento da língua. O verbete em português para *falar* vem primeiro, seguido pelo verbete em italiano para **parlare**:

falar. *v.* (*pret.* **falou**, p.p. **falado**) I. *v.i.* **1** parlare: *aprender a falar:* imparare a parlare; **2** (*conversar*) parlare (*com, para,* con, a) conversare (con), discorrere (con); (*comunicar oralmente*) parlare a. **3** (*fazer um discurso*) parlare, tenere um discorso II v.t. **1** dire, pronunciare, esprimere **2** (*de uma língua*) parlare, sapere, conoscere: ~ *seis línguas,* parlare sei lingue **3** (*revelar*) esprimere, dire, rivelare

parlare I *v.i.* (*aus.* Avere) **1.** falar, conversar: *chi ha parlato?* quem falou? **2** (*avere un colloquio*) falar (*con*, com, para), conversar (com), **3** (*tenere un discorso*) falar, fazer um discurso. **4** (*fare oggetto di chiacchiere*), falar, fofocar II *v.t.* falar: *parla bene il tedesco* ele fala bem alemão **parlarsi** *v.r.* (*recipr.*) **1.** falar com e.o. **2** (*pop*) (*amoreggiarei*) sair junto, namorar [expressões idiomáticas] ~ *chiaro* falar claramente; ~ *di fare una cosa* falar sobre fazer algo

Ambos os verbetes dizem a você que os verbos em questão são usados em primeiro lugar como intransitivos, **v.i.** (significados próprios ou com um objeto indireto), mas também como transitivos, **v.t.** (significados próprios ou com objeto direto) e que o verbo italiano pode ter forma reflexiva (**v.r.**) com um significado recíproco. Eles dizem de quais preposições você precisa (**a, con**, *para, com*) quando quer transmitir a pessoa à qual está se referindo. Eles dão variações sobre o significado básico do verbo e de algumas expressões idiomáticas, que no italiano é preciso transmitir com uma maneira de dizer.

Tenha em mente estas cinco diretrizes quando estiver usando um dicionário bilíngue:

✔ Use um dicionário português-italiano/italiano-português, para que possa verificar os verbetes do português para o italiano e do italiano para o português.

Parte I: Orientando-se: Revisando o Básico

- Um dicionário não substitui o conhecimento do que fazer com a informação que você encontrar.

- Use um dicionário bilíngue *e* dois dicionários monolíngues para ter uma visão geral da palavra que está verificando. É um serviço puxado, portanto, aqui está algo menos pesado e mais eficaz: quando encontrar uma palavra que não conhece, analise-a no contexto em que é usada. Então, use esta palavra com frequência para fixá-la na sua mente. Por exemplo, você diz **Gioco a carte, a calcio, a tennis** (*Jogo cartas, futebol, tênis*), mas **Suono il pianoforte** (*Toco piano*).

- Cuidado com os *falsos amigos*, que são palavras que parecem as mesmas, mas que têm significado diferente (ver Capítulo 18). Uma **galleria** é tanto um *túnel* quanto uma *galeria de arte* em italiano, portanto o aviso nas estradas **Accendere i fari in galleria** (*Acenda os faróis no túnel*) não significa que deve acender as luzes se você for ao Museu de Arte Moderna!

- As línguas são cheias de *expressões idiomáticas* – ou seja, as orações e frases usadas de maneira figurada que você pode interpretar mal ou não entender, mesmo que saiba todas as palavras usadas. Por exemplo, **prendere qualcuno per la gola** não quer dizer *agarrar alguém pela garganta*, mas sim, *ganhar alguém dando o que ela mais gosta de comer, ou seja "ganhar pelo estômago"*. **Gola** aqui é traduzido como *gula*, e não como *garganta*. Dicionários completos ajudam você a ordenar as expressões mais comuns, como as publicações especializadas dedicadas às expressões e aos falsos amigos.

_____ **Capítulo 1: O Que Você Sabe? Categorias Gramaticais e Exemplos** **25**

Respostas

1   Ah! Ci hai fatto una bella sorpresa! **Interiezione;** *Ah! Você preparou uma bela surpresa para nós!*

2   Luigi non si sente <u>bene</u>. **Avverbio; Luigi não está se sentindo bem!**

3   Non mi è piaciuto <u>il</u> film. **Articolo;** *Eu não gostei do filme.*

4   Vado <u>con</u> lei <u>in</u> montagna. **Preposizione;** *Vou às montanhas com ela.*

5   Bianca mangia il pesce, <u>ma</u> non mangia la carne. **Congiunzione;** *Bianca come peixe, mas não come carne.*

6   Hai comprato <u>le</u> uova? **Articolo;** *Você comprou ovos?*

7   <u>Siete partiti</u> in orario? **Verbo; Vocês saíram** *no horário?*

8   Mi hanno dato una buona <u>ricetta.</u> **Nome;** *Eles me deram uma boa receita.*

9   Non <u>ci</u> hanno ascoltato. **Pronome;** *Eles não nos ouviram.*

10   **I bambini giocano a palla in giardino**. (*As crianças jogam bola no jardim.*)

11   **Per restare in forma, vado in bicicletta e faccio i pesi.**(*Para ficar em forma, eu ando de bicicleta e faço musculação.*)

12   **Stanno salutandoti dal finestrino del treno.** (*Eles estão acenando para você da janela do trem.*)

13   **I ladri sono stati arrestati ieri mattina.** (*Os ladrões foram presos ontem pela manhã.*)

14   **Avrei potuto andare in Cina, ma ho rinunciato.** (*Eu poderia ter ido para a China, mas repassei a oportunidade.*)

15   **Non credo che lei lo lasci per sposare con Enrico.** (*Eu não acredito que ela vá deixá-lo para casar-se com Enrico.*)

26 Parte I: Orientando-se: Revisando o Básico

Capítulo 2

Fundamentos do Substantivo e Artigo: Gênero e Número

Neste Capítulo

▶ Classificando artigos definidos e indefinidos

▶ Marcando o limite entre os substantivos masculinos e femininos

▶ Trabalhando com substantivos e artigos

*O*s substantivos servem a propósitos similares no português e no italiano e, tanto no português quanto no italiano, podem ser masculinos ou femininos. Quando se referem a coisas ou abstrações, seu gênero gramatical é meramente um produto de convenção e uso: **sole** (*sol*) é masculino, porém **luna** (*lua*) é feminino. Às vezes, os substantivos são masculinos ou femininos porque se referem a uma pessoa ou animal masculino ou feminino. Neste capítulo, mostrarei como distinguir entre os substantivos femininos e masculinos e como ir do masculino ao feminino (e vice-versa quando é possível a modificação do gênero).

Em muitos casos, você pode saber o gênero de um substantivo a partir de sua terminação. Porém, em alguns casos, não tem como. Você precisa saber o gênero de um substantivo de cor ou olhando as dicas em outras palavras que acompanham o substantivo. Como o indicador mais esclarecedor do gênero é o artigo definido (em português o[s], a[s]), neste capítulo, começarei com os artigos e, então, introduzirei os substantivos.

Assim como no português, os substantivos italianos podem estar no singular ou no plural. A maioria segue padrões regulares, mas, alguns se comportam de modo irregular, ou são apenas no singular ou apenas no plural. Mostrarei como formar o plural e como reconstruir a forma masculina plural de um substantivo. Como o masculino é normalmente o gênero padrão no italiano, você encontrará palavras listadas neste gênero nos dicionários.

Um Manual Sobre Artigos

Analisar os substantivos fora de contexto é útil para ajudar a entender as regras gerais que governam a gramática, porém, como precisa saber o gênero de cada substantivo, e como o indicador mais confiável do gênero de um substantivo é o artigo definido, dedico esta primeira seção aos artigos.

O português possui um artigo definido e um artigo indefinido – *o(s), a(s)* e *um(ns), uma(s)*, respectivamente – assim como o italiano. Com o artigo definido, você indica um item específico, como em **Il bambino è caduto dall'altalena** (*O menino caiu do balanço*). Com o artigo definido, você indica uma coisa entre muitas coisas similares, como em **Leggi un libro?** (*Você está lendo um livro?*).

Memorize novos substantivos com seus artigos para ter certeza de que você também vai saber seus gêneros.

Lidando com os artigos definidos "o(s), a(s)"

No italiano, assim como no português, os artigos variam em gênero, número e ortografia e são usados para indicar uma coisa ou pessoa específica:

Il libro è sul tavolo. (*O livro [do qual estamos falando] está na mesa.*)

I bambini stanno giocando in giardino. (*As crianças estão brincando no jardim.*)

A Tabela 2-1 apresenta as três formas do artigo definido, **il, lo** e **l'**, que você usa com substantivos masculinos singulares. Também apresenta as duas formas do artigo definido masculino plural, **i** e **gli**, que você usa com substantivos masculinos no plural.

Tabela 2-1		Artigos Definidos Masculinos		
Colocação	*Singular*	*Exemplos Singular*	*Plural*	*Exemplos Plural*
Antes da maioria das consoantes isoladas ou grupos de consoantes	il	**il gioco** (*o jogo*) **il senatore** (*o senador*) **il treno** (*o trem*)	i	**i giochi** (*os jogos*) **i senatori** (*os senadores*) **i treni** (*os trens*)
Antes de **gn-, pn-, ps-, s** + outra consoante, **x-, y-,** e **z-**.	lo	**lo gnocco** (*o bolinho*) **lo psicologo** (*o psicólogo*) **lo spettro** (*o fantasma*) **lo yogurt** (*o iogurte*) **lo zaino** (*a mochila*)	gli	**gli gnocchi** (*os bolinhos*) **gli psicologi** (*os psicólogos*) **gli spettri** (*os fantasmas*)

(continua)

Capítulo 2: Fundamentos do Substantivo e Artigo: Gênero e Número

Tabela 2-1 *(continuação)*

Colocação	Singular	Exemplos Singular	Plural	Exemplos Plural
Antes de qualquer vogal	l'	l'**uomo** (*o homem*) l'**ufficio** (*o escritório*)	gli	gli **uomini** (*os homens / seres humanos*)

A Tabela 2-2 lista as duas formas do artigo definido usado com substantivos femininos, **la** e **l'**, assim como o artigo feminino plural, que tem somente uma forma: **le**.

Tabela 2-2 — Artigos Definidos Femininos

Colocação	Singular	Exemplos Singular	Plural	Exemplos Plural
Antes de qualquer consoante ou grupos de consoantes	la	**la casa** (*a casa*) **la trappola** (*a armadilha*)	le	**le case** (*as casas*) **le trappole** (*as armadilhas*)
Antes de qualquer vogal	l'	**l'anima** (*a alma*) **l'ora** (*a hora*)	le	**le anime** (*as almas*) **le ore** (*as horas*)

O feminino **l'** é o mesmo **la**, porém com o **–a** substituído por um apóstrofo. Da mesma forma, o masculino **l'** é o mesmo que **lo**, porém com o **–o** substituído por um apóstrofo.

No italiano, o artigo definido pode ter o papel do adjetivo possessivo no português, como em **Cerco la borsa** (*Procuro minha bolsa*). (Ver Capítulo 7 para mais sobre palavras possessivas.)

Dizendo "um" ou "uma" em italiano: Artigos indefinidos

Além do artigo definido, o italiano usa os artigos indefinidos **un, un', una** e **uno** que correspondem ao *um* ou *uma*. Como **un** significa *um*, você somente pode usá-lo com substantivos singulares, como em **un paese** (*um país*). A Tabela 2-3 mostra as formas do artigo indefinido com substantivos masculinos singulares e a Tabela 2-4 faz o mesmo com os artigos femininos.

Tabela 2-3 — Artigos Indefinidos Masculinos

Artigos	Colocação	Exemplos
un	Antes de qualquer vogal ou consoante e a maioria dos grupos de consoantes	**un ufficio** (*um escritório*) **un uomo** (*um homem*) **un treno** (*um trem*)
uno	Antes de **gn-**, **pn-**, **ps-**, **s** + outra consoante, **x-**, **y-**, e **z-**.	**uno psicologo** (*o psicólogo*) **uno zaino** (*a mochila*)

Tabela 2-4	Artigos Indefinidos Femininos	
Artigos	*Colocação*	*Exemplos*
una	Antes de qualquer consoante ou grupos de consoantes	**una casa** (*uma casa*) **una trappola** (*uma armadilha*) **una strega** (*uma bruxa*)
un'	Antes de qualquer vogal	**un'amica** (*uma amiga*) **un'ora** (*uma hora*)

Distinguindo entre Substantivos Masculinos e Femininos

Na maioria das línguas indo-europeias (a família à qual a língua italiana e a portuguesa pertencem), os substantivos possuem um gênero. No italiano e no português, você lida com dois gêneros: masculino e feminino. Outras categorias gramaticais também possuem gênero e, conforme você progride por este livro, vai descobrindo como conectar estas outras palavras ao gênero do substantivo.

Esta seção atém-se aos substantivos, discutindo o que as terminações das palavras dizem a você com relação ao gênero e quais palavras podem e devem submeter-se à mudança de gênero.

Reconhecendo terminações comuns de substantivos

No italiano, a maioria dos substantivos é feminina ou masculina. Gramaticalmente, suas terminações no singular ajudam você a identificar a qual gênero eles pertencem. Os substantivos masculinos geralmente terminam em:

✔ **-o: letto** (*cama*), **libro** (*livro*), **giorno** (*dia*), **gatto** (*gato*), **buco** (*buraco*)

✔ **Uma consoante: autobus** (*ônibus*), **sport** (*esporte*), **bar** (*bar*), **chef** (*chef, cozinheiro*), **zar** (*czar*)

Entretanto, algumas substantivos terminando em **–o** são femininos, como **auto** (*automóvel*), **radio** (*rádio*), **mano** (*mão*), e **moto** (*motocicleta*). Assim são as palavras estrangeiras, especialmente quando traduzem uma palavra italiana que tem o mesmo significado, como **Star del cinema** (*Estrela de cinema*).

Os substantivos femininos, geralmente, terminam em

✔ **-a: barca** (*barco*), **ora** (*hora*), **pianta** (*planta*)

✔ **-i: analisi** (*análise*), **crisi** (*crise*), **tesi** (*tese*), **diagnosi** (*diagnóstico*)

✔ **-tà** ou **–tù: bontà** (*bondade*), **verità** (*verdade*)

Capítulo 2: Fundamentos do Substantivo e Artigo: Gênero e Número **31**

Alguns substantivos que terminam em **–a** são masculinos porque derivam do grego clássico: **problema** (*problema*), **tema** (*tema*), e **programma** (*programa*).

Algumas palavras têm uma versão masculina e uma versão feminina, com significados diferentes, **il buco** (*o buraco*), **la buca** (*buraco no golfe*); **il foglio** (*folha de papel*), **la foglia** (*folha de plantas*); **il fine** (*meta, objetivo*), **la fine** (*o fim*); **il capitale** (*capital financeiro*), **la capitale** (*capital cidade*).

Tanto os substantivos masculinos quanto os femininos podem terminar em **–e**, porém não posso dar a você qualquer regra geral que explique por que alguns são masculinos e outros femininos. Por exemplo, **sole** (*sol*) é masculino e **notte** (*noite*) é feminino – portanto, simplesmente tenha um dicionário à mão até que esteja familiarizado com o gênero do substantivo.

Decida se os substantivos a seguir são masculinos ou femininos e marque um *M* ou *F* nas linhas, em branco, correspondentes.

P. analisi

R. F

1. algebra: _____

2. biro: _____

3. corsa: _____

4. dialisi: _____

5. medicina: _____

6. colle: _____

7. pera: _____

8. pino: _____

9. sapienza: _____

10. pelle: _____

Classificando os substantivos em três classes

Com relação a gêneros, você encontra três classes de substantivos no italiano:

- **Os substantivos que são de gênero específico:** Se o sujeito em questão é masculino, use uma palavra: **il padre** (*o pai*); se for feminino, use outra palavra: **la madre** (*a mãe*).

- **Substantivos que podem ir do masculino ao feminino:** O masculino é o gênero padrão; portanto, você deve procurar um substantivo no masculino e, depois, verificar se pode transformá-lo em feminino: **Lo zio** (*o tio*) se transforma em **la zia** (*a tia*). No dia a dia, é claro, você poderá encontrar um substantivo primeiro no feminino e, então, imaginar se ele possui uma versão masculina. Ele realmente tem, porém, o masculino pode ser realmente diferente do feminino: **La dottoressa** (*médica/doutora*) não vira **Il dottoresso**, mas sim **il dottore** (*médico/doutor*).

- **Substantivos que são usados tanto no masculino quanto no feminino, porém não sofrem mudança:** **La guida** (*guia*) é feminino, mas é usado por homens, também; **Il soprano** (*soprano*) é masculino, mas é usado por mulheres.

Parte I: Orientando-se: Revisando o Básico

Substantivos de gênero específico

Alguns substantivos são de gênero específico – ou seja, você usa palavras diferentes para se referir às variações masculinas e femininas do substantivo. Veja a Tabela 2-5 para uma amostra destes substantivos.

Tabela 2-5   Substantivos que Indicam o Gênero do Sujeito

Substantivo Masculino	Substantivo Feminino
il padre (o pai)	la madre (a mãe)
il papà (o papai)	la mamma (a mamãe)
il fratello (o irmão)	la sorella (a irmã)
il marito (o marido)	la moglie (a mulher)
il genero (genro)	la nora (a nora)
l'uomo (o homem)	la donna (a mulher)
il porco (o porco)	la scrofa (a porca)
il toro (o touro)	la vacca (a vaca)

Substantivos universais que o artigo (e às vezes, a terminação) pode modificar o gênero

Para os substantivos que não têm gênero específico, você pega o substantivo masculino e muda apenas o artigo ou o artigo e a terminação para transformá-lo em um substantivo feminino. Esta mudança pode ocorrer de várias maneiras, dependendo da ortografia do substantivo masculino. A Tabela 2-6 analisa as possibilidades.

Tabela 2-6   Transformando Substantivos Masculinos em Femininos

Terminação Masculina	Mudança de Terminação	Substantivo Masculino	Substantivo Feminino
-o	Mudar de -o para -a	l'amico (amigo) il figlio (filho) lo zio (tio) il lupo (lobo)	l'amica (amiga) la figlia (filha) la zia (tia) la lupa (loba)
-ista, - cida, às vezes –e	Nenhum, somente mudanças de artigos	il giornalista (jornalista masculino) l'omicida (assassino) il nipote (neto, sobrinho)	la giornalista (jornalista feminino) l'omicida (assassina) la nipote (neta, sobrinha)

(continua)

Capítulo 2: Fundamentos do Substantivo e Artigo: Gênero e Número 33

Tabela 2-6	(continuação)		
Terminação Masculina	Mudança de Terminação	Substantivo Masculino	Substantivo Feminino
-tore	Mudança de –tore para –trice	l'imperatore (imperador) l'attore (ator) il pittore (pintor)	l'imperatrice (imperatriz) l'attrice (atriz) la pittrice (pintora)
-e (muitas profissões, animais)	Mudança de –e para –essa	il principe (príncipe) lo studente (o estudante) il leone (leão) l'elefante (elefante)	la principessa (princesa) la studentessa (a estudante) la leonessa (leoa) l'elefantessa (elefanta)

Alguns nomes de profissões ou títulos de pessoas mudam o final –e para –a: **il cameriere** (*garçom*), **la cameriera** (*garçonete*), **il signore** (*senhor*), **la signora** (*senhora*). Não há explicação do porquê de estes substantivos ganharem um –a em vez de –essa, com exceção, talvez, de facilitar a pronúncia: **Camerieressa** soa terrível.

Ainda, palavras novas levam –essa ou –a: **l'avvocato** (*advogado*), **l'avvocatessa** (*advogada*); **l'architetto** (*arquiteto*), **l'architetta** (*arquiteta*). Como você sabe se uma palavra é uma palavra nova? Prática e dicionário.

Substantivos usados tanto no masculino quanto no feminino

Alguns substantivos masculinos podem referir-se também ao feminino, e alguns femininos podem também referir-se aos masculinos. Substantivos que são sempre masculinos, independente do gênero do animal ou pessoa descrita, incluem **il pavone** (*pavão*), **il serpente** (*serpente*) e **il cicerone** (*guia turístico*).

Alguns substantivos que são sempre femininos, independente do gênero do animal ou pessoa descrita, são **la tigre** (*tigre*), **la volpe** (*raposa*) e **la spia** (*espiã*).

Para distinguir entre animais femininos e masculinos, acrescente as palavras **maschio** (*macho*) e **femmina** (*fêmea*) ao substantivo básico:

- **la volpe maschio** (*raposa macho*)
- **la volpe femmina** (*raposa fêmea*)
- **il serpente maschio** (*serpente macho*)
- **il serpente femmina** (*serpente fêmea*)

Parte I: Orientando-se: Revisando o Básico

Coloque os substantivos masculinos abaixo no feminino e acrescente o artigo definido.

P. nemico

R. la nemica

11. artista: _____
12. cavallo: _____
13. cognato: _____
14. musicista: _____
15. parente: _____
16. pediatra: _____
17. traditore: _____
18. padrone: _____
19. infermiere: _____
20. presidente: _____

Indo do Singular ao Plural: Regras Básicas

Como no português, os substantivos italianos podem ir para o plural mudando a terminação, e o plural dos substantivos varia dependendo da terminação do singular. A Tabela 2-7 ilustra os padrões regulares.

Tabela 2-7	Terminação Regular dos Substantivos Plurais		
Singular Masculino	*Plural Masculino*	*Singular Feminino*	*Plural Feminino*
-o: gatto (*gato*)	**-i**: gatti (*gatos*)	**-a**: casa (*casa*)	**-e**: case (*casas*)
-e: pesce (*peixe*)	**-i**: pesci (*peixes*)	**-e**: chiave (*chave*)	**-i**: chiavi (*chaves*)
-a: problema (*problema*)	**-i**: problemi (*problemas*)		

Os substantivos no plural e no singular compartilham algumas terminações, portanto, pode ser difícil dizer o número e gênero de um substantivo como **sere**, afinal, **-e** é uma terminação para substantivos plurais femininos, substantivos masculinos singulares e substantivos femininos singulares. Se o substantivo vem com o artigo, você saberá imediatamente: **Le sere** é o feminino plural de **la sera** (*a noite*). Se o contexto não ajudá-lo, consulte um dicionário (consulte o Apêndice C para dicionário italiano-português). Os dicionários listam substantivos na sua forma padrão, normalmente na forma masculina singular. Você pode ir experimentando até encontrar a forma correta.

_____ **Capítulo 2: Fundamentos do Substantivo e Artigo: Gênero e Número** **35**

Alguns substantivos possuem tanto um plural feminino quanto masculino, porém não há regra estabelecendo qual significado está associado com qual gênero. Você aprende estas variações conforme as encontra no contexto. Aqui estão alguns exemplos:

Singular	*Plural Masculino*	*Plural Feminino*
il braccio	**i bracci** (*asas, galhos*)	**le braccia** (*braços do corpo*)
il membro	**i membri** (*membros associados*)	**le membra** (*membros do corpo*)
l'osso	**gli ossi** (*ossos de animais*)	**le ossa** (*ossos humanos*)

Passe os substantivos abaixo do singular para o plural e acrescente o artigo.

P. l'orto

R. **gli orti**

21. l'albero: _____

22. l'altalena: _____

23. il cameriere: _____

24. la capitale: _____

25. il dottore: _____

26. l'impiegata: _____

27. la nipote: _____

28. la notte: _____

29. il ragazzo: _____

30. il signore: _____

Exceções às Regras Básicas Quanto ao Número

Com um idioma, nada nunca é tão fácil quanto parece. Quando você tem uma regra ou padrão, precisa aceitar o fato de que as línguas não podem ser racionalizadas além de um determinado ponto. Esta seção contém as muitas exceções a estas regras.

Mudando mais do que apenas a terminação

Alguns grupos de substantivos não mudam apenas a última vogal quando se transformam em plural, e sim toda a última sílaba. Outros substantivos trocam os gêneros. Veja as regras abaixo:

- Substantivos terminando em **–co, -go, -ca** e **–ga**, que possuem um som forte no singular, acrescenta-se um **h** antes do sufixo do plural para preservar este som:

cuoco (*cozinheiro*) → **cuochi** (*cozinheiros*)

fungo (*cogumelo*) → **funghi** (*cogumelos*)

barca (*barco*) → **barche** (*barcos*)

strega (*bruxa*) → **streghe** (*bruxas*)

As palavras mais importantes que são exceções a esta regra são **medico** (*médico*) à **medici**, **amico** (*amigo*) à **amici** (*amigos*) e **nemico** (*inimigo*) à **nemici** (*inimigos*). Entretanto, as versões femininas – **amica** (*amiga*) e **nemica** (*inimiga*) – tornam-se **amiche** (*amigas*) e **nemiche** (*inimigas*). Outras palavras, como **chirurgo** (*cirurgião*) à **chirurghi/chirurgi** (*cirurgiões*) e **stomaco** (*estômago*) à **stomchi/stomaci** (*estômagos*), podem ter as duas terminações.

✔ Aos substantivos terminando em **–cia** ou **–gia** com sílaba tônica que não seja a última sílaba, acrescenta-se **–e** se a última sílaba for precedida por uma consoante e acrescenta-se **–ie** se a última sílaba for precedida por uma vogal:

provincia (*província*) → **province** (*províncias*)

spiaggia (*praia*) → **spiagge** (*praias*)

camicia (*camisa*) → **camicie** (*camisas*)

valigia (*valise*) → **valigie** (*valises*)

Os substantivos que terminam em **–cìa** ou **–gìa**, com **ì** forte, formam o plural quando acrescentado **–ie: allergia** (*alergia*) à **allergie** (*alergias*). Entretanto, tenha em mente que, no italiano, este acento não é marcado, portanto você tem que determinar quais substantivos tem este **ì** forte conforme prossegue.

✔ Substantivos que terminam em **–io** ganham **–ii** no plural se a tônica cair no **ì** e ganha somente um **–i** se a tônica cair em uma sílaba precedente (a tônica não é marcada):

pendio (*declive*) → **pendii** (*declives*)

viaggio (*viagem*) → **viaggi** (*viagens*)

Se os substantivos terminarem em **–ia**, o plural é regular: **biglia** (*bola de gude*) à **biglie** (*bolas de gude*)

✔ Alguns substantivos mudam o gênero do singular para o plural. As palavras a seguir estão entre as mais frequentemente usadas:

il dito (*dedo*) → **le dita** (*dedos*)

l'uovo (*ovo*) → **le uova** (*ovos*)

il ginocchio (*joelho*) → **le ginocchia** (*joelhos*)

Passe os substantivos abaixo do singular para o plural, incluindo o artigo. (Coloquei o acento quando necessário para ajudá-lo a seguir as regras descritas.)

Capítulo 2: Fundamentos do Substantivo e Artigo: Gênero e Número **37**

P. pediatra

R. **i pediatri, le pediatre**

31. albergo: _____

32. abbazìa: _____

33. bacio: _____

34. baco: _____

35. basilica: _____

36. boccia: _____

37. ciliegia: _____

38. coniglio: _____

39. figlio: _____

40. zìo: _____

Mudando somente o artigo

Há alguns substantivos que são *invariáveis*; portanto, você somente precisa verificar o artigo para descobrir se são usados no singular ou no plural. Alguns exemplos comuns incluem:

- ✔ Substantivos masculinos: **cinema, brindisi, caffè, film**
- ✔ Substantivos femininos: **radio, metropolis, città, spezie**

Determine as seguintes categorias aos substantivos: masculino singular (*MS*), masculino plural (*MP*), feminino singular (*FS*), e feminino plural (*FP*).

P. i caffè

R. **MP**

41. un albero: _____

42. un amante: _____

43. un'amante: _____

44. le analisi: _____

45. un artista: _____

46. le attrici: _____

47. i bar: _____

48. le biro: _____

49. i bit: _____

50. i cardiologi: _____

Usando somente substantivos no singular ou no plural

Você pode usar alguns substantivos no singular ou somente no plural. Abaixo, estão algumas categorias dos substantivos singulares, juntamente com alguns exemplos:

- ✔ Abstrações: **il coraggio** (*coragem*), **la fede** (*fé*)
- ✔ Elementos químicos e metais: **l'oro** (*ouro*), **il rame** (*cobre*)

- ✔ Algumas festividades: **il Natale** (*Natal*), **la Pasqua** (*Páscoa*)
- ✔ Alimentos: **il grano** (*trigo*), **il vino** (*vinho*), **l'acqua** (*água*), **il latte** (*leite*)
- ✔ Substantivos como **la fame** (*fome*), **la sete** (*sede [necessidade de beber]*), **il sangue** (*sangue*)

Quando usado no plural, os substantivos como **i vini** e **le acque minerali** significam *tipos de vinho* e *tipos de água*, respectivamente; **le fedi** significa *confissões*.

A seguir, algumas categorias de substantivos usados no plural, juntamente com alguns exemplos:

- ✔ Os objetos que vêm em pares: **i pantaloni** (*calças*), **le forbici** (*tesouras*), **gli occhiali** (*óculos*)
- ✔ Conjuntos: **i piatti** (*pratos, aparelho de jantar*), **gli spiccioli** (*moedas, troco*), **le dimissioni** (*demissão*)
- ✔ Substantivos que vêm no plural a partir do latim: **le nozze** (*núpcias*), **le ferie** (*férias*), **le tenebre** (*escuridão*)

Decidindo Quando Incluir um Artigo

Quando você estiver confiante no seu conhecimento de substantivos como eles se relacionam com gênero e número, pode seguir em frente com relação a quando e como unir artigos e substantivos. Decidir quando usar o artigo indefinido é mais fácil porque as pessoas usam de maneiras similares no português e no italiano. Além disso, tudo o que você precisa saber é que está selecionando um item entre muitos: **Un cane abbaia** (*Um cachorro late*).

Sentir-se seguro em usar o artigo definido é mais desafiador do que escolher quando usar o indefinido. Nas seções que seguem, indico os exemplos em que o uso de cada tipo de artigo está correto, e alguns em que estão definitivamente errados.

Quando (e quando não) usar um artigo definido

Decidir quando usar e quando não usar o artigo definido é um tópico delicado. Uma regra básica é que o italiano usa bastante o artigo definido. Por exemplo, no italiano, usa-se o artigo antes de comidas (**il pane,** *pão*; **la mela,** *maçã*), antes das partes do corpo (**il braccio,** *braço*; **le dita,** *dedos*), antes de datas (**il 25 aprile,** *25 de abril*), antes de títulos (**il professor Baldini,** *profes-*

Capítulo 2: Fundamentos do Substantivo e Artigo: Gênero e Número **39**

sor Baldini) e antes de substantivos abstratos (**la forza**, _força_). Também se usa o artigo antes de adjetivos possessivos (**la mia borsa**, _minha bolsa_) e membros da família quando referidos no plural (**le mie sorelle**, _minha irmã_).

Pessoas

Os artigos são usados quando nos referimos a um profissional (il Dott. Cecconi), ou antes de um nome feminino para expressar afeição e familiaridade (La Elena), mas eles não são usados quando em um discurso direto. Por exemplo, você usa o artigo quando diz **Ho visto il Dott. Cecconi martedì sera** (_Vi Dr. Cecconi na terça à noite_), mas você não o usa quando diz **Buon giorno, Dott. Cecconi** (_Bom dia, Dr. Cecconi_).

Lugares

Usa-se o artigo definido com áreas geográficas:

- ✔ Montanhas, rios e lagos: **le Alpi** (_os Alpes_), **il Monte Bianco** (_Monte Branco_), **il Po** (_o Rio Po_), **il [lago di] Garda** (_Lago Garda_), **il lago Michigan** (_Lago Michigan_)

- ✔ Muitas ilhas grandes e arquipélagos: **la Sicilia** (_Sicília_), **l'Inghilterra** (_Inglaterra_), **le Bahamas** (_Bahamas_); mas deixe de lado o artigo para **Long Island** (_Long Island_) e **Cuba** (_Cuba_)

- ✔ Regiões e estados: **il Lazio** (_a região do Lácio_), **la Puglia** (_Apúlia_), **la California** (_Califórnia_)

- ✔ Nações (singular e plural) e continentes: **l'Italia** (_Itália_), **gli Stati Uniti** (_Estados Unidos_), **l'Asia** (_Ásia_)

No italiano não é usado o artigo definido antes de nomes de cidades e da maioria das ilhas: **Bologna, Roma, New York, Capri, Malta.**

As regras para artigos mudam quando as preposições e expressões idiomáticas são usadas. Com o uso idiomático, você não usa artigo com uma preposição a menos que o objeto da preposição seja modificado e, então, a preposição é contraída. Por exemplo, você não usa um artigo quando diz **Vado in Italia (**_Vou para a Itália_**),** mas você não usa um artigo quando diz **Vado nell'Italia centrale** (_Vou para a Itália Central_).

Coisas

Use o artigo definido com:

- ✔ Substantivos contáveis no plural: **Le scimmie e le mucche sono mammiferi.** (literalmente: _Macacos e vacas são mamíferos._)

- ✔ Substantivos incontáveis: **il sale** (_sal_), **lo zucchero** (_açúcar_), **l'acqua** (_água_)

Parte I: Orientando-se: Revisando o Básico

- Adjetivos possessivos e pronomes: **La nostra macchina è rossa** (*Nosso carro é vermelho*); **La macchina rossa è la nostra** (*O carro vermelho é o nosso*).

- Empresas, instituições e clubes: **la General Motors** (*General Motors*), **la Chiesa** (*a Igreja*), **la Roma** (*Roma Futebol Clube*).

- Abstrações: **La tolleranza è fondamentale in democrazia.** (*A tolerância é fundamental em democracia.*)

Quando (e quando não) usar um artigo indefinido

Considere as seguintes situações em que você deixa o artigo indefinido de fora:

- Quando usa um substantivo como um qualificador de um sujeito após os verbos **essere** (*ser*): **Mia madre è vedova** (*Minha mãe é viúva*); **Suo fratello è medico** (*Seu irmão é médico*).

- Em exclamações introduzidas por **che** e **quanto** (*como*): **Che uomo coraggioso!** (*Que homem corajoso!*)

Preencha as lacunas com o artigo definido ou indefinido adequado (se necessário) nas seguintes frases.

P. _____ Africa è un continente antichissimo.

R. L'Africa è un continente antichissimo.

51. Amano _____ gatti.

52. _____ dinosauri e _____ uccelli hanno molte caratteristiche simili.

53. _____ Francia produce molti vini.

54. "Hai bisogno di _____ vite?" "No, ho bisogno di due viti."

55. "Prendi _____ mia bicicletta?" "No, prendo la sua."

56. Mi passi _____ zucchero, per favore?

57. "Qual è il fiume più longo del mondo?" "_____ Nilo."

58. _____ Trentino si trova nell'Italia settentrionale.

59. A loro piace molto _____ Long Island.

Capítulo 2: Fundamentos do Substantivo e Artigo: Gênero e Número

Respostas

1 algebra: **F** (*algebra*)

2 biro: **F** (*caneta esferográfica*)

3 corsa: **F** (*corrida*)

4 dialisi: **F** (*diálise*)

5 medicina: **F** (*medicina*)

6 colle: **M** (*colina, morro*)

7 pera: **F** (*pera*)

8 pino: **M** (*pinheiro*)

9 sapienza: **F** (*sabedoria*)

10 pelle: **F** (*pele*)

11 **l'artista** (*a artista*)

12 **la cavalla** (*égua*)

13 **la cognata** (*cunhada*)

14 **la musicista** (*a musicista*)

15 **la parente** (*a parente*)

16 **la pediatra** (*a pediatra*)

17 **la traditrice** (*traidora*)

18 **la padrona** (*patroa*)

19 **l'infermiera** (*enfermeira*)

20 **la presidentessa** (*a presidente*)

21 **gli alberi** (*árvores*)

22 **le altalene** (*balanços*)

23 **i camerieri** (*garçons*)

24 **le capitali** (*as capitais*)

25 **i dottori** (*doutores*)

26 **le impiegate** (*funcionárias*)

27 **le nipoti** (*netas, sobrinhas*)

Parte I: Orientando-se: Revisando o Básico

28 **le notti** (*noites*)

29 **i ragazzi** (*garotos*)

30 **i signori** (*senhores*)

31 **gli alberghi** (*hotéis*)

32 **le abbazie** (*abadias*)

33 **i baci** (*beijos*)

34 **i bachi** (*bichos da seda*)

35 **le basiliche** (*basílicas*)

36 **le bocce** (*bochas*)

37 **le ciliegie** (*cerejas*)

38 **i conigli** (*coelhos*)

39 **i figli** (*filhos*)

40 **gli zii** (*tios*)

41 un albero: **MS** (*uma árvore*)

42 un amante: **MS** (*um amante*)

43 un'amante: **FS** (*uma amante*)

44 le analisi: **FP** (*análises*)

45 un artista: **MS** (*um artista*)

46 le attrici: **FP** (*atrizes*)

47 i bar: **MP** (*bares*)

48 le biro: **FP** (*canetas esferográficas*)

49 i bit: **MP** (*bits*)

50 i cardiologi: **MP** (*cardiologistas*)

51 Amano **i** gatti. (*Eles amam gatos*)

52 **I** dinoasuri e **gli** uccelli hanno molte caratteristiche simili. (*Dinossauros e pássaros têm muitas características similares.*)

53 **La** Francia produce molti vini. (*A França produz muitos vinhos.*)

54 "Hai bisogno di **una** vite?" "No, ho bisogno di due viti." ("*Você precisa de um parafuso?*" "*Não, eu preciso de dois parafusos.*")

55 "Prendi **la** mia bicicletta?" "No, prendo la sua." (*Você está pegando minha bicicleta?*" "*Não, estou pegando a dele.*")

Capítulo 2: Fundamentos do Substantivo e Artigo: Gênero e Número   43

56   Mi passi **lo** zucchero, per favore? (M*e passe o açúcar, por favor?*)

57   "Qual è il fiume più longo del mondo?" "**Il** Nilo." (*"Qual o maior rio do mundo?" "O Nilo."*)

58   **Il** Trentino si trova nell'Italia settentrionale. (*A região de Trentino fica no norte da Itália.*)

59   A loro piace molto Long Island. (*Eles gostam muito de Long Island.*)

44 **Parte I: Orientando-se: Revisando o Básico**

Capítulo 3

Números, Datas e Hora

Neste Capítulo

▶ Contando e estabelecendo ordem numerada

▶ Fazendo referências precisas ao calendário e relógio

*V*ocê conta as calorias que come e os minutos passados na esteira. Verifica seus compromissos dez vezes ao dia e celebra aniversários. Os números são um ponto central da sua vida e, felizmente, os numerais são usados no mundo todo hoje em dia. Porém, quando você escreve os números ou fala sobre eles, usa palavras diferentes, e cada língua tem suas próprias palavras e convenções para separar números inteiros e decimais, para falar sobre séculos e dizer as horas.

Neste capítulo, ajudarei você a expressar quantidades como 25, 149, e até mesmo 2.689.365,00! Você também descobrirá como determinar coisas em ordem numérica – primeiro, segundo, terceiro, e assim por diante – e como lidar com horas e datas (ou, ao menos, escrever sobre elas).

Contando Itens com Números Cardinais

Se você diz que já viu dez filmes, está usando um número cardinal – ou seja, um número que transmite uma quantidade absoluta. Quando escrito por extenso, os números são invariáveis no italiano e sua formação é mais ou menos como no português. Os primeiros dez têm cada um seu próprio nome. Àqueles entre 11 e 19, acrescente o sufixo **–dici** ou prefixo **dici[a]-**, que ambos significam *dez*. Começando com 21, você encontra o padrão que repete do 30 ao 99. A seguir, os números de 0 a 29.

- ✔ **zero** *(0)*
- ✔ **uno** *(1)*
- ✔ **due** *(2)*
- ✔ **tre** *(3)*

- ✔ **quattro** *(4)*
- ✔ **cinque** *(5)*
- ✔ **sei** *(6)*
- ✔ **sette** *(7)*

- ✔ **otto** *(8)*
- ✔ **nove** *(9)*
- ✔ **dieci** *(10)*
- ✔ **undici** *(11)*

Parte I: Orientando-se: Revisando o Básico

- dodici (*12*)
- tredici (*13*)
- quattordici (*14*)
- quindici (*15*)
- sedici (*16*)
- diciassette (*17*)

- diciotto (*18*)
- diciannove (*19*)
- venti (*20*)
- ventuno (*21*)
- ventidue (*22*)
- ventitré (*23*)

- ventiquattro (*24*)
- venticinque (*25*)
- ventisei (*26*)
- ventisette (*27*)
- ventotto (*28*)
- ventinove (*29*)

Quando você acrescenta 1, 2, 3 e assim por diante aos números de 20 a 29, tira o **i** quando número seguinte começa com outra vogal; do contrário, mantém a vogal e simplesmente acrescente o número:

- trenta + uno = trentuno (*31*)
- trenta + due = trentadue (*32*)
- quaranta + sette = quarantasette (*47*)
- quaranta + otto = quarantotto (*48*)
- cinquanta + uno = cinquantuno (*51*)

- cinquanta + quattro = cinquantaquattro (*54*)
- sessanta + otto = sessantotto (*68*)
- sessanta + nove = sessantanove (*69*)

Exceto pelo **tre** (*3*), todos os números terminando em **–tré** levam acento, como **trentatré** (*33*) e **settantatré** (*73*).

A Tabela 3-1 lista múltiplos de 10 e 100. Você constrói números de 200 a 900 como faz em português, acrescentando **–cento** a qualquer um dos primeiros dez números, como em **duecento** (*200*). Para números entre 200 e 999, acrescente qualquer outro número ao que acabou de formar, como em **trecentoquarantatré** (*343*). Você os escreve como uma palavra só.

Diretamente após a palavra **cento** (*100*), acrescente **–uno** e **–otto** sem retirar qualquer vogal, mesmo que seja seguido de outra vogal, como em **centouno** (*101*) e **centootto** (*108*). Você acrescenta todos os outros números sem modificá-los: 117 é **centodiciassette** e 148 é **centoquarantotto.**

Tabela 3-1   Números Cardinais com Dígitos Duplos ou Triplos

Múltiplos de 10	Múltiplos de 100	Números de 101-909
dieci (*10*)	cento (*100*)	centouno (*101*)
venti (*20*)	duecento (*200*)	duecentodue (*202*)
trenta (*30*)	trecento (*300*)	trecentotré (*303*)
quaranta (*40*)	quattrocento (*400*)	quatrocentoquattro (*404*)
cinquanta (*50*)	cinquecento (*500*)	cinquecentocinque (*505*)
sessanta (*60*)	seicento (*600*)	seicentosei(*606*)
settanta (*70*)	settecento (*700*)	settecentosette(*707*)

(continua)

Tabela 3-1 *(continuação)*

Múltiplos de 10	Múltiplos de 100	Números de 101-909
ottanta (*80*)	ottocento (*800*)	ottocentootto (*808*)
novanta (*90*)	novecento (*900*)	novecentonove (*909*)

No italiano, 1.000 é **mille**. Para números entre 1.000 e 1.999, acrescente as centenas ao **mille-** e obtenha **millecento**. Para escrever 1.999, acrescente 999 ao 1.000 e obtenha **millenovecentonovantanove**.

Para formar números mais altos, use **–mila** (*milhar*) como segue:

- Para formar milhares, acrescente unidades de 2 a 9: **duemila** (*2.000*), **cinquemila** (*5.000*)

- Para formar dezenas de milhares, acrescente as dezenas, de 10 a 90: **undicimila** (*11.000*), **trentamila** (*30.000*), **sessantamila** (*60.000*)

- Para formar centenas de milhares, acrescente as centenas, de 100 a 900: **duecentomila** (*200.000*), **settecentomila** (*700.000*)

No italiano, assim como no português, você usa ponto para separar os milhares e vírgula para separar os números inteiros dos decimais. Ao ler um número, vírgula é **virgola**, como em **1.000.543,25 – un millionecinquecentoquarantatremila virgola venticinque**.

Quando você chega no **un milione** (*1.000.000*), escreve como duas palavras separadas, porém, coloca todos os números mais baixos juntos, e, então, a palavra **milione**, como em 1.300.000: **un milionetrecentomila**.

Milione, bilione e **trilione** assumem plural, como em **quindici milioni di euro** (*quinze milhões de euros*).

Quando você usar números cardinais para expressar uma medida, coloque-os após os símbolos de medida: **cm. 22** (*22 centímetros*), **kg. 84** (*84 quilos*)

Escreva o numeral e por extenso os números cardinais que vêm antes e depois dos números listados.

P. 141

R. **140: centoquaranta; 142 centoquarantadue**

1. 144

2. 813

3. 87

4. 4.395.652

5. 2.129.370.686

6. 86.407,25

7. 537,88

8. 47,1

9. 83,91

10. 9.397.868,17

Colocando os Itens em Ordem com Números Ordinais

Com *números ordinais*, você coloca as coisas em ordem, usando-os para estabelecer uma classificação. Os primeiros dez têm formas especiais:

- **primo** (*1º*)
- **secondo** (*2º*)
- **terzo** (*3º*)
- **quarto** (*4º*)
- **quinto** (*5º*)
- **sesto** (*6º*)
- **settimo** (*7º*)
- **oitavo** (*8º*)
- **nono** (*9º*)
- **decimo** (*10º*)

No italiano, os números ordinais comportam-se como adjetivos em que precisam combinar gênero e número com os substantivos e pronomes a que se referem. Você forma números ordinais acima do **decimo** acrescentando a terminação **–esimo** (singular masculino), **-esima** (singular feminino), **-esimi** (plural masculino) ou **–esime** (plural feminino) ao número cardinal correspondente (ver a seção anterior).

A seguir alguns números ordinais de 11º ao 100º, na forma padrão singular masculina:

- **primo** (*1º*)
- **undicesimo** (*11º*)
- **dodicesimo** (*12º*)
- **tredicesimo** (*13º*)
- **quattordicesimo** (*14º*)
- **quindicesimo** (*15º*)

Capítulo 3: Números, Datas e Hora 49

- sedicesimo (16º)
- diciassettesimo (17º)
- diciottesimo (18º)
- diciannovesimo (19º)
- ventesimo (20º)

- trentesimo (30º)
- quarantesimo (40º)
- cinquantesimo (50º)
- sessantesimo (60º)
- settantesimo (70º)

- ottantesimo (80º)
- novantesimo (90º)
- centesimo (100º)

Quando você usa um número ordinal no contexto de uma frase, normalmente o coloca antes da palavra a que se refere, acompanhado pelo artigo; por exemplo, **Le chiavi sono nel terzo cassetto** (*As chaves estão na terceira gaveta*).

Você pode escrever um número ordinal usando numerais seguidos por uma letra sobrescrita relacionada à terminação do número ordinal. Ou seja, usa º para **primo** (*primeiro*) e ª para **prima** (*primeira*). Por exemplo, você escreve **il 1º maggio** (*1º de maio*).

Quando usa um numeral romano – por exemplo, em um nome de pessoa ou título (Papa João Paulo II, Thurston Howell III) ou quando fala sobre **il XVIII secolo** (*século dezoito*) – lê este número como um número ordinal. Por exemplo, você diria **Papa Giovanni Paolo Secondo** (*Papa João Paulo Segundo*).

Reescreva o número cardinal em parênteses usando o número ordinal correspondente quando apropriado. Quando o número não indicar uma data ou um século, escreva-o por extenso.

P. Colombo esplorò l'America centrale _____ secolo. (in, 15)

R. Colombo esplorò l'America centrale **nel XV** secolo. (*Colombo explorou a América Central no século XV.*)

11. Le colonie americane dichiararono l'indipendenza nel _____. (1776)

12. Il figlio di Marta è il _____ della classe. (1)

13. Le ragazze della staffetta 4 x 100 sono arrivate _____ al Campionati europei. (3)

14. I giocatori della squadra di basket della scuola sono arrivati _____ ai campionati regionali! (15)

15. Il secolo tra il 1600 e il 1700, che è il _____ secolo, viene anche chiamato il _____. (600)

16. Massimo è arrivato solo _____ nella gara di sci. (48)

Lidando com Seu Calendário e Seu Tempo

Você vive na era dos planejadores digitais, lembretes de compromissos por e-mail, telefones celulares com calendário e horários de voos, e relógios em todos os gadgets possíveis. É por isso que é muito importante saber como lidar com as informações sobre hora, começando com séculos e indo para anos, estações, meses, dias da semana, horas, minutos e segundos.

Il calendario: O calendário

O mundo todo compartilha o mesmo calendário. Aqui está o vocabulário que você usa para falar sobre séculos, anos, estações, meses, datas e dias da semana.

Secoli, anni e stagioni: Séculos, anos e estações

No italiano, assim como no português, você se refere a século com numerais romanos em vez de números ordinais. A palavra em italiano para *século* é **secolo**, assim, quando estiver falando sobre século, você dirá o número romano como um número ordinal, seguido por **secolo: Newton visse nel (XVIII (diciottesimo) secolo** (*Newton viveu no século dezoito*). Consulte a seção anterior sobre números ordinais para detalhes sobre a escrita dos números ordinais.

Se você estiver se referindo a um ano em particular, acrescente o artigo definido ao número cardinal indicando o ano, como em **il 2000** (*ano 2000*); quando precisar de uma preposição, use a forma combinada com o artigo (ver Capítulo 6), como em **nel 1945** (*em 1945*). Pode dizer **il 1968/il millenovecentosessantotto** (*mil novecentos e sessenta e oito*) ou **il '68/sessantotto** (*sessenta e oito*). E usa somente **il 2008/duemilaotto** (*dois mil e oito*), não **lo '08**.

As quatro estações são **la primavera** (*primavera*), **l(a)'estate** (*verão*), **l(o)'autunno** (*outono*) e **l(o)'inverno** (*inverno*).

Mesi e date: Meses e datas

Os meses do ano são masculinos e ganham o **il**, com exceção de **agosto** (*agosto*), que leva o **l'** (ver o Capítulo 2). Aqui estão os meses do ano:

- ✔ **gennaio** (*janeiro*)
- ✔ **febbraio** (*fevereiro*)
- ✔ **marzo** (*março*)
- ✔ **aprile** (*abril*)
- ✔ **maggio** (*maio*)
- ✔ **giugno** (*junho*)
- ✔ **luglio** (*julho*)
- ✔ **agosto** (*agosto*)
- ✔ **settembre** (*setembro*)
- ✔ **ottobre** (*outubro*)
- ✔ **novembre** (*novembro*)
- ✔ **dicembre** (*dezembro*)

LEMBRE-SE

Quando mencionar uma data em particular, você usa números cardinais, com exceção do primeiro dia do mês, em que você usa número ordinal **primo**. Você escreve as datas no formato dia-mês-ano sem vírgulas. Por exemplo, você diz **Oggi è il primo maggio** (*Hoje é primeiro de maio*), mas diz **Partiamo il 15 aprile** (*Partiremos em 15 de abril.*)

Se quiser saber o dia específico da semana em que algo ocorreu ou ocorre, você diz **in che giorno...?** (*Em que dia...?*). Se pergunta pela data, você normalmente diz **Che giorno è?**, que significa *Qual é a data?* Ou *Que dia é hoje?* Se precisar ser mais específico, pode perguntar **Quanti ne abbiamo oggi?**, que literalmente significa *Qual é o número de hoje?*, porém é o mesmo que perguntar **Qual è la data di oggi?** (*Qual é a data de hoje?*). A resposta é **Oggi è il 29 febbraio** (*Hoje é 29 de fevereiro*). E se quiser saber o dia da semana, pergunte **Che giorno è della settimana?** (*Que dia é hoje?*), e a resposta é **Oggi è venerdì** (*Hoje é sexta-feira*).

I giorni della settimana: Dias da semana

Assim como os meses, os dias da semana são masculinos e ganham o **il**, com exceção de **la domenica** (*domingo*). Nos calendários italianos, a semana começa na segunda-feira. Os dias de **lunedì** (*segunda*-feira) a **venerdì** (*sexta-feira*) são **i giorni feriali** (*dias de semana*); **la domenica** e outros feriados são **i giorni festivi** (*festividades*); **il sabato** (*sábado*) e **la domenica** formam **il fine settimana/il week-end** (final de semana). Aqui estão os dias da semana:

- **lunedì** (*segunda-feira*)
- **martedì** (*terça-feira*)
- **mercoledì** (*quarta-feira*)
- **giovedì** (*quinta-feira*)
- **venerdì** (*sexta-feira*)
- **sabato** (*sábado*)
- **domenica** (*domingo*)

L'ora: Hora

Se você quiser pegar um trem ou um avião, ter certeza de que a loja está aberta ou consultar a programação do teatro, precisa saber a hora certa. Para perguntar as horas, diz **Che ora è/sono?** (*Que horas são?*).

Quando você responde, pode usar o sistema de 24 horas ou o sistema de 12 horas:

- Você encontra o sistema de 24 horas impresso em tabelas de horários e páginas de agendas, programas de eventos e assim por diante: por exemplo, **Il treno parte alle [ore] 15,45/15:45** (*O trem parte às 15h45*). Quando você diz a hora dessa maneira, acrescenta minutos à hora, como em **15:45**, que lê como **le quindici e quaranta-cinque**. Você usa este sistema no dia a dia, quando quer evitar mal-entendidos ou ser muito formal (por exemplo, se for à secretária de alguém marcando um compromisso para seu/sua chefe.)

52 Parte I: Orientando-se: Revisando o Básico

- Do contrário, use o sistema de 12 horas. Você diz **Sono le tre e cinquantanove** (*São 3h59*). Pode acrescentar **di mattina** (*da manhã*) ou **di pomeriggio/di sera** (*da tarde/noite*) para evitar mal-entendidos como em

    "**Partono alle 4.**" ("*Eles partem às 4.*")

    "**Di mattina?!**" ("*Da manhã?!*")

    "**No! Di pomeriggio.**" ("*Não! Da tarde.*")

Quando expressar tempo, acrescente o artigo definido ao número: **l'una** (*1h*); **le tredici** (*13h*); **le ventuno** (*21h*). Usa-se o artigo indefinido na expressão **un quarto a** (*quinze para*). Você coordena o artigo com o gênero e número da hora sobre a qual está falando (consulte o Capítulo 2 sobre coordenação gênero-número).

Usa-se o verbo **essere** (*ser*) no plural com todas as horas menos com **una** (*1h*), como em **Sono le tre meno cinque** (*São cinco para as 3h*). Confira os seguintes exemplos:

- É **l'una** (*1h*)
- É **mezzogiorno** (*Meio-dia*)
- È **un quarto a** ... (*Quinze para....*)
- È **l'una e tre quarti** (*1h45*) ou È **un quarto alle due** (*Faltam quize paras as duas*)

Veja os exemplos a seguir de maneiras, as quais você pode transmitir frações da hora:

- **Sono le due e dieci** (*São duas e dez*).
- **Sono le otto meno un quarto** (*São quinze para as oito*)
- **Sono le dieci e un quarto** (*São dez e quinze*)
- É **l'una e tre quarti,** ou è **un quarto alle due** (*É uma e quarenta e cinco ou São quize para as duas*)
- **Sono le tre meno cinque** (*São cinco para as três*)
- È **mezzogiorno** (*É meio-dia*)
- È **mezzanotte** (*É meia-noite*)
- **Sono le quattro e mezza/o** (*São quatro e meia*)

A seguir estão as primeiras indicações no plano de viagem de uma jovem. Traduza as palavras que ela deixou em português para o italiano, usando o sistema de 24 horas. Use as preposições indicadas em parênteses. Se você acrescentar o artigo definido, as preposições formam uma palavra com ele (ver Capítulo 2). Reescreva as quantias em dólar ou euros de acordo com o estilo italiano (consulte "Contando Itens com Números Cardinais" para detalhes).

Capítulo 3: Números, Datas e Hora   53

P. Sábado, 18 de junho de 2008. Partenza!

R. Sabato, 15 giugno 2008, Partenza! (*Sábado, 18 de junho de 2008. Dia da Partida!*)

17. Partenza **às 15h45.** Arrivo ad Amesterdam **às 7h30.** (a)

---

18. Partenza per Roma **às 11h30.** Arrivo **às 13h.**

---

19. Cambiare 500 dólares; **probabilmente** saranno solo **289,50** euros.

---

20. Per prima cosa, il mattino dopo, **16 de junho**, colazione **às 09h** con caffè espresso e bombolone! (a)

---

21. Visita del Pantheon **às 10h.** (a)

---

22. Pranzo da Tino **às 12h30.** (a)

---

23. Domingo ao meio-dia in Piazza San Pietro. (a)

---

24. Al pomeriggio, visita ai giardini ed al museo di Villa Borghese **das 15h às 18h.** (da, a)

---

25. Cena sul Lungo Tevere **às 21h30.** (a)

Parte I: Orientando-se: Revisando o Básico

Respostas

1 143: centoquarantatré; 145: centoquarantacinque

2 812: ottocentododici; 814: ottocentoquattordici

3 86: ottantasei; 88: ottantotto

4 4.395.651: quatromilionitrecentonovantacinquemilaseicentocinquantuno; 4.395.653: quatromilionitrecentonovantacinquemilaseicentocinquantatré

5 2.129.370.685: due miliardi centoventinovemilioni trecentosettantamilaseicentoottantacinque; 2.129.370.687: due miliardi centoventinovemilioni trecentosettantamilaseicentoottantasette

6 86.407,24: ottantaseimilaquattrocentosette virgola ventiquattro; 86.407,26: ottantaseimilaquattrocentosette virgola ventisei

7 537,87: cinquecentotrentasette virgola ottantasette; 537,89: cinquecentotrentasette virgola ottantanove

8 47: quarantasette; 47,2: quarantasette virgola due

9 83,90 ottantré virgola novanta; 83,92 ottantré virgola novantadue

10 9.397.868,16: novemilionitrecentonovantasettemilaottocentosessantotto virgola sedici;
9.397.868,18: novemilionitrecentonovantasettemilaottocentosessantotto virgola diciotto;

11 Le colonie americane dichiararono l'indipendenza nel **1776**. (*As colônias americanas declararam independência em 1776.*)

12 Il figlio di Marta è il **primo** della classe. (*O filho de Marta é o primeiro na sua classe.*)

13 Le ragazze della staffetta 4 x 100 sono arrivate **terze** ai Campionati europei. (*As garotas do revezamento 4 x 100 chegaram em terceiro no Campeonato Europeu.*)

14 I giocatori della squadra di basket della scuola sono arrivati **quindicesimi** ai campionati regionali! (*Os jogadores do time de basquete da escola chegaram em décimo quinto no campeonato regional.*)

15 Il secolo tra il 1600 e il 1700, che è il **XVII** secolo, viene anche chiamato il **Seicento**. (*O século entre 1600 e 1700, que é o século dezessete, também é chamado de Seiscentos.*)

16 Massimo è arrivato solo **quarantottesimo** nella gara di sci. (*Massimo chegou somente em quadragésimo-oitavo na competição de esqui.*)

17 Partenza **alle 17:45**. Arrivo ad Amsterdam **alle 7:30 di mattina**. (*Saída às 17h45. Chegada a Amsterdã às 7h30.*)

Capítulo 3: Números, Datas e Hora **55**

18 Partenza per Roma **alle 11:30**. Arrivo **alle 13.** (*Saída para Roma às 11h30. Chegada às 13:00.*)

19 Cambiare 500 dollari; probabilmente saranno solo **289,5** euro. (*Trocar 500 dólares; serão provavelmente somente 289,5 euros.*)

20 Per prima cosa, il mattino dopo, **16 giugno**, colazione **alle 9** con caffè espresso e bombolone! (*Primeira coisa, na manhã seguinte, 16 de junho, café da manhã às 9 com café e donut!*)

21 Visita del Pantheon **alle 10:00 di mattina**. (*Visita ao Panteão às 10 da manhã.*)

22 Pranzo da Tino **alle 12:30.** (*Almoço no Tino às 12h30.*)

23 **Domenica alle 12:00 (a mezzogiorno)** na Piazza San Pietro. (*Domingo ao meio-dia, almoço na Praça São Pedro.*)

24 Al pomeriggio, visita ai giardini ed al museo di Villa Borghese **dalle 15 alle 18/dalle 3:00 alle 6:00.** (*À tarde, visita aos jardins e ao museu da Villa Borghese das 3h às 6h.*)

25 Cena sul Lungo Tevere **alle 21:30 di sera.** (*Jantar no Lungo Tevere às 21h30.*)

56 Parte I: Orientando-se: Revisando o Básico

Parte II
Uma Olhada de Perto nas Categorias Gramaticais

A 5ª Onda   Por Rich Tennant

"Mona está tentando formar finalizações para os adjetivos em italiano. Isso de uma mulher que não consegue formar a finalização de uma conversa."

Nesta Parte...

Nesta parte, guiarei você através das categorias gramaticais, começando com pronomes (que são numerosos e complicados). Falarei de adjetivos e como coordená-los com o artigo definido; e como formar complementos – ou seja, orações curtas necessárias quando o substantivo por si não consegue carregar um significado. Também falarei sobre *isto* e *aquilo*, indefinidos como *algum* e *um pouco*, e como dizer que algo pertence a você.

Capítulo 4

Tudo Sobre Pronomes

Neste Capítulo

▶ Sabendo quando e como usar os pronomes retos e átonos

▶ Exercitando-se com o uso dos pronomes oblíquos diretos e indiretos

▶ Combinando os pronomes oblíquos diretos e indiretos

▶ Acrescentando mais pronomes: **Ci** e **Ne**

▶ Reconhecendo pronomes reflexivos

O italiano tem muitos tipos de pronomes, cada um deles com uma função especial. A maioria dos pronomes substitui pessoas, lugares, conceitos e quantidades que já tenham sido mencionadas. Os pronomes retos não substituem qualquer coisa, porém transmitem quem está realizando a ação. No italiano, os pronomes são usados com frequência, porque eles permitem que você evite repetição e encurte as frases. Aqui está um exemplo de uma frase sem e com pronomes retos:

Io ho telefonato a Giovanna. Ho detto a Giovanna che ero stanca. Non credo di andare al cinema con Giovanna. Purtroppo, Giovanna ha già ordinato i biglietti e io ho già pagato i biglietti. (*Eu telefonei para Giovanna. Eu disse a Giovanna que estava cansado. Eu acho que não vou ao cinema com Giovanna. Infelizmente, Giovanna já pediu os ingressos e já paguei pelos ingressos.*)

[Io] ho telefonato a Giovanna e le ho detto che ero stanca. Non credo di andare al cinema con lei. Purtroppo, Giovanna ha già ordinato i biglietti e io li ho pagati. (*Eu telefonei para Giovanna e lhe disse que estava cansada. Acho que não vou ao cinema com ela. Infelizmente, ela já pediu os ingressos e já os paguei.*)

Entender e usar os pronomes italianos é um desafio, porque eles variam muito na forma, posição e função, mas são indispensáveis; portanto, você precisa lidar com a parte difícil. Eles podem ser:

✔ Pronomes retos, como em **Io ho telefonato a Giovanna** (*Eu liguei para Giovanna*)

✔ Pronomes átonos, como em **Non credo di andare al cinema con lei** (*Acho que não vou ao cinema com ela*)

- Pronomes oblíquos diretos, como em **Li ha già ordinati** (*Ela já pediu os ingressos*)

- Pronomes oblíquos indiretos, como em **Le ho detto che ero stanca** (*Eu lhe disse que estava cansada*)

Também falarei sobre dois outros pronomes que realizam muitas funções no italiano: **ci** (*aqui, ali, sobre isso/aquilo, disto/daquilo, nisto/aquilo*) e **ne** (*de/a respeito dele/dela/deles, de/a respeito disto/daquilo*). Você poderá usar outro grupo de pronomes, chamados *pronomes reflexivos*, quando o objeto da frase for o mesmo do sujeito. Em português, é traduzido como *mim mesmo, eu próprio, si próprio, eles mesmos*, e assim por diante. Os pronomes reflexivos não substituem os conceitos já mencionados, mas eles são conjugados diretamente com os verbos.

O italiano transmite um objeto direto e um objeto indireto juntos, formando pronomes compostos.

Leitor, Conheça os Pronomes Retos

Gramaticalmente falando, seis pessoas podem realizar uma ação: a primeira, a segunda e a terceira, singular e plural. Mas há mais pronomes do que pessoas porque a terceira pessoa diferencia-se entre masculino, feminino e neutro.

A Tabela 4-1 lista os pronomes retos. **Nota**: No italiano, quando os animais são vistos como tendo sentimentos e até mesmo uma personalidade, são usados pronomes antes reservados para seres humanos: **lui** (*ele*), **lei** (*ela*) e **loro** (*eles*).

Tabela 4-1	Pronomes Retos	
Pessoa	*Singular*	*Plural*
Primeira	**io** (*eu*)	**noi** (*nós*)
Segunda	**tu** (*tu*)	**voi** (*vós*)
Terceira	**lui** (*ele*), **lei** (*ela*), **esso/essa** (*esse/essa*)	**loro** (*eles*), **essi/esse** (*esses/essas*)
Terceira (singular e plural, usado para dirigir-se formalmente às pessoas)	**Lei** (*você*)	**Loro** (*vocês*)

Os pronomes retos tradicionais para pessoas são **egli** (*ele*), **ella** (*ela*) e **essi/esse** (*eles/elas*). Você pode encontrá-los sendo usados em escritos antigos ou formais. Hoje, os pronomes das terceiras pessoas **lui, lei** e **loro** são usados como pronomes.

Sabendo quando usá-los

A maior parte do tempo você não usa um pronome reto no italiano, porque as conjugações verbais indicam o sujeito. Na frase **Guardano la televisione tutte le sere** (*Eles assistem à TV todas as noites*), você sabe que o sujeito é **loro** (*eles*) porque **guardano** é conjugado na terceira pessoa do plural. Cobrirei em detalhes a conjugação dos verbos, na Parte III.

Às vezes, você precisa de pronomes retos. Deve usá-los sempre que estiver:

- ✔ Enfatizando o que uma pessoa em particular está fazendo: **Iò daro le dimissioni.** (*Vou pedir demissão*).

- ✔ Enfatizando um sujeito sobre outro (geralmente invertendo a ordem das palavras): **Decido io, non tu, a che ora devi tornare a casa!** (*Decido eu, e não você, a que horas deve voltar para casa!*)

- ✔ Formando uma frase que possa gerar confusão com relação ao sujeito: **Lui capisce cose che io non capisco.** (*Ele entende coisas que eu não entendo.*)

Adaptando os pronomes retos para uso formal e informal

Além disso, você pode dirigir-se às pessoas formalmente ou informalmente, alterando a escolha do pronome e do verbo:

- ✔ Informalmente, você se dirige às pessoas com as seguintes combinações de pronome-verbo:
  - **Tu** (*você*) + verbo na segunda pessoa do singular: **[Tu] vieni alla partita, Andrea?** (*Você virá ao jogo, Andrea?*)
  - **Voi** (*vocês*) + o verbo na segunda pessoa do plural: **[Voi] venite alla partita, Andrea e Giacomo?** (*Vocês virão ao jogo, Andrea e Giacomo?*)

- ✔ Formalmente, você se dirige às pessoas com as seguintes combinações de pronome-verbo:
  - **Lei** (*você*) tanto para homens quanto para mulheres + o verbo na terceira pessoa do singular: **[Lei] viene all partita, Signore/Signora?** (*Vem à partida, Senhor/ Senhora?*)
  - **Loro** (*vocês*) + o verbo na terceira pessoa do plural: **[Loro] vengono all partita, Signori/Signore/Signori e Sognore?** (*Vocês vêm ao jogo, Senhores/Madames/ Senhoras e Senhores?*)
  - Hoje em dia você pode usar **voi** (*vós*) para dirigir-se a mais de uma pessoa informalmente ou formalmente , como em **[Voi] venite all partita, Signori/Signore/Signori e Signore?** (*Vocês vêm ao jogo Senhores/Senhoras/ Senhoras e Senhores?*)

Parte II: Uma Olhada de Perto nas Categorias Gramaticais

Quando você se dirige a alguém formalmente, usa o último nome da pessoa precedido por **Signor** (*Sr.*), **Signora** (*Sra.*), **Signorina** (*Srta.*), **Dottor/Dottoressa** (*Dr./Dra.* para todos com **láurea** ou graduação universitária), **Ingegner** (*Engenheiro*), **Avvocato** (*Advogado*), e assim por diante, com os títulos profissionais específicos.

Leia o e-mail a seguir escrito para um amigo. A partir das dicas dos verbos, preencha as lacunas com os pronomes retos apropriados.

P. Caro Marco, ti scrivo da Cortina. _____ sto bene. Come stai _____?

R. Caro Marco, ti scrivo da Cortina. **Io** sto bene. Come stai **tu**? (*Caro Marco, estou lhe escrevendo de Cortina. Estou bem. Como você está?*)

```
New Message
File  Edit  View  Insert  Format  Tools  Message  Help
Send   Cut   Copy   Paste   Undo   Check

From:    Marco
To:      studio.branzini@visp.com
Cc:
Oggetto: Pratica Fratelli Letta

Cara Giulia,

ti scrivo da Cortina. Purtroppo, scrivo (1) _____ perché Elena
si è fatta male alla mano destra in un'ascensione e (2) _____
non potrà scrivere per un po'. A parte questo incidente, (3)
_____ stiamo tutti bene. Il tempo è splendido e il panorama,
come (4) _____ sai bene, magnifico. Lo scorso fine settimana i
miei suoceri sono venuti a trovarci. (5) _____ non sono dei
grandi camminatori, ma sono rimasti con i bambini e con Elena,
così (6) _____ sono andato a fare una bella scalata con i miei
amici. Li conosci anche (7) _____, vero? Spero che l'estate
prossima tutti (8) _____ potremo stare insieme.

Un abbraccio,

Marco
```

Pronomes Átonos

Pronomes átonos são quase sempre posicionados após uma preposição, como em **Vieni con me al mercato!** (*Venha ao mercado comigo!*). Porém, você também pode usá-los diretamente após um verbo sem uma preposição para enfatizar, como em **La mamma vuole te!** (*Mamãe gosta de você!*). Neste estágio, para facilitar sua vida, use o pronome átono somente

Capítulo 4: Tudo Sobre Pronomes **63**

quando tiver uma preposição. Por exemplo, **Qualcuno ha lasciato un messaggio per te** (*Alguém deixou uma mensagem para você*).

A Tabela 4-2 demonstra as formas dos pronomes átonos. Como pode ver, as únicas formas que mudam dos projetos de sujeitos são as formas para **io (me)** e **tu (te)**. Apesar de somente quatro preposições serem mostradas aqui, qualquer preposição pode ser combinada com um pronome átono.

Tabela 4-2	Pronomes Átonos
Pronomes	*Tradução*
me (*me*)	**a/con/di/per me** (*para/com/a respeito/para mim*)
te (*ti*)	**a/con/di/per te** (*para/com/a respeito/para ti*)
lui (*ele*), **lei** (*ela*), **esso, essa** (*ele, ela - coisas e animais*)	**a/con/di/per lui/esso/essa** (*para/com/a respeito/para ele,ela*)
Lei (*você*)	**a/con/di/per Lei** (*para/com/a respeito/para você*)
noi (*nos*)	**a/con/di/per noi** (*para/com/a respeito/para nós*)
voi (*vos*)	**a/con/di/per voi** (*para/com/a respeito/para vós*)
loro (*eles*)	**a/con/di/per loro** (*para/com/a respeito/para eles*)
Loro (*vocês*)	**a/con/di/per Loro** (*para/com/a respeito/para vocês*)

Preencha as lacunas nas frases a seguir substituindo os pronomes átonos pelas palavras em parênteses.

P. Non mi piace lavorare con _____. (Gianluca)

R. Non mi piace lavorare con **lui**. (*Não gosto de trabalhar com ele.*)

9. Volete venire con _____ a cena? (me e Mario)

10. Giovanni va con _____ al mare. (i figli)

11. Gioco a carte con _____. (te e i tuoi cugini)

12. Piero si fida totalmente di _____. (sua madre)

13. Chiamo _____? (tu)

14. Ho affidato tutti i miei affari a _____. (mio cognato)

Pronomes Oblíquos Diretos

Ao passo que os pronomes retos são às vezes opcionais, os pronomes oblíquos não são – você conta com os pronomes oblíquos para substituir os objetos ou as pessoas que são os recebedores da ação. Aqui estão alguns pontos-chave com relação aos pronomes oblíquos diretos e indiretos:

Parte II: Uma Olhada de Perto nas Categorias Gramaticais

✔ Objetos diretos são aqueles que seguem verbos transitivos e são chamados assim porque a ação afeta o objeto diretamente, como em **Vedo Angela** (*Eu vejo Angela*). Se você substituir **Angela** por um pronome, a frase fica **La vedo** (*Eu a vejo*).

✔ Os pronomes oblíquos diretos normalmente respondem as questões *quem?* ou *o quê*. Quando você consegue responder a estas questões, pode substituir a resposta (o objeto direto) com um pronome. Por exemplo, **Leggo il giornale la domenica** (*Leio o jornal aos domingos*): O que eu leio? O jornal. **Lo leggo** (*eu o leio*). Aqui está outro exemplo: **Ho invitato i nostri amici a cena** (*Convidei nossos amigos para jantar*). Quem? Nossos amigos. **Li ho invitati a cena.** (*Convidei-os para jantar*).

✔ Pronomes oblíquos diretos podem substituir pessoas, animais, coisas e abstrações. Por exemplo, **Il ragazzo accarezza il cucciolo** (*O garoto está acariciando o cachorrinho*), **[Lo] L'accarezza.** (*Ele está acariciando-o*); **Quell'uomo ha perso la libertà** (*Aquele homem perdeu sua liberdade*), **L'ha persa** (*Ele a perdeu*).

A Tabela 4-3 mostra os pronomes oblíquos diretos.

Tabela 4-3	Pronomes Oblíquos Diretos
Pronomes	*Tradução*
mi	me
ti	ti
lo (MS)	o, lo
la (FS)	a, la
lo/la	o, a, lo, la
La (MS/FS, formal)	o, a, lo, la (formal)
ci	nos
vi	vos
li/le (MP/FP)	os, as, los, las
Li/Le (MP/FP, formal)	os, as, los, las

Quando você se dirige a alguém verbalmente ou por escrito, os pronomes oblíquos diretos que usa são **La** (*o, a, lo, la*), **Li** (*os, los*) para um grupo de homens, **Le** (*as, las*) para um grupo de mulheres ou **Li** (*os, as, los, las*) para um grupo de homens e mulheres:

Signore/Signora, La ringrazio di essere venuto/a. (*Senhor/Madame, agradeço-lhe pela presença.*)

Signori/Signore e Signori, Li ringrazio de esse venuti/e. (*Senhores/Senhoras e Senhores, agradeço-lhes pela presença.*)

Signore, Le ringrazio di essere venute. (*Senhoras, agradeço-lhes pela presença.*)

No dia a dia, o **voi** (*vos*) é muito mais comumentemente usado (formalmente ou informalmente), o que simplifica consideravelmente as coisas. Por exemplo, **Signore e Signori, vi ringrazzio di essere venuti** (*Senhoras e senhores, agradeço-vos pela presença.*)

A colocação do pronome oblíquo direto varia de acordo com a forma verbal:

- O pronome oblíquo direto geralmente precede o verbo conjugado: **Quel ragazzo non dice mai la verità** (*Aquele garoto nunca diz a verdade*); **Non la dice mai** (*Ele nunca a fala*).

- Se o verbo estiver no infinitivo, imperativo ou gerúndio, você junta o pronome ao verbo. Quando unido ao infinitivo, cai o final **–e**.

  - Infinitivo: **"Ti piacerebbe comprare la borsa?" "Sì, mi piacerebbe comprarla."** (*"Você gostaria de comprar a bolsa?" "Sim, Eu gostaria de comprá-la."*)

  - Imperativo: **Porta i bambini al mare!** (*Leve as crianças à praia!*) **Portali al mare!** (*Leve-as à praia!*)

  - Gerúndio: **Avendoli preparati [i panini], li ho portati al mare.** (*Tendo feito os sanduíches, levei-os à praia!*)

- Quando forem usados os pronomes oblíquos diretos **lo** e **la** antes de um verbo que comece com uma vogal, o **-o** ou o **–a** pode ser retirado e substituído por um apóstrofo, ou podem permanecer como em **Bianca lo/l'aspetta** (*Bianca está esperando por ele*).

Quando for usado um pronome oblíquo direto com um tempo verbal composto, o particípio passado concorda em gênero e número com o pronome.

"Hanno ricevuto la lettera?" "No, non [la] l'hanno ancora ricevuta." (*"Eles receberam a carta?" "Não, eles não a receberam ainda."*)

"Avete fatto i compiti?" "Li abbiamo fatti!" (*"Vocês fizeram seu dever de casa?" "Nós o fizemos."*)

Complete as lacunas nas frases a seguir substituindo as palavras sublinhadas com os pronomes oblíquos diretos adequados. (Use a Tabela 4-3 como referência.)

P. Cercano il dottore? (*Eles estão procurando pelo médico?*)

R. Sì, **lo** cercano. (*Sim, eles estão procurando por ele.*)

15. Non capisco voi. Non _____ capisco.

16. Vedono spesso il fratello di Beppe. _____ vedono spesso.

Parte II: Uma Olhada de Perto nas Categorias Gramaticais_____

17. Chiamate <u>noi</u> domani! Chiamate _____ domani!

18. Non mangiano <u>la carne</u>. Non _____ mangiano.

19. Ho comprato <u>il vestito.</u> _____ ho comprato.

20. Ha suonato <u>la trombetta.</u> _____ ha suonata.

21. Voglio dire <u>la verità.</u> _____ voglio dire. Ou Voglio dir _____.

22. Luigi mangiava <u>gli spinaci</u> quasi ogni giorno. Luigi _____ mangiava quasi ogni giorno.

23. Desidero pagare <u>il caffè</u>. Desidero pagar _____.

Preencha as lacunas com os pronomes oblíquos diretos formais adequados. O contexto da frase deve indicar que você está dirigindo-se a um homem, mulher, grupo de homens, grupo de mulheres ou um grupo misto.

P. Signora, _____ aiuto io a salire le scale.

R. Signora, **L'**aiuto io a salire le scale. (*Madame, eu a ajudo a subir as escadas.*)

24. Signore, _____ volevo avvisare che la squadra femminile è al completo. (plural)

25. Signori, _____ volevo avvisare che la squadra maschile è al completo.

26. Signora, _____ vorrei avvertire che la gonna che Lei ha ordinato è arrivata.

27. Signore, si è fatto male a una mano? _____ aiuto io.

Pronomes Oblíquos Indiretos

Os pronomes oblíquos indiretos referem-se aos seres vivos. São usados com verbos transitivos e respondem à pergunta **a chi** (*a quem*). As preposições usadas com os objetos indiretos podem incluir **a/per/con** (*para/por/com*) + uma pessoa ou animal.

> **Scrivo a mia madre ogni giorno** (*Escrevo para minha mãe todos os dias*) fica **Le scrivo ogni giorno** (*Escrevo para ela todos os dias*)

> **Telefono a Luigi una volta alla settimana** (*Telefono para Luigi uma vez por semana*) fica **Gli telefono una volta alla settimana** (*Telefono pra ele uma vez por semana*)

Capítulo 4: Tudo Sobre Pronomes

A Tabela 4-4 lista os pronomes objetos indiretos que são geralmente colocados antes do verbo ou unidos a ele quando o verbo for infinitivo, imperativo ou gerúndio. A forma **loro** sempre segue o verbo, como em **Ho detto loro quello che pensavo** (*Eu disse a eles o que pensava*).

Tabela 4-4	Pronomes Oblíquos Indiretos
Pronomes	*Tradução*
mi	*para mim*
ti	*para ti*
gli (MS)	*para ele*
le (FS)	*para ela*
Le (MS/FS, formal)	*você* (formal)
ci	*para nós*
vi	*para vós*
gli (ou **loro** após o verbo com ou sem uma preposição)	*para eles*
gli (ou **Loro** após o verbo com ou sem uma preposição)	*vocês* (formal)

Observe as seguintes nuances dos pronomes oblíquos indiretos:

- Na terceira pessoa do plural, **gli** é usado tanto para masculino quanto para feminino. **Compro un regalo per le mie figlie** (*Estou comprando um presente para minhas filhas*) fica **Gli compro un regalo** (*Estou comprando um presente para elas*). Você também pode usar **gli** para homens somente ou para homens e mulheres combinados, como em **"Cosa regali ai nonni per Natale?" "Gli regalo una radio"** (*"O que você vai dar para nossos avós de Natal?" "Vou dar um rádio a eles."*)

- Quando você se dirige formalmente às pessoas, usa a forma **Le** na terceira pessoa do singular tanto para homens quanto para mulheres, como em **Signore/Signora, Le apro io la porta** (*Senhor/Senhora, eu abro a porta para vocês*).

- Observe que a terceira pessoa do plural tem duas opções que significam a mesma coisa. O **gli** está sendo usado mais frequentemente no italiano falado moderno, apesar de **loro** ser ainda aceitável. No plural, você pode usar o pronome **Loro** após o verbo com ou sem uma preposição, como em **Signori/Signore/Signore e Signori, apro Loro la porta/apro la porta per Loro** (*Senhores/Senhoras/Senhoras e senhores, eu abro a porta para vocês.*)

Ao contrário das regras de pronomes oblíquos diretos, o particípio passado nos tempos compostos não concorda em gênero e número com o pronome oblíquo indireto. Pelo contrário, o particípio passado permanece inaltera-

Parte II: Uma Olhada de Perto nas Categorias Gramaticais

do: **"Avete telefonato ad Adriana?" "No, non le abbiamo telefonato"** (*"Vocês ligaram para a Adriana?" "Não, não ligamos para ela."*)

Complete as lacunas nas frases a seguir, substituindo as palavras sublinhadas, com os pronomes oblíquos indiretos adequados.

P. Hanno fatto un grosso favore <u>a noi</u>. (*Eles fizeram um grande favor a nós.*)

R. Ci hanno fatto un grosso favore. (*Eles nos fizeram um grande favor.*)

28. Compriamo un gelato <u>per voi</u>. _____ compriamo un gelato.

29. Raccontano una storia <u>a Enzo</u>. _____ raccontano una storia.

30. Mando dei fiori <u>a Paola.</u> _____ mando dei fiori.

31. Ha offerto <u>a noi</u> il suo aiuto. _____ ha offerto il suo aiuto.

32. I genitori hanno dato la macchina <u>al figlio</u>. I genitori _____ hanno dato la macchina.

33. Tu hai scritto una cartolina <u>a me</u>? Tu _____ hai scritto una cartolina?

34. Hanno pagato il conto <u>per voi</u>? _____ hanno pagato il conto?

35. Ho preparato la cena <u>per gli amici</u>. _____ ho preparato la cena.

Nas frases a seguir, preencha as lacunas com pronomes oblíquos diretos ou indiretos, usando as palavras entre parênteses como dicas. (Não esqueça de que a preposição indica que o pronome oblíquo é indireto. Consulte as tabelas apresentadas neste capítulo para ajuda.)

P. _____ do i biglietti. (a te)

R. Ti do i biglietti. (*Darei as entradas a você.*)

36. Io _____ scrivo una lettera. (a Tom)

37. Signora, posso pesar _____ per Lei? (i pomodori)

38. _____ desidero ordinare. (la pizza)

39. Noi _____ parliamo sempre di voi. (a Lei)

40. Mamma, _____ compri una Ferrari? (a me)

41. Vogliamo visitar_____ subito. (il museo)

42. _____ descrivo il mercato. (a te)

43. Voglio imparar_____ bene. (l'italiano)

Combinando Pronomes Oblíquos Diretos e Indiretos para Formar Pronomes Compostos

Os italianos falam rapidamente e presumem que o ouvinte entende o que eles estão dizendo, depois de ter mencionado algo, uma vez. A língua acomoda isso através de seus pronomes compostos, que, como os outros pronomes cobertos neste capítulo, são colocados antes do verbo ou unidos ao infinitivo, imperativo ou gerúndio. Você forma os pronomes compostos combinando os pronomes oblíquos indiretos (**mi, ti, gli, le, ci, vi** e **gli**) com os pronomes oblíquos diretos, normalmente, na terceira pessoa do singular e do plural (**lo, la, li** e **le**). Você usa pronomes compostos quando quer transmitir, juntamente, um objeto direto e um objeto indireto.

Ao combinar **gli + lo, la, li** ou **le**, você os conecta com um **e**: **glielo, gliela, glieli, gliele.**

Os exemplos a seguir mostram como substituir o objeto direto e indireto com pronomes. Na frase **Regalo un libro al bambino** (*Dou um livro ao garotinho*), **un libro** (*um livro*) é o objeto direto e **al bambino** (*ao garotinho*) é o objeto indireto. Aqui estão as maneiras de remodelar esta frase, combinando os pronomes oblíquos diretos e indiretos:

- Substitua **al bambino** com o pronome oblíquo indireto **gli**: **Gli regalo un libro.** (*Dou-lhe um livro.*)

- Substitua **un libro** com o pronome oblíquo direto **lo**: **Lo regalo al bambino.** (*Dou-o ao garotinho.*)

- Combine os dois pronomes oblíquos, começando com o pronome oblíquo indireto seguido pelo pronome oblíquo direto: **Glielo** é a combinação de **gli** significando *para ele* e **lo** significando *o livro*, portanto, você tem **Glielo regalo** (*Dei-o a ele*).

Ao combinar os dois pronomes oblíquos na terceira pessoa, o pronome oblíquo indireto é sempre **gli**, mesmo que a tradução seja *para ela*. Você sabe que o pronome **le** significa *para ela*, porém, na combinação dos pronomes, o pronome oblíquo indireto sempre será **gli**. No mesmo exemplo **Regalo un libro al bambino**, substitui **al bambino** por **alla bambina**. Observe a transformação: troque **alla bambina** pelo pronome oblíquo indireto **gli** (não **le**) e troque o pronome oblíquo direto pelo **lo**. A combinação é a mesma: **Glielo regalo.**

No uso dos pronomes combinados e um tempo verbal composto, o particípio passado concorda em gênero e número com o pronome oblíquo direto. Por exemplo, **Ho regalato una bicicletta alla bambina** (*Dei uma bicicleta à garotinha*) fica **Gliel'ho regalata** (*Dei-a a ela*). Quando **lo** e **la** precederem o verbo **avere**, a vogal pode ser retirada e substituída por um apóstrofo, ou eles podem permanecer como estão.

A Tabela 4-5 lista as combinações de pronomes. **Mi, ti, ci** e **vi** mudam para **me, te, ce** e **ve** para facilitar a pronúncia, e a terceira pessoa do singular e plural tornam-se uma palavra.

Tabela 4-5 Pronomes Compostos: Pronomes Oblíquos Diretos + Indiretos

Pronomes Compostos	Tradução
me lo/la/li/le	o/a/os/as/ a mim
te lo/la/li/le	o/a/os/as/ a ti
glielo/gliela/glieli/gliele	o/a/os/as/ a ele ou a ela
Glielo/Gliela/Glieli/Gliele	o/a/os/as/ a você (formal)
ce lo/la/li/le	o/a/os/as/ a nós
ve lo/la/li/le	o/a/os/as/ a vós
glielo/gliela/glieli/gliele	o/a/os/as/ a eles ou a elas
Glielo/Gliela/Glieli/Gliele	o/a/os/as/ a vocês (formal)

Observe que, na terceira pessoa do plural, **glielo** (nas suas várias formas) pode ser substituído por **loro** depois do verbo. Por exemplo, **Lo compro loro** (*Comprá-lo-ei para você/eles*).

No uso de pronomes compostos com imperativo (ver Capítulo 13), comandos de uma sílaba (**da', fa', sta, di', va'**) seguidos por um pronome oblíquo direto, indireto ou composto duplica a consoante inicial do pronome anexado. Por exemplo, **Da' il conto a me!** fica **Dammelo!** (*Dê a conta para mim!*).

Reescreva as frases a seguir substituindo os objetos diretos e indiretos por um pronome composto.

P. Scriverai una lettera allo zio? (*Você escreverá uma carta ao seu tio?*)

R. Si, **gliela** scriverò. (*Sim, Escreverei a ele.*)

44. Porti le chiavi ad Elisa? _____

45. Dai quel portafoglio a me! _____

46. Restituisci il pallone a Roberto? _____

47. Mandano il libro a lei? _____

48. Compro il biglietto per te. _____

49. Mi prepari la torta? _____

50. Hanno visto l'opera? _____

51. Vi hanno spedito il CD? _____

Mas Espere – Tem Mais! Pronomes Especiais do Italiano

O italiano tem dois pronomes especiais: **ci** (*aqui, ali*) e **ne** (*disto/disso/ deste/desse /desta/dessa /daquilo/daquela/daquele/ dele/dela/deles/delas*). Eles são considerados pronomes porque substituem as expressões preposicionais. No caso do **ci**, ele geralmente substitui as preposições **a**, **in** e **su** + um lugar ou coisa. **Ne** geralmente substitui as preposições **di** e **da** + uma pessoa ou coisa. Quando usado idiomaticamente, os dois pronomes podem referir-se a frases inteiras ou ideias, conforme você descobrirá posteriormente nesta seção.

O pronome adverbial ci

Todas as línguas têm *homônimos* – ou seja, palavras que parecem e soam similares, mas que possuem significados diferentes. Por exemplo, *são* pode significar o "o verbo ser" ou "sadio". No italiano, o pronome **ci** é similar: ele pode significar *nós/a nós*, porém também pode ser um pronome adverbial que pode significar *aqui, lá*.

Por exemplo, se alguém diz **Sei andato agli Uffizi quest'estate?** (*Você foi ao Museu Uffizi neste verão?*) você responde **No, ci sono andato l'estate scorsa** (*Não, fui lá no verão passado*). O **ci** significa **agli Uffizi**.

Ci também é usado com o verbo **essere** como *haver* no sentido *existir*.

Você usa **c'è** (*há*) com um substantivo ou nome no singular e **ci sono** (*há*) com um substantivo ou nome no plural. **C'è/ci sono** também podem ser escritos como **vi è/vi sono**, mas este é usado mais na literatura do que na língua falada. Entretanto, se você vir **vi è/vi sono,** cuidado para não confundir **vi** com o pronome que significa *você*. Aqui estão alguns exemplos dos pronomes adverbiais em funcionamento:

> **C'è/Vi è molta neve in montagna.** (*Há muita neve nas montanhas.*)

> **C'era una volta una bellissima principessa...** (Era uma vez *uma linda princesa...*)

Você pode também usar **ci** como um pronome referindo-se a

Parte II: Uma Olhada de Perto nas Categorias Gramaticais

> ✔ Lugares já mencionados, com expressões como **qui/lì** (*aqui*), **là, in quel posto** (*ali, naquele/àquele lugar*), **da/per/attraverso quel posto** (*além daquele lugar*)
>
> **"Vieni spesso a Firenze?" "Sì, ci vengo ogni estate."** (*"Você vem a Florença com frequência?" "Sim, eu venho aqui todo verão."*)
>
> ✔ Com verbos especiais tendo significados idiomáticos, como **pensarci, vederci, volerci** e **crederci**
>
> **"Hai pensato al tuo dilemma? "Ci ho pensato."** (*"Você pensou sobre seu dilema?" "Pensei a respeito."*)
>
> ✔ Coisas ou situações já mencionadas, com expressões como **a questo, a quello, a ciò** (*disso, disto, dessa, desta, desse, deste, daquele, daquela, daquilo*)
>
> **"Tu credi a quello che ha detto?" "No, non ci credo."** (*"Você acredita naquilo que ele disse?" "Não, eu não acredito."*)

Pode ajudar você se pensar em **ci** desta maneira: Quando você tem um lugar introduzido pelas preposições **a, in** ou **per** (*para, em, por*), pode usar **ci** para referir-se à combinação de preposição + substantivo na frase que segue. Alguns exemplos incluem os verbos **andare a/in** (*ir para*), **entrare a/in** (*entrar*), **passare per** (e também **di/da**) (*atravessar*), **stare a/in** (*ficar em*) e outros. Por exemplo, **"Sei mai stato in Croazia?" "No, non ci sono mai stato."** (*"Você já esteve na Croácia?" "Não, nunca estive lá."*)

Alguns verbos associados com **ci** são idiomáticos. O verbo **volerci** é um deles. Significa *levar (tempo), necessitar*. É conjugado na terceira pessoa do singular e plural, dependendo do objeto da frase. Por exemplo, **Ci vogliono tre ore per andare a Roma da qui** (*Leva três horas de Roma até aqui.*), mas **Ci vuole un uovo per questa ricetta** (*Você precisa de um ovo para esta receita.*).

Traduza as frases a seguir para o italiano. Você precisa usar **ci** em todas as suas funções: como é usado nas expressões **c'è/ci sono** (*haver*); como um pronome adverbial significando *aqui/ali/lá*; e simplesmente significando *nos/ a nós*. Os verbos conjugados são dados se o verbo usado não for **essere**.

P. Há um novo filme com George Clooney.

R. **C'è un nuovo film con George Clooney.**

52. "Eles vão (vanno) à Alemanha?" "Sim, eles vão (vanno) amanhã."

53. Há muitos livros na mesa.

54. Eles nos veem (vedono) da rua.

Capítulo 4: Tudo Sobre Pronomes **73**

55. "Eles irão (vanno/andranno) ao teatro amanhã?" "Sim, eles (vanno/andranno) irão."

56. Ele não pensa nada a respeito disso.

O pronome ne

Ne (*disto/daquilo/dele/deles*) é um pronome útil. Pode referir-se a pessoas, animais, coisas, objetos individuais ou frases inteiras que já tenham sido mencionados. Coloca-se **ne** antes do verbo ou junto a ele se o verbo for um infinitivo, imperativo ou gerúndio.

Ne significa *disto, deles* e *dali* porque é usado com verbos que são sempre seguidos por **di** (*de*) ou **da** (*por, de*). Por exemplo, se alguém perguntar **Avete fatto delle foto?** (*Você tirou alguma foto?*), você pode responder **Ne abbiamo fatte molte** (*Tiramos muitas*). Se alguém perguntar **Ritorni adesso dal mercato?** (*Você acabou de voltar do mercado?*), você pode responder **Ne ritorno adesso** (*Acabei de voltar [de lá].*) porque o verbo **ritornare** (*retornar, voltar*) pode ser seguido pela preposição **da**. Portanto, quando você tiver uma coisa ou uma preposição introduzida pela preposição **di** ou **da**, pode usar **ne** para referir-se à combinação de preposição + substantivo.

Os exemplos a seguir ainda ilustram o uso de **ne** com um verbo que leva **di** e um que leva **da:**

> **"Hai parlato di tua figlia con il medico?" "Gliene ho parlato."**
> (*"Você falou com o médico sobre sua filha?" "Falei com ele a respeito dela."*)

> **"Quando sei arrivato da Pisa?" "Ne sono arrivato mezz'ora fa."**
> (*"Quando você chegou de Pisa?" "Cheguei aqui faz meia hora."*)

Os verbos com os quais **ne** é comumentemente usado incluem **andare via da** (*ir embora de, sair*), **pensare bene/male di** (*pensar bem/mal de*) e **venire da** (*vir de*). Por exemplo, **"Dov'è Massimo?" "Si è arrabbiato e se n'è andato"** (*"Onde está Massimo" "Ele ficou zangado e foi embora."*)

A Tabela 4-6 mostra o que pode ser substituído por **ne**.

Tabela 4-6	Os muitos significados de Ne
Expressões que Podem Ser Substituídas por Ne	*Tradução*
di lui, di lei, di loro	*dele, dela, deles, delas*
da lui, da lei, da loro	*dele, dela, deles, delas*

(continua)

Tabela 4-6 *(continuação)*

Expressões que Podem Ser Substituídas por Ne	Tradução
di ciò, di questo, da quello	disto, deste, dela, daquilo, daquele, daquela
da qui, da lì, da là, da questo/da quel posto	daqui, dali, desde/daquele lugar

Alguns usos de **ne** são como segue:

- Você pode colocar **ne** com pronomes oblíquos indiretos (**mi, ti, le, gli, ci, vi, gli**) para formar pronomes duplos (**me ne, te ne, gliene, ce ne, ve ne, gliene, ne loro**). Uma frase como **Ha parlato a te di quel problema?** (*Ele falou contigo sobre aquele problema?*) pode ficar **Te ne ha parlato?** (*Ele falou contigo sobre aquilo?*).

- **Ne** pode substituir palavras que indiquem quantidade, como **molto, parecchio, tanto** e **un po' di**. Por exemplo, *"Vorresti un po' d'acqua?" "Ne vorrei proprio un po', grazie"* (*"Gostaria de um pouco de água?" "Só um pouco, obrigado"*).

- **Ne** é usado idiomaticamente ao perguntar a data: **Quanti ne abbiamo oggi?** (*"Qual é a data?"*).

Quando se dirige a alguém, você não usa **ne**, mas repete a construção preposição + pronome pessoal:

"Hai sentito parlare di me?" "Ho sentito parlare di te." (*"Você ouviu algo a meu respeito?" "Sim, ouvi [algo sobre você]."*)

Ne pode perder o **–e** quando combinado com a terceira pessoa do presente e do pretérito imperfeito do verbo **essere**. Por exemplo, **È rimasto colpito da Bianca** (Ele estava impressionado com Bianca); **N'è rimasto colpito** (Ele estava impressionado com ela).

Quando **ne** substitui um partitivo, o particípio passado concorda em gênero e número com o objeto substituído, como em *"Hanno bevuto tanta birra?" "Sì, ne hanno bevuta tanta"* (*"Eles beberam muita cerveja?" "Sim, eles beberam muita."*).

Reescreva as frases a seguir, substituindo as palavras sublinhadas pelo pronome **ne** no lugar adequado.

P. Avete letto <u>del nuovo presidente</u>? (<u>Você leu</u> *sobre o novo presidente?*)

R. **Ne abbiamo letto.** (*Lemos sobre ele.*)

57. Sono appena tornati <u>dalla Grecia</u>.

Capítulo 4: Tudo Sobre Pronomes **75**

58. Vengono adesso <u>dallo studio dell'avvocato.</u>

_____

59. Ho sentito parlare <u>di lei</u>.

_____

60. Pensiamo bene <u>di Anna</u>.

_____

61. Comprano <u>delle mele</u>?

_____

Quando o Sujeito É Também Objeto: Pronomes Reflexivos

Os pronomes reflexivos informam que o sujeito é também o recebedor da ação, como em **Mi lavo ogni mattina** (*Lavo-me todas as manhãs*). Você usa estes pronomes com verbos reflexivos, que cubro no Capítulo 17. A Tabela 4-7 lista os pronomes.

Tabela 4-7	Pronomes Reflexivos
Singular	*Plural*
mi (*mim mesmo*)	**ci** (*nós mesmos*)
ti (*ti mesmo*)	**vi** (*vós mesmos*)
si (*ele mesmo, ela mesma*)	**si** (*eles mesmos, elas mesmas*)
Si (*si mesmo, formal*)	**Si** (*si mesmos, formal*)

Quando conjugar um verbo reflexivo, conjugue-o exatamente como se você fosse fazer com um verbo que não é reflexivo, mas coloque o pronome reflexivo na frente do verbo conjugado:

> **Marco si sveglia ogni mattina alle 6:00 ma non si alza fino alle 6:30. Io mi sveglio alle 6:00 ma mi alzo subito.** (*Marco acorda às 6h todas as manhãs, mas ele não levanta da cama até as 6h30min. Eu acordo às 6 e levanto imediatamente.*)

Parte II: Uma Olhada de Perto nas Categorias Gramaticais

Preencha as lacunas na carta a seguir com as formas corretas dos pronomes reflexivos.

P. I ragazzi si annoiano d'estate? (*As crianças ficam entediadas nas férias?*)

R. No, non si annoiano mai. (*Não, elas nunca ficam entediadas.*)

Cara Loredana,

ti scrivo per darti mie notizie. Io (62) _____ sento molto felice oggi perché Roberto mi ha chiesto di sposarlo e noi (63) _____ sposiamo/sposeremo a giugno. Sai che noi (64) _____ divertiamo sempre insieme ed è un po' che usciamo. E tu (65) _____ senti di essere la mia damigella? Volevo chiederti subito perché mia madre (66) _____ metterà) subito ad organizzare tutto e mi è molto importante che tu ne faccia parte! Fammi sapere al più presto!

Un abbraccio,

Carla

Capítulo 4: Tudo Sobre Pronomes   77

Respostas

1–**8**

✉ New Message

| File | Edit | View | Insert | Format | Tools | Message | Help |

✉ **Send**   ✂ Cut   ▤ Copy   ▤ Paste   ↶ Undo | **abc✔** Check

From:	Marco Baldini
To:	giulia@libero.it
Cc:	

| Oggetto: | Saluti |

Cara Giulia,

ti scrivo da Cortina. Purtroppo, scrivo (1) **io** perché Elena si è fatta male alla mano destra in un'ascensione e (2) **lei** non potrà scrivere per un po'. A parte questo incidente, (3) **noi** stiamo tutti bene. Il tempo è splendido e il panorama, come (4) **tu** sai bene, magnifico. Lo scorso fine settimana i miei suoceri sono venuti a trovarci. (5) **Loro** non sono dei grandi camminatori, ma sono rimasti con i bambini e con Elena, così (6) **io** sono andato a fare una bella scalata con i miei amici. Li conosci anche (7) **tu**, vero? Spero che l'estate prossima tutti (8) **noi** potremo stare insieme.

Un abbraccio,

Marco

Querida Giulia,

Estou escrevendo de Cortina. Infelizmente, escrevo porque Elena machucou sua mão direita em uma escalada nas montanhas e não terá condições de escrever por um tempo. Exceto por isso, estamos todos bem. O tempo está maravilhoso e as paisagens, como você bem sabe, são magníficas. Fim de semana passado, meus sogros vieram nos visitar. Eles não são muito bons de caminhada, mas ficaram com as crianças e com Elena, portanto pude sair para uma linda caminhada com meus amigos. Você os conhece, certo? Espero que no próximo verão todos possamos estar juntos.

Abraços,

Marco

78 Parte II: Uma Olhada de Perto nas Categorias Gramaticais

9 Volete venire com **noi** a cena? (*Vocês querem vir jantar conosco?*)

10 Giovanni va con **loro** al mare. (*Giovanni vai com eles à praia.*)

11 Gioco a carte con **voi**. (*Jogarei cartas com você.*)

12 Piero si fida totalmente di **lei**. (*Piero confia nela piamente.*)

13 Chiamo **te!** (*Ligarei para você!*)

14 Ho affidato tutti i miei affari a **lui**. (*Confiei meus negócios a ele.*)

15 Non **vi** capisco. (*Não te entendo.*)

16 **Lo** vedono spesso. (*Eles o veem com frequência.*)

17 Chiamate**ci** domani!(*Ligue-nos amanhã!*)

18 Non **la** mangiano. (*Eles não comem isso.*)

19 **Lo/L'**ho comprato. (*Comprei-o.*)

20 **La/L'**ha suonata. (*Ele/ela a tocou.*)

21 **La** voglio dire, ou Voglio dir**la**. (*Quero contar isso.*)

22 Luigi **li** mangiava quasi ogni giorno. (*Luigi comia isso quase todo dia.*)

23 Desidero pagar**lo**. (*Quero pagar por isso.*)

24 Signore, **Le** volevo avvisare che la squadra femminile è al completo. (*Senhoras, quero informar-lhes que o time feminino está completo.*)

25 Signori, **Li** volevo avvisare che la squadra maschile è al completo. (*Senhores, quero informar-lhes que o time masculino está completo.*)

26 Signora, **La** vorrei avvertire che la gonna che Lei ha ordinato è arrivata. (*Senhora, gostaria de informar-lhe que a saia que a senhora pediu chegou.*)

27 Signore, si è fatto male a una mano? **La/L'**aiuto io. (*Senhor, machucou sua mão? Eu o ajudarei.*)

28 **Vi** compriamo un gelato. (*Comparemos um sorvete para vocês.*)

29 **Gli** raccontano una storia. (*Eles estão contando uma história para ele.*)

30 **Le** mando dei fiori. (*Estou enviando flores a ela.*)

31 **Ci** ha offerto il suo aiuto. (*Ele/Ela ofereceu-nos sua ajuda.*)

32 I genitori **gli** hanno dato la macchina. (*Os pais deram um carro para ele.*)

33 Tu **mi** hai scritto una cartolina? (*Você me enviou um cartão postal?*)

34 **Vi** hanno pagato il conto? (*Eles pagaram a conta para você?*)

Capítulo 4: Tudo Sobre Pronomes   79

35 **Gli** ho preparato la cena. (*Preparei o jantar para eles.*)

36 Io **gli** scrivo una lettera. (*Estou escrevendo uma carta a ele.*)

37 Signora, posso pesar**li** per Lei? (*Posso pesá-los para a Senhora?*)

38 **La** desidero ordinare. (*Gostaria de fazer o pedido.*)

39 Noi **le** parliamo sempre di voi. (*Sempre falamos de vocês para ela.*)

40 Mamma, **mi** compri una Ferrari? (*Mamãe, compra uma Ferrari para mim?*)

41 Vogliamo visitar**lo** subito. (*Gostaríamos de visitá-lo imediatamente.*)

42 **Ti** descrivo il mercato. (*Descreverei o mercado para você.*)

43 Voglio imparar**lo** bene. (*Quero aprendê-lo bem.*)

44 **Gliele porti**? (*Vai pegá-los para ela?*)

45 **Dammelo**! (*Dê isso para mim!*)

46 **Glielo restituisci**? (*Você vai devolvê-lo para ele?*)

47 **Glielo mandano**? (*Eles vão enviar para ela?*)

48 **Te lo compro**. (Vou comprá-lo *para você.*)

49 **Me la prepari?** (*Faria isso para mim?*)

50 **L'hanno vista?** (*Eles a viram?*)

51 **Ve l'hanno spedito?** (*Eles o enviaram para você?*)

52 **Vanno/Andranno in Germania?" "Sì, ci vanno/andranno domani."**

53 **Ci sono troppi libri sul tavolo.**

54 **Ci vedono dalla strada.**

55 **"Vanno/Andranno a teatro domani?" "Sì, ci vanno/andranno."**

56 **Non ci pensa nemmeno.**

57 **Ne sono appena tornati.** (*Eles acabaram de voltar.*)

58 **Ne vengono adesso.** (*Eles estão vindo agora.*)

59 **Ne ho sentito parlare.** (*Ouvi sobre ela.*)

60 **Ne pensiamo bene.** (*Pensamos bem dela.*)

61 **Ne comprano alcune.** (*Ele/Ela compraram algumas.*)

80 Parte II: Uma Olhada de Perto nas Categorias Gramaticais

62-66

Cara Loredana,   5 aprile 2009

ti scrivo per darti mie notizie. Io (62) **mi** sento molto felice oggi perché Roberto mi ha chiesto

di sposarlo e noi (63) **ci** sposiamo/sposeremo a giugno. Sai che noi (64) **ci** divertiamo sempre

insieme ed è un po' che usciamo. E tu (65) **ti** senti di essere la mia damigella? Volevo

chiederti subito perché mia madre (66) **si** metterà subito ad organizzare tutto e mi è molto

importante che tu ne faccia parte! Fammi sapere al più presto!

Un abbraccio,

Carla

Querida Loredana,   5 de Abril, 2009

estou te escrevendo para dar notícias minhas. Estou muito feliz hoje porque Robert me pediu em casamento,

e vamos nos casar em junho. Você sabe que sempre nos divertimos juntos e que estamos namorando há

algum tempo. Gostaria de ser minha madrinha? Eu queria escrever imediatamente porque minha mãe vai

começar a organizar tudo, e é muito importante para mim que você faça parte disso. Avise-me assim que

puder.

Abraços

Carla

Capítulo 5

Adjetivos, Advérbios e Comparações

Neste Capítulo

▶ Coordenando substantivos e adjetivos

▶ Localizando os melhores lugares para adjetivos em uma frase

▶ Criando advérbios e colocando-os no local apropriado

▶ Estabelecendo comparações e classificações

Se você diz **Marina ha una casa grande** (*Marina tem uma casa grande*) ou **Marina ha una casa piccola** (*Marina tem uma casa pequena*), tudo o que mudou foi uma palavra, porém, você disse duas coisas muito diferentes. **Grande** (*grande*) e **piccola** (*pequena*) são adjetivos que transmitem qualidades de pessoas, animais, objetos e situações. No italiano, assim como no português, você emprega adjetivos com substantivos, nomes e pronomes.

Os advérbios são outra categoria gramatical que ajuda a descrever ações. Tanto no italiano como no português, os advérbios são invariáveis, o que significa que não precisa combiná-los com as palavras que eles modificam. Você pode acrescentar um advérbio para qualificar um verbo, um adjetivo, um substantivo, uma frase e até mesmo outro advérbio. Por exemplo, se diz **È molto presto** (*É muito cedo*), está usando dois advérbios – **molto** e **presto** – juntos.

Os tópicos finais deste capítulo são os comparativos e os superlativos, já que, ao usar adjetivos e advérbios, você pode querer estabelecer comparações e classificações entre duas ou mais coisas ou pessoas. Considere estes exemplos: **Gianni è alto come Umberto** (*Gianni é tão alto quanto Umberto*); **Pino è il più alto della classe** (*Pino é o mais alto da sala*); e **È arrivata tardissimo!** (*Ela chegou muito tarde!*).

Neste capítulo, explicarei as várias terminações que os adjetivos podem ter, assim como as diferenças entre adjetivos masculinos e femininos, singulares e plurais e como combiná-los com as palavras a que eles se referem. Também falarei sobre onde colocar os adjetivos na frase. Quanto aos

Parte II: Uma Olhada de Perto nas Categorias Gramaticais

advérbios, explicarei a diferença entre os originais e os derivados e como formar estes últimos. Também darei a você sugestões para sua colocação em frases. Encerrarei este capítulo com a cobertura de comparativos e superlativos, ajudando a entender como usá-los para se expressar melhor.

Combinando Adjetivos com Substantivos em Gênero e Número

No italiano, você deve combinar adjetivos em gênero e número com os substantivos que eles modificam. Precisa de um adjetivo masculino singular com um substantivo masculino singular, um adjetivo feminino singular com um substantivo feminino singular, e assim por diante. Por exemplo, **Maria + bello à Maria è bella** (*Maria é bonita.*)

Alguns adjetivos são invariáveis; eles têm somente uma forma. Listo os mais importantes na última seção, "Adjetivos invariáveis".

Quando você combina um adjetivo e um substantivo, lembre-se de que pode terminar com duas palavras com a mesma terminação, como em **Il cavallo è piccolo** (*O cavalo é pequeno*), ou não, como em **Il cavallo è intelligente** (*O cavalo é inteligente*). Se verificar as possíveis terminações dos substantivos listados no Capítulo 2 e analisar as possíveis terminações listadas neste capítulo, podem surgir várias combinações. (Este é um bom exercício para que você pratique seu domínio das terminações e combinações substantivo-adjetivo.)

Para conseguir a combinação certa, você deve considerar o gênero do substantivo e, então, escolher o gênero do adjetivo. Por exemplo, se escolher o substantivo **castello** (*castelo*), que termina em **–o** e o adjetivo **grande** (*grande*) que termina em **–e**, a combinação certa é **castello grande** (*castelo grande*); se escolher o substantivo feminino **pena** (*pena*) e o adjetivo **grande** (*grabde*), a combinação certa é **pena grande** (*grande pena*) porque o adjetivo **grande** tem uma terminação tanto para o gênero masculino quanto para o feminino. Se o substantivo estiver no plural, também precisa escolher a terminação correta do adjetivo no plural, portanto **castelli** (*castelos*) para formar **castelli grandi** (*castelos grandes*), assim como **pene** precisa de **grandi** para formar **grandi pene** (*grandes penas*) porque, novamente, **grande** fica **grandi** no plural tanto para substantivos masculinos quanto femininos.

Os adjetivos encaixam-se em uma das três categorias, dependendo de como elas mudam para combinar gênero e número do substantivo.

- **Adjetivos regulares** variam nas suas terminações, dependendo do gênero (masculino ou feminino) e número (plural ou singular). Os adjetivos regulares são agrupados em três amplas categorias:

    - **Aqueles com quatro terminações** (masculino e feminino, singular e plural)

Capítulo 5: Adjetivos, Advérbios e Comparações

- **Aqueles com duas terminações** (singular e plural)
- **Aqueles com três terminações**, uma para o singular (masculino e feminino) e duas para o plural

✓ **Adjetivos irregulares** mudam a ortografia de várias letras, não apenas a última, especialmente quando vão do singular para o plural (como para os substantivos; ver Capítulo 2).

✓ **Adjetivos invariáveis** são muito poucos, portanto você não precisa mudar sua terminação quando os combina com as palavras que eles descrevem.

Organizei as subseções a seguir de acordo com as categorias na lista precedente. Quando você terminar esta seção, deverá estar capacitado a pegar um adjetivo que nunca viu antes e colocá-lo no grupo adequado simplesmente analisando sua terminação. Na dúvida, como sempre, consulte um dicionário.

Adjetivos Regulares

Os adjetivos regulares são aqueles que modificam somente a última letra para modificar tanto o gênero quanto o número ou somente o número. A Tabela 5-1 mostra as possíveis variações e alguns exemplos de adjetivos.

Tabela 5-1	Variações de Terminações de Adjetivos Regulares		
	Quatro terminações: -o, -a, -i, -e	*Duas terminações: -e, -i*	*Três terminações: -a, -i, -e*
Masculino singular (MS)	picc**o**lo (*pequeno, curto*)	intelligent**e** (*inteligente*)	egoist**a** (*egoísta*)
Feminino singular (FS)	piccol**a**	intelligent**e**	egoist**a**
Masculino plural (MP)	piccol**i**	intelligent**i**	egoist**i**
Feminino plural (FP)	piccol**e**	intelligent**i**	egoist**e**

Quando usado depois de um substantivo, **bello** (*bonito*) e **buono** (*bom*) são adjetivos regulares com quatro terminações possíveis. Quando elas são usadas antes de um substantivo, entretanto, eles não levam as mesmas terminações como todos os outros adjetivos terminando em **–o**. Porém, eles seguem estas regras:

✓ **bello** segue as regras do artigo definido:
- Use **bel** antes de um substantivo masculino singular que comece com uma ou mais consoantes (seguem as exceções): **bel treno** (*trem bonito*); use **bei** com os mesmos tipos de substantivos no plural: **bei treni** (*trens bonitos*).

Parte II: Uma Olhada de Perto nas Categorias Gramaticais

- Use **bello** antes de um substantivo masculino singular começando com **gn-, pn-, os-, s** + consoante, **z-, x-** ou **-y**; **bello spazio** (*lugar bonito*); **begli** com o plural: **begli spazi** (*lugares bonitos*).

- Use **bell'** antes de um substantivo masculino singular começando com uma vogal: **bell'orologio** (*relógio bonito*); use **begli orologi** (*relógios bonitos*).

- Antes de um substantivo masculino plural que comece com uma consoante, use **bei gatti** (*gatos bonitos*).

- Antes de um substantivo feminino singular ou plural, use **bella** e **belle**: **bella artista** (*artista bonita*), **belle artiste** (*artistas bonitas*).

✔ **buon** segue as regras de

- O artigo indefinido quando usado com substantivos singulares: por exemplo, antes de um substantivo masculino singular que comece com uma vogal ou consoante, use **buon**: **buon anno** (*bom ano*).

- O artigo definido quando usado com substantivos plurais: funciona como um adjetivo de quarta terminação e, assim, você pode dizer: **buoni zii** (*bons tios*), **buone famiglie** (*boas famílias*).

Adjetivos Irregulares

Quando formam plurais, os adjetivos irregulares modificam mais letras, não apenas a última, normalmente para preservar o som suave ou forte do masculino singular, como em **bianco, bianca, bianchi, bianche** (*branco(s), branca(s)*). Porém, muitas vezes, as variações da norma são acidentes de história, para os quais não posso dar qualquer justificativa. A Tabela 5-2 decompõe as mudanças nas terminações para adjetivos irregulares, com exemplos.

Tabela 5-2	Variações das Terminações dos Adjetivos Irregulares	
Tipo de Adjetivo para Começar	**O que Muda na Terminação**	**Exemplos**
Adjetivos de duas sílabas terminando em **-co, -go, -ca** ou **-ga**	**-chi, -che, -ghi, -ghe**	bianco (*branco*) → bian**chi** bianca → bian**che** lungo (longo) → lun**ghi** lunga → lun**ghe**
Adjetivo polissílabo com a sílaba tônica da segunda à última sílaba e terminando em **-co** ou **-ca**	**-ci, -che**	simpatico (*simpático*) → simpati**ci** simpatica (*simpática*) → simpati**che**

(continua)

Capítulo 5: Adjetivos, Advérbios e Comparações

Tabela 5-2 *(continuação)*

Tipo de Adjetivo para Começar	O que Muda na Terminação	Exemplos
Adjetivo polissílabo terminando em **-io** ou **-ia**	**-i, -ie**	necessar**io** (*necessário*) → necessar**i** necessar**ia** (*necessária*) → necessar**ie**
Adjetivo com duas sílabas ou polissílabo, precedido por uma vogal e terminando em **-cio, -gio, -cia** ou **-gia**	**-ci, -gi, -cie/-ce, -gie/-ge**	sudi**cio** (*sujo*) → sudi**ci** sudi**cia** (*suja*) → sudi**cie** (ou sudi**ce**) gri**gio** (*cinza*) → gri**gi** gri**gia** → gri**gie** (ou gri**ge**)
Adjetivo dissílabo ou polissílabo, precedido por uma consoante e terminando em **-cio, -cia, -gio,** ou **-gia**	**-i, -ie**	lis**cio** (*macio*) → lis**ci** lis**cia** (*macia*) → lis**ce** sag**gio** (*sábio*) → sag**gi** sag**gia** (*sábia*) → sag**ge**

Adjetivos Invariáveis

Alguns adjetivos são *invariáveis*, significando que a terminação permanece a mesma, independente de como o substantivo muda o gênero ou número. Os adjetivos-chave invariáveis incluem:

- Alguns adjetivos para cor: **blu** (*azul*), **beige** (*bege*), **lilla/lillà** (*lilás*), **rosa** (*rosa*), **turchese** (*turquesa*) e **viola** (*violeta*)
- A palavra **arrosto** (*assado*)
- Os qualificadores matemáticos **pari** (*par*) e **dispari** (*ímpar*)
- Adjetivos tirados de outros idiomas: **snob** (*esnobe*), **chic** (*chique*), **trendy** (*na moda*) e **bordeaux** (*bordô*)

Escreva o masculino singular dos seguintes adjetivos.

P. gialli: _____

R. **giallo** (*amarelo*)

1. mosce: _____
2. ricchi: _____
3. allegre: _____
4. begli: _____
5. ipocrite: _____
6. fertili: _____

Parte II: Uma Olhada de Perto nas Categorias Gramaticais

Escolha o adjetivo no gênero e número apropriados para a palavra que ele descreve. Tanto a terminação quanto o significado da frase devem ajudar você a escolher a palavra correta a partir das opções apresentadas.

P. Il film era lunga/interessanti/noioso.

R. Il film era **noioso**. (*O filme era chato.*)

7. La canzone è (bello/interessante/lunghe).

8. Paolo compra una macchina (nuova/rosso/grandi).

9. Giuliana è (intelligenti/noioso/brillante).

10. Loro sono (giovani/importante/bella).

11. Le mie sorelle sono (giovane/vecchi/stanche).

12. Le arance non sono (mature/buona/cattivi).

Quando Você Precisar Combinar Um Adjetivo Com Mais de Um Substantivo

Um adjetivo pode referir-se a mais de uma pessoa ou coisa, de três maneiras:

- Com um substantivo plural (ou nome ou pronome), como em **Le suore sono silenziose** (*As freiras estão quietas*)
- Com dois substantivos separados, como em **Gli uccelli e i gatti sono nemici** (*Pássaros e gatos são inimigos*)
- Com um adjetivo referindo-se a duas coisas diferentes que sejam singulares e compartilhem o mesmo gênero, como em **Il professore parla di letteratura e storia tedesca** (*O professor está falando sobre literatura e história alemã*)

Você precisa decidir o gênero e número de modo que combine com o substantivo. Siga estas diretrizes:

- Se você tiver um sujeito no plural, o adjetivo será no plural e combinará o substantivo em gênero. Por exemplo, **I miei fratelli sono piccoli** (*Meus irmãos são baixos*); **Le mie sorelle sono piccole** (*Minhas irmãs são baixas*).
- Se tiver um substantivo masculino e um substantivo feminino, escolhe o adjetivo masculino. Por exemplo, **Pietro e Luciana sono piccoli** (*Pietro e Luciana são baixos*).

Capítulo 5: Adjetivos, Advérbios e Comparações

✔ Se você não sabe o gênero, use masculino. Por exemplo, **Loro sono piccoli** (*São pequenos*).

✔ Se você tiver um adjetivo referindo-se a dois substantivos singulares do mesmo gênero, escolha a forma singular do adjetivo no gênero que combina com os substantivos. Por exemplo, na frase a seguir, **romana** (*romana*) combina o gênero dos substantivos **pittura** (*pintura*) e **scultura** (*escultura*): **Bianca è un'esperta di pittura e scultura romana** (*Bianca é especialista em pintura e escultura romanas*).

Colocando Adjetivos no Seu Lugar

Tanto no português quanto no italiano, você coloca os adjetivos depois de verbos que indiquem um estado ou uma condição, como *ser, estar, sentir*, por exemplo, **Gina è contenta** (*Gina está feliz*). Quando você junta um adjetivo a um substantivo, o coloca depois do substantivo, como em **Hanno scritto dei libri importanti** (*Eles escreveram livros importantes*).

Entretanto, você coloca alguns adjetivos comumentemente usados antes do substantivo. Por exemplo, você diz **Hanno una bella casa** (*Eles têm uma bela casa*), muito embora todo mundo vá entender se disser **Hanno una casa bella**. Na última seção, apresentarei uma lista dos adjetivos mais importantes que levam esta colocação, "Reconhecendo os adjetivos que vêm antes dos substantivos."

Em alguns casos, o adjetivo muda de significado, dependendo se for colocado antes ou depois do substantivo. Por exemplo, se você diz **È un grand'uomo** (*Ele é um grande homem*), quer dizer algo bem diferente de **È un uomo grande** (*Ele é um homem grande*). Pode encontrar mais destes adjetivos na última seção, "Usando a colocação para modificar o significado de um adjetivo."

Reconhecendo os adjetivos que vêm antes dos substantivos

O italiano tem adjetivos básicos que você coloca antes dos substantivos. Por exemplo, você normalmente diz **È una bella casa** (*É uma bela casa*). Mas se diz **È una casa bella**, todos entenderão.

Aqui estão os adjetivos que você normalmente coloca antes do substantivo:

✔ **bello** (*bonito*)

✔ **brutto** (*feio*)

✔ **buono** (*bom*)

✔ **cattivo** (mau, *maldoso*)

✔ **breve** (*curto*)

✔ **lungo** (*comprido*)

Usando a colocação para modificar o significado de um adjetivo

Alguns adjetivos mudam o significado dependendo se você os coloca antes ou depois dos substantivos. Por exemplo, se diz **Ho rivisto un caro amico** (*Revi um amigo querido*), **caro**, significa *querido*, mas se disser **É un negozio caro** (*É uma loja cara*), **caro** significa *de preço elevado*. Aqui está outro exemplo: **Solo** significa *solitário* em **Un uomo solo è spesso triste** (*Um homem solitário é geralmente triste*) e significa *único* em **Sono le sole pesche che abbiamo** (*Estes são os únicos peixes que temos*). Listarei os adjetivos deste tipo mais usados na Tabela 5-3.

Tabela 5-3   Adjetivos Comuns Que Mudam de Significado Dependendo da Colocação

Adjetivo	Tradução/ Significado Quando Colocado antes do Substantivo	Tradução / Significado Quando Colocado depois do Substantivo
caro	querido	caro (de preço elevado)
grande	ótimo	grande (tamanho)
piccolo	sem importância	pequeno (tamanho)
povero	mesquinho	pobre (financeiramente)
solo	único	solitário, sozinho
vecchio	de muito tempo	velho (idade)
nuovo	outro	novo

Mude a ordem das palavras de modo que cada grupo forme uma frase completa. A palavra em maiúsculo deve começar a frase.

P. contenta, Daria, del, lavoro, sembra

R. **Daria sembra contenta del lavoro.** (*Daria parece feliz com o trabalho.*)

13. brillante, Bruni, è, ragazzo, un

14. La, le, porta, rosse, scarpe, zia

15. gatto, Hai, il, nero, visto, ?

16. arrosto, carne, Mangiano, solo

Capítulo 5: Adjetivos, Advérbios e Comparações

17. alla, camicetta, lilla, mamma, Regalo, una

Traduza as frases a seguir. Todos os verbos são regulares e estão no presente do indicativo.

Q. Papai verá um velho amigo

R. **Papà vede un vecchio amico**

18. Minha irmã sempre compra pêssegos caros.

19. Nicola é um velho amigo.

20. Nós temos um carro muito velho.

21. Eles são amigos muito queridos, mas às vezes, são muito chatos.

22. Ela é a única amiga que a ajuda.

23. Minha mulher ajuda muito aquelas mulheres pobres.

Formando Advérbios da Maneira Italiana

No italiano, os advérbios acrescentam detalhes e nuances ao modificar os verbos, adjetivos, substantivos, frases inteiras e outros advérbios. Os advérbios podem mudar radicalmente o significado do que você está dizendo; por exemplo, **Lia si comporta bene** (*Lia comporta-se bem*) em oposição a **Lia si comporta male** (*Lia comporta-se mal*). Os advérbios são invariáveis no sentido de que não têm nem gênero nem número, portanto, você não precisa se preocupar em coordená-los às palavras que eles modificam.

No italiano, os advérbios ficam em duas categorias:

- **Originais:** estes advérbios não são derivados de outras palavras e eles variam muito de um para o outro.
- **Derivados:** estes advérbios são derivados dos adjetivos.

Advérbios originais

Advérbios originais não têm uma forma fixa, portanto, você é forçado a simplesmente aprendê-los. Aqui estão alguns advérbios importantes para lembrar:

- **abbastanza** (*suficiente*)
- **adesso/ora** (*agora*)
- **anche** (*também*)
- **ancora** (*ainda*)
- **bene** (*bem*)
- **davvero** (*realmente*)
- **domani** (*amanhã*)
- **fa** (*atrás, passado*)

- **già** (*já*)
- **ieri** (*ontem*)
- **mai/non... mai** (*jamais, nunca*)
- **male** (*mal*)
- **no** (*não*)
- **non** (*não*)
- **oggi** (*hoje*)
- **presto** (*em breve, logo*)

- **purtroppo** (*infelizmente*)
- **sempre** (*sempre*)
- **sì** (*sim*)
- **spesso** (*frequentemente*)
- **subito** (*de uma vez, imediatamente*)
- **tardi** (*tarde*)

Alguns adjetivos fazem o papel de advérbios. Para usá-los como advérbios, você sempre usa a forma singular masculina. Por exemplo, **Sandro e Marco corrono piano** (*Sandro e Marco correm lentamente*). Estes advérbios podem somente qualificar verbos, adjetivos e outros advérbios (ou frases) porque, quando os aplica a substantivos, nomes e pronomes, sua "natureza" como adjetivos e precisa coordená-los com as palavras a que eles se referem. Assim, você diria **Sandro e Marco sono corridori veloci** (*Marco e Sandro são corredores velozes.*)

Os adjetivos-chave que você pode usar como advérbio incluem:

- **comodo** (*confortável*)
- **chiaro** (*claro*)
- **duro** (*duro*)
- **forte** (*forte*)
- **giusto** (*justo*)
- **leggero** (*leve*)

- **molto** (*muito*)
- **parecchio** (*bastante*)
- **poco** (*pouco*)
- **quanto** (*quanto*)
- **sicuro** (*com certeza*)

- **solo** (*somente*)
- **tanto** (*muito, tanto*)
- **troppo** (*também*)
- **veloce** (*veloz*)
- **vicino** (*perto*)

Advérbios derivados

Você forma advérbios derivados pegando a forma singular de um adjetivo e acrescentando **–mente** (como em português) a ele. Aqui estão algumas regras básicas para formar estes advérbios, seguidos de alguns exemplos:

- Se o adjetivo termina em **–o**, acrescenta-se **–mente** à forma feminina singular dão adjetivo. Por exemplo, **curioso** (*curioso*) à **curiosamente** (*curiosamente*).

Capítulo 5: Adjetivos, Advérbios e Comparações

- Se o adjetivo termina em **–e**, acrescenta-se **–mente** ao adjetivo. Por exemplo, **dolce** (*doce*) à **dolcemente** (*docemente*).

- Se o adjetivos termina em **–e**, mas o **–e** é precedido por **–l** ou **–r**, tira-se o **–e** antes de acrescentar **–mente**. Por exemplo, **normale** (*normal*) à **normalmente** (*normalmente*); **celere** (*rápido*) à **celermente** (*rapidamente*)

Forme advérbios a partir dos seguintes adjetivos e, então, traduza-os para o português.

P. puntuale

R. **puntualmente** (*pontuamente*)

24. certo: _____

25. difficile: _____

26. generale: _____

27. gentile: _____

28. lento: _____

29. veloce: _____

Complete cada frase selecionando o adjetivo correto a partir das opções apresentadas e transformando-o em advérbio.

esatto   bene   gentile   ~~facile~~   lento   generale

P. Risolveremo quel problema _____.

R. Risolveremo quel problema **facilmente**. (*Resolveremos aquele problema facilmente.*)

30. A due anni, suo figlio parla _____.

31. _____, non facciamo sconti.

32. Ha risposto _____ alle domande.

33. La macchina procedeva _____.

34. Roberto la tratta molto _____.

Encontrando Um Lugar para Advérbios em uma Frase

Em geral, você coloca a maioria dos advérbios às palavras que eles modificam – ou seja, antes do adjetivo e do substantivo e depois do verbo (tanto na forma simples quanto na composta). Aqui estão alguns exemplos (observe que os advérbios são **spesso** e **molto**):

Roberto gioca spesso a golf. (*Roberto joga golfe com frequência.*)

Mi è piaciuto molto il concerto. (*Gostei muito do concerto.*)

Exceções à regra geral são os advérbios simples **appena** (*assim que, imediatamente*), **ancora** (*ainda*), **già** (*já*) e **mai** (*jamais*); e os advérbios compostos **non... mai** (*jamais, nunca*), **non... ancora** (*ainda não*) e **non... più** (*não mais*). As diretrizes a seguir explicam onde colocá-los:

- Com um verbo composto feito de um auxiliar e um particípio (ver Capítulo 10), você coloca os advérbios simples listados anteriormente entre o auxiliar e o particípio passado, como em **Il film è già finito** (*O filme já acabou*).

  Se você tiver uma forma verbal consistindo de um auxiliar modal e um verbo no infinitivo (ver Capítulo 8), coloque o advérbio entre os dois verbos, como em **Volete ancora venire?** (*Você ainda quer vir?*).

- Com os advérbios compostos, **non** precede o verbo, e **mai/ancora/più** o segue. Por exemplo, **Non mangio più il sushi** (*Não como mais sushi*).

  Se o verbo estiver na forma composta ou acompanhado por um auxiliar modal, você coloca a segunda palavra do advérbio entre os dois verbos, como em **Non ho ancora mangiato il dolce** (*Ainda não comi a sobremesa*).

Ancora significa *ainda*, porém, também significa *algo mais* ou *novamente*. Independente do significado, sua colocação na frase permanece a mesma. Aqui estão alguns exemplos:

È ancora presto per telefonargli. (*Ainda é muito cedo para ligar para ele.*)

Vuoi ancora del gelato? (*Você quer mais sorvete?*)

O advérbio **sempre**, entretanto, pode ficar entre os componentes de uma forma verbal ou tempo composto, ou após os componentes, sem qualquer mudança de significado. Por exemplo, **Ha sempre giocato con lei** e **Ha giocato sempre con lei** significam *Ele sempre jogou com ela*.

Você tem mais liberdade em colocar todos os outros advérbios, dependendo do que quer enfatizar. Você pode dizer **Improvvisamente, se ne andarono** (*De repente, eles foram embora.*) ou **Se ne andarono improvvisamente** (*Eles foram embora de repente*). Como sempre, quando for uma situação de

Capítulo 5: Adjetivos, Advérbios e Comparações 93

ênfase e estilo, não posso dar a você regras precisas. Observe onde elas são colocadas quando as lê e tente opções diferentes quando as escrever.

Reescreva cada frase, colocando o advérbio entre parênteses no seu local apropriado. Alguns exercícios podem ter duas respostas corretas; você deve, então, escolher a que parecer mais apropriada. Depois, traduza sua resposta para o português.

P. Non parlano di lui. (bene)

R. **Non parlano bene di lui**. (*Eles não falam bem dele.*)

35. Vieni. Devo dirti una cosa. (qui)

_____

36. Ho cercato, ma non ho trovato le chiavi. (dappertutto)

_____

37. Non sono arrivati, ma non tarderanno. (ancora)

_____

38. Vuole ballare con lui. (sempre)

_____

39. Hanno camminato, ma hanno perso l'autobus. (velocemente)

_____

40. Ho finito di mangiare. (appena)

_____

41. Non so dov'è andato. (onestamente)

_____

Fazendo Comparações

Tanto no português quanto no italiano, você pode comparar as coisas de três maneiras. Pode dizer que algo possui uma qualidade mais do que, menos do que, ou tanto quanto outra coisa. Os dois objetos que você está comparando são chamados de primeiro e segundo termo da comparação. Pode expressá-los com nomes, substantivos, pronomes, adjetivos, advérbio e verbos.

Aqui estão as regras para estabelecer comparações em italiano:

> ✔ Para dizer que um objeto tem uma qualidade *mais do que* ou *menos do que* outro objeto, use **più** para expressar *mais*, **meno** para expressar *menos* ou *menor* (antes de um substantivo contável no plural) e **di** (ou uma forma contraída de **di**) ou **che** para expressar *do que*.

Você usa **di** somente quando o segundo termo é um nome, um pronome sem uma preposição ou um advérbio.

> **Bianca è più intelligente di Silvia.** (*Bianca é mais inteligente do que Silvia.*)
>
> **Sembri meno nervoso di ieri.** (*Você parece menos nervoso do que ontem.*)

✓ Quando o segundo termo é um nome ou um substantivo precedido por uma preposição, ou quando você compara dois adjetivos, dois advérbios ou dois verbos, pode usar somente **che** antes do segundo termo.

> **Compriamo meno pere che mele.** (*Compraremos menos peras do que maçãs.*)
>
> **Gli piace sciare più che nuotare.** (*Ele gosta mais de esquiar do que nadar.*)

Quando você quiser dizer que o grau de uma qualidade (ou a quantidade de um objeto) continua crescendo ou diminuindo, como em *cada vez mais cansado, cada vez mais alto*, e *cada vez menos disposto;* no italiano use **sempre più** e **sempre meno** (que são invariáveis) + um adjetivo, um advérbio ou um substantivo. Por exemplo, **Fa sempre più freddo** (*Está cada vez mais frio*). **Abbiamo sempre meno vacanze** (*Temos cada vez menos dias de férias*).

Para dizer que um objeto possui uma qualidade tanto quanto outro objeto, use as expressões **tanto... quanto** ou **così... come** para expressar *tão... quanto, tanto.... quanto...* ou *tantos .... quantos*. Por exemplo, **Bianca è tanto intelligente quanto Silvia** (*Bianca é tão inteligente quanto Silvia*).

Quando você usa um adjetivo para comparar dois indivíduos, pode omitir as palavras **tanto** ou **così**, como em **Luciano è alto quanto Carlo** (*Luciano é tão alto quanto Carlo*). Você mantém **tanto** e **così** quando compara dois substantivos, como em **Compriamo tante pere quante mele** (*Compraremos tantas peras quando maçãs*); dois adjetivos, como em **Luisa è tanto bella quanto brava** (*Luisa é tanto bonita quanto uma boa pessoa*); ou dois verbos, como em **A Gianni piace tanto nuotare quando sciare** (*Gianni gosta tanto de nadar quanto de esquiar*).

Você está comprando presentes de Natal para seus filhos e sobrinhos. Usando as dicas dos parênteses, preencha as lacunas com os comparativos no diálogo a seguir. (**Nota:** Combine a preposição **di** com um dos seguintes artigos: **del, dei, delle** e assim por diante.)

P. Voglio comprare _____ (*mais*) saggi _____ romanzi.

R. Vorrei comprare **più** saggi **che** romanzi. (*Gostaria de comprar mais ensaios do que romances.*)

> Cliente: Vorrei fare dei regali educativi **(42)** _____ (*mais*) alla moda. A mia figlia piacciono le bambole piccole **(43)** _____

Capítulo 5: Adjetivos, Advérbios e Comparações **95**

(*menos*) bambole grosse, ma le piacciono i videogiochi **(44)** _____ (*mais*) bambole.

Commessa: Questo trenino va bene per i bambini che hanno **(45)** _____ (*menos*) dieci anni. I bambini **(46)** _____ (*mais*) grandi in genere lo trovano noioso.

Cliente: Mio nipote è un bambino **(47)** _____ intelligente **(48)** _____ curioso (*tanto.... quanto*). Ho bisogno di un regalo **(49)** _____ (*mais*) interessante **(50)** _____ caro. La mia nipotina è **(51)** _____ (*mais*) giovane **(52)** _____ mia figlia. Penso che le piacerebbe un pupazzo di peluche.

Commessa: Questa scimmietta è **(53)** _____ (*menos*) bella **(54)** _____ questa tigre, ma ai bambini piace molto.

Designando o melhor e o pior: Os superlativos

Assim como no português, no italiano você pode classificar objetos para estabelecer qual é o superior ou o inferior em uma série ou grupo. E pode declarar que um objeto é excelente em algo mesmo que não o compare com outra coisa.

Para classificar objetos como o superior ou o inferior quando o segundo termo é um substantivo ou um pronome, use **il più/il meno... di/in** (*o mais/menos.... de/em*). Combine o adjetivo com o substantivo a que ele se refere.

> **Luciano è il più alto dei figli.** (*Luciano é o mais alto dos filhos.*)
>
> **Marta è La meno agile nella squadra.** (*Marta é a menos ágil no time.*)

O superlativo absoluto expressa o grau mais alto de um adjetivo ou de um advérbio, como em **I ragazzi sono lentissimi** (*Os garotos são lentíssimos*).

Para expressar o superlativo absoluto no italiano, você modifica os adjetivos tirando a vogal final e acrescentando **–issimo, -issima, -issimi** ou **–issime;** por exemplo, **gentile à gentilissimo** (*gentilíssimo*) e **alto à altissimo** (*altíssimo*). Quando o adjetivo ou advérbio termina em **–i**, apenas acrescenta-se **–ssimo**. Por exemplo, **tardi à tardissimo** (*tardíssimo*). Como sempre, você coordena o adjetivo com o substantivo em gênero e número.

> **Quei vestiti sono carissimi.** (*Aqueles vestidos são caríssimos.*)
>
> **Torno a casa prestissimo.** (*Voltarei para casa muito cedo.*)

Quando você expressa um superlativo menos enfaticamente, em italiano, pode acrescentar **molto** ou **assai** (*muito*). Apesar de **molto** e **assai** significarem *muito*, a expressão **molto grande** significa *grande* em vez de *muito grande*, que se traduz como **grandissimo.**

Parte II: Uma Olhada de Perto nas Categorias Gramaticais

Para um pouco de ênfase, há também a opção de repetir um adjetivo curto ou um advérbio, como **grande grande** ou **presto presto** (sem vírgula entre eles). Por exemplo, **Le diede um abbraccio forte** (*Ela deu um abraço bem forte nela*). Você tipicamente não faz isso com palavras longas porque não soa bem.

Migliore and peggiore, meglio and peggio: Melhor e pior

No italiano você tem duas maneiras de dizer que alguém tem *mais* ou *menos* das qualidades expressadas pelos adjetivos **buono** (*bom*), **cattivo** (*mau*), **grande** (*grande*) e **piccolo** (*pequeno*). Você pode acrescentar **più** (*mais*) ou **meno** (*menos*) ao adjetivo; ou usar palavras especiais, conforme listado na Tabela 5-4.

Com os advérbios **bene** (*bem*), **male** (*mal*), **molto** (*muito*) e **poco** (*pouco*), você tem formas especiais para expressar os comparativos e os superlativos destas qualidades. Eu as listo na Tabela 5-5.

Em todos os outros aspectos, você usa estas formas especiais conforme os outros comparativos.

> **Umberto è il più grande dei fratelli.** ou **Umberto è il fratelli maggiore.** (*Umberto é o filho mais velho.*)
>
> **Penso che il parmigiano sia migliore della fontina.** Ou **Penso che il parmigiano sia più buono della fontina.** (*Acho o parmesão melhor do que o fontina.*)

Tabela 5-4   Comparativos e Superlativos de Adjetivos com Formas Especiais

Adjetivo	Comparativos	Superlativos Relativos	Superlativos Absolutos
buono (*bom*)	**più buono, migliore** (*melhor*)	**il più buono, il migliore** (*o melhor*)	**buonissmo/ottimo** (*boníssimo/ótimo*)
cattivo (*mau*)	**più cattivo, peggiore** (*pior*)	**il più cattivo, il peggiore** (*o pior*)	**cattivissimo/pessimo** (*péssimo*)
grande (*grande*)	**più grande, maggiore** (*maior*)	**il più grande i maggiore** (*o maior*)	**grandissimo/ massimo** (*grandíssimo/ máximo*)
piccolo (*pequeno*)	**più piccolo, minore** (*menor*)	**il puù piccolo, il minore** (*o menor*)	**piccolissimo/ minimo** (*minúsculo/mínimo*)

Capítulo 5: Adjetivos, Advérbios e Comparações

Tabela 5-5 Comparativos e Superlativos de Adjetivos com Formas Especiais

Advérbio	Comparativos	Superlativos Absolutos
bene (*bem*)	**meglio** (*melhor*)	**benissimo** (*muito bem*)
male (*mal*)	**peggio** (*pior*)	**malíssimo** (*muito mal*)
molto (*muito*)	**più** (*mais*)	**moltissimo** (*muitíssimo*)
poco (*pouco*)	**meno** (*menos*)	**pochissimo** (*pouquíssimo*)

Você vai fazer uma audição para sua peça de inverno no colégio (em italiano!). Enquanto está estudando sua parte, derrama *caffè latte* no seu script, apagando algumas palavras. Agora, precisa preencher as lacunas escolhendo as palavras apropriadas para classificar qualidades e usar superlativos absolutos. Use as dicas entre parênteses para preencher as lacunas.

P. Mi piacciono _____ queste bambole! (*muito*)

R. Mi piacciono **moltissimo** queste bambole! (*Gosto muitíssimo destas bonecas!*)

Commessa: Che regali deve fare, Signora?

Cliente: Devo fare dei regali a dei bambini. (55) _____ (*jovem*) ha cinque anni, (56) _____ (*velho*) ne ha tredici. Vorrei dei regali (57) _____ (*muito pequeno*), perché li devo portare in aereo. Mi piace (58) _____ (*muitíssimo*) quel tren, per esempio, ma è troppo grande. Quella tenda, invece, va (59) _____ (*muito bem*), perché si può piegarlo.

Commessa: Vorrebbe spendere (60) _____ (*mais*) o (61) _____ (*menos*) di cento euro?

Cliente: Cento euro in tutto. Il regalo (62) _____ (*menos caro*) di tutti dovrebbe costare dieci euro, e il regalo (63) _____ (*mais caro*), trenta euro. Vedo una (64) _____ (*muito bonito*) bambola su quello scaffale.

Commessa: È (65) _____ (*muito bonito*), ma anche (66) _____ (*muito caro*): costa duecento euro. È (67) _____ (*o mais caro*) di tutte quelle che abbiamo in negozio.

Cliente: Preferisco non fare regali troppo costosi. Penso che i regali (68) _____ (*o melhor*) siano quelli che costano (69) _____ (*menos*) di tutti.

Respostas

1. mosce: **moscio** (*flexível*)

2. ricchi: **ricco** (*rico*)

3. allegre: **allegro** (*alegre*)

4. begli: **bello** (*belo*)

5. ipocrite: **ipocrita** (*hipócrita*)

6. fertili: **fertile** (*fértil*)

7. La canzone è **interessante.** (*A canção é interessante.*)

8. Paolo compra una macchina **nuova.** (*Paolo está comprando um carro novo.*)

9. Giuliana è **brillante.** (*Giuliana é brilhante.*)

10. Loro sono **giovani.** (*Eles são jovens.*)

11. Le mie sorelle sonso **stanche.** (*Minhas irmãs estão cansadas.*)

12. Le arance non sono **mature.** (*As laranjas não estão maduras.*)

13. **Bruno è un ragazzo brillante.** (*Bruno é um rapaz brilhante.*)

14. **La zia porta le scarpe rosse.** (*Nossa tia está usando sapatos vermelhos.*)

15. **Hai visto il gatto nero?** (*Você viu o gato preto?*)

16. **Mangiano solo carne arrosto.** (*Eles só comem carne assada.*)

17. **Regalo alla mamma una camicetta lilla.** (*Darei uma camiseta lilás à mamãe.*)

18. **Mia sorella compra sempre delle pesche care.**

19. **Nicola è un vecchio amico.**

20. **Abbiamo una macchina molto vecchia.**

21. **Sono dei cari amici, ma a volte sono proprio noiosi.**

22. **È la sola amica che la aiuta.**

23. **Mia moglie aiuta quelle donne povere.**

24. certo: **certamente** (*certamente*)

25. difficile: **difficilmente** (*dificilmente*)

26. generale: **generalmente** (*geralmente*)

Capítulo 5: Adjetivos, Advérbios e Comparações 99

27 gentile: **gentilmente** (*gentilmente*)

28 lento: **lentamente** (*lentamente*)

29 veloce: **velocemente** (*velozmente*)

30 A due anni, suo figlio parla **bene**. (*Aos dois anos, seu filho fala bem.*)

31 **Generalmente,** non facciamo sconti. (*Geralmente, não damos descontos.*)

32 Ha risposto **esattamente** alle domande. (*Ele/ela respondeu toda as questões corretamente.*)

33 La macchina procedeva **lentamente**. (*O carro movia-se lentamente.*)

34 Roberto la tratta molto **gentilmente**. (*Roberto a trata muito gentilmente.*)

35 **Vieni qui. Devo dirti una cosa.** (*Venha aqui. Preciso te contar uma coisa.*)

36 **Ho cercato dappertutto, ma non ho trovato le chiavi.** (*Olhei por todo lugar, mas não encontrei minhas chaves.*)

37 **Non sono ancora arrivati, ma non tarderanno.** (*Eles ainda não chegaram, mas chegarão logo.*)

38 **Vuole ballare sempre con lui.** ou **Vuole sempre ballare con lui.** (*Ela sempre quer dançar com ele.*)

39 **Hanno camminato velocemente, ma hanno perso l'autobus.** (*Eles caminharam rapidamente, mas perderam o ônibus.*)

40 **Ho appena finito di mangiare.** (*Acabei de comer.*)

41 **Onestamente, non se dov'è andato.** ou **Non so dov'è andato, onestamente.** (*Honestamente, não sei aonde ele foi.*)

42–54 Cliente: Vorrei fare dei regali educativi (42) **più che** alla moda. A mia figlia piacciono le bambole piccole (43) **meno delle** bambole grosse, ma le piacciono i videogiochi (44) **più delle** bambole. (*Gostaria de dar presentes educativos, mais do que presentes da moda. Minha filha prefere bonecas pequenas a bonecas grandes, mas ela gosta mais de videogames do que de bonecas.*)

Commessa: Questo trenino va bene per i bambini che hanno (45) **meno di** dieci anni. I bambini (46) **più** grandi in genere lo trovano noioso. (*Este trechinho é adequado para crianças menores de 10 anos. Crianças mais velhas geralmente acham-no entediante.*)

Cliente: Mio nipote è un bambino (47) **tanto** intelligente (48) **quanto** curioso. Ho bisogno di un regalo (49) **più** interessante **che** caro. La mia nipotina è (51) **più** giovane (52) **di** mia figlia. Penso che le piacerebbe un pupazzo di peluche. (*Meu sobrinho é uma criança tão inteligente quando curiosa. Preciso de um presente que seja mais interessante do que caro. Minha sobrinha é mais nova do que minha filha. Acho que ela gostaria de um bichinho de pelúcia.*)

100 Parte II: Uma Olhada de Perto nas Categorias Gramaticais

Comessa: Questa scimmietta è (53) **meno** bella (54) **di** questa tigre, ma ai bambini piace molto. (*Este macaquinho é menos bonito do que este tigre, mas as crianças gostam bastante.*)

55–69

Commessa: Che regali deve fare, Signora?

Cliente: Devo fare dei regali a dei bambini. (*Preciso dar presente às crianças.*) (55) **Il più giovane** ha cinque anni; (56) **il più vecchio** ne ha tredici. (*O mais novo tem 5 anos; o mais velho tem 13.*) Vorrei dei regali (57) **molto piccoli,** perché li devo portare in aereo. (*Eu gosto de presentes pequenos, porque tenho que levá-los no avião.*) Mi piace (58) **moltissimo** quel treno, ma è troppo grande. (*Eu gosto muito deste trem, mas é muito grande.*) Quella tenda, invece, va (59) **benissimo,** perché si può piegarlo. (*Aquela tenda, ao contrário funciona muito bem, porque eu posso dobrá-la.*)

Commessa: Vorrebbe spendere (60) **più o** (61) **meno** di cento euro? (*Você gostaria de gastar mais ou menos de cem euros?*)

Cliente: Cento euro in tutto. (*cem euros ao total.*) Il regalo (62) **meno caro** di tutti dovrebbe costare dieci euro, e il regalo (63) **più caro,** trenta euro. (*O presente menos caro deve custar dez euros e o mais caro, trinta euros.*) Vedo una (64) **bellissimia** bambola su quello scaffale. (*Vejo uma linda boneca naquela estante.*)

Commessa: È (65) **bellissima** ma anche (66) **carissima:** costa duecento euro. (*É linda, mas também muito cara: custa duzentos euros.*) È (67) **la più cara** di tutte quelle che abbiamo in negozio. (*Esta é a mais cara entre todas que temos no estoque.*)

Cliente: Preferisco non fare regali troppo costosi. (*Eu prefiro não dar presentes tão caros.*) Penso che i regali (68) **migliori** siano quelli che costano (69) **meno** di tutti. (*Eu acho que os melhores presentes são aqueles que também são baratos.*)

Capítulo 6

Preposições: O Grande Desafio

Neste Capítulo

▶ Classificando artigos combinados com preposições

▶ Formando complementos com preposições e substantivos, nomes ou pronomes

▶ Fixando locuções e expressões idiomáticas

▶ Unindo verbos e preposições

As *preposições* são palavras invariáveis de que você precisa para ligar outras palavras em uma frase, quando acrescentar um nome, pronome ou substantivo, por si próprio não é o suficiente. Por exemplo: *Estou indo escola* não é uma frase completa. Você precisa dizer: *Estou indo à escola*. Escolher uma preposição a outra leva a dizer coisas diferentes, como *Estou falando com você* ou *Estou falado sobre você*. Uma preposição pode ter diferentes funções. Na frase *Estou em casa*, a palavra *em* expressa lugar. Na frase *Ele está em paz*, expressa o sentimento de alguém. Por outro lado, preposições diferentes podem expressar significados similares, como com *pela manhã* ou *à noite*.

As preposições são difíceis de aprender em qualquer idioma, porque seu uso é idiomático em muitos casos. A regra básica, portanto, é prática, prática e mais prática.

Neste capítulo, apresentarei algumas diretrizes. Mostrarei as principais preposições italianas (chamadas de **preposizioni semplici** ou *preposições simples*). No italiano, você também encontra outras palavras usadas como preposições – advérbios e adjetivos especificamente. Também mostrarei como escolher a preposição que corresponda àquela que você usaria no português na mesma situação, porque a tradução literal pode não ser adequada. Por exemplo, a preposição **in** é traduzida como *em*, porém, na expressão *pensando em alguém*, usa-se **a** que normalmente significa *a* ou *para*: **pensare a qualcuno**.

As preposições podem também introduzir infinitivos. **A** e **di** são as mais comuns no italiano, como *para* no português. Geralmente, o verbo que você está usando "carrega" uma preposição específica, a qual você não tem outra escolha, a não ser usar. Apresentarei uma lista dos verbos mais comumentemente usados e as preposições que os seguem.

Combinando Preposições com Artigos

O italiano tem oito preposições básicas, correspondendo às preposições essenciais usadas no português. Eu as listo aqui, começando com as mais frequentemente usadas. Você encontrará a tradução que reflete seus significados nos dois idiomas, porém, lembre-se de que não pode presumir que sempre usará a mesma preposição no italiano e no português.

- **di** (*de, a respeito*)
- **a** (*a, para*)
- **da** (*de, por, desde*)
- **in** (*em, no, na*)
- **con** (*com*)
- **su** (*sobre, no, na*)
- **per** (*por, para, durante*)
- **fra/tra** (*entre, no meio de*)

Com preposições, a ordem das palavras é rígida: uma preposição precede e nunca é separada da palavra com a qual forma uma unidade de significado: **a me** (*para mim*); **con coraggio** (*com coragem*). *A garota em quem eu estava pensando* pode ser traduzido somente como **La ragazza a cui pensavo** (*A garota em quem eu estava pensando*).

Quando você tem um artigo definido entre uma preposição e um substantivo, funde seis das oito preposições com os artigos para formar uma palavra. A Tabela 6-1 lista as preposições simples nas suas formas combinadas.

Tabela 6-1		Preposições Combinadas com Artigos				
Artigo Definido	*di*	*a*	*da*	*in*	*con*	*su*
il	del	al	dal	nel	con il	sul
lo, l'	dello, dell'	allo, all'	dallo, dall'	nello, nell'	coll' (ou con lo)	sullo, sull'
la, l'	della, dell'	alla, all'	dalla, dall'	nella, nell'	coll' (ou con la)	sulla, sull'
i	dei	ai	dai	nei	con i	sui
gli	degli	agli	dagli	negli	con gli	sugli
le	delle	alle	dalle	nelle	con le	sulle

Formando Complementos (Preposição + Substantivo, Nome ou Pronome)

Você pode formar expressões curtas juntando uma preposição e um substantivo, um nome ou um pronome. Estas combinações são chamadas de **complementi** (*complemento*) porque elas completam o significado de uma frase. No italiano, há um vasto grupo de complementos, como vê, se olhar em um livro de gramática italiana. Aqui falo sobre quais preposições você precisa em um determinado contexto: lugar, por exemplo. Se quiser dizer *Vou de Florença a Palermo*, precisa de duas preposições que tenham a ver com lugar. Conforme vai adquirindo conhecimento das preposições, perceberá que pode usar a mesma preposição em diferentes contextos, como acontece no português com *em*, por exemplo, que funciona tanto com *lugar* e *tempo* (como acontece no italiano, também). A seguir, os principais contextos e as preposições que você usa para falar sobre cada um deles.

Posse e especificação

Se você diz que algo pertence a alguém, ou se transmite informações sobre alguém ou algo, usa **di**, como no exemplo a seguir: **Il succo di mele** (*Suco de maçã*); **Le foto del matrimonio** (*As fotos do casamento*); **La paura della fame** (*O medo da fome*).

No italiano, o processo é assim:

- Use **di** (*de, a respeito*) para ligar uma característica a uma pessoa ou coisa que tenha aquela característica, como em **Il piano del tavolo** (*O tampo da mesa*).

- Para expressar posse, use adjetivos possessivos e pronomes, ou **di** seguido da coisa possuída, como em **Il gatto di Marta** (*O gato de Maria*) ou **Il suo gatto [di Marta]** (*O gato dela* ou *O seu gato*).

Qualidades e funções

Você pode falar sobre as características das coisas enfatizando a característica que as torna o que elas são, como em **La scollatura a V** (*O decote em V*) ou indicando sua função como em **Le carte da gioco** (*As cartas do jogo*).

Aqui estão algumas regras:

- Para indicar uma característica de um objeto, você usa um substantivo + **a** + outro substantivo: **La barca che va a vela** é **La barca a vela** (*barco a vela*).

104 Parte II: Uma Olhada de Perto nas Categorias Gramaticais

> ✔ Para indicar uma característica que explique a função de um objeto, use um substantivo + **da** + substantivo: **La pallina che serve a giocare a da tennis** é **La pallina da tennis** (*bola de tênis*)

Você também usa **da** + número para expressar valor, como em **Vuoi um anello da 10.000 euro?!** (*Você quer um anel de 10.000 euros?!*), mas usa **di** para números para contar coisas: **Legge un libro di cinquecento pagine** (*Ela está lendo um livro de 500 páginas*).

Insira **di** (*de*), **a** (*caracterizado por*), **da** (*com a função de*), ou nenhuma preposição entre os seguintes grupos de substantivos.

P. la camicia _____ notte

R. la camicia **da** notte (*camisola*)

1. gli occhiali _____ sole

2. i pantaloni _____ righe

3. il giornale _____ ieri

4. la tazzina _____ caffè

5. il discorso _____ Giovanna

6. un saggio _____ trenta pagine

7. il forno ___ microonde

8. l'asilo _____ nido

Lugar

Lugar é um rótulo que uso para me referir às atividades variando de ficar parado ou estar em movimento, tanto fisicamente quanto metaforicamente. No italiano, usa-se **in** (*em*), **a** (*a, para*), **da** (*por*) e **su** (*sobre*). No italiano, a preposição é escolhida com base em várias características do lugar.

Em, no, sobre, acima, e atrás

Usam-se as seguintes preposições com relação a lugar, dependendo do que você está discutindo:

> ✔ Para um ponto no espaço, use **a**: **a Genova** (*em/a Gênova*); **all'angolo** (*à, na esquina*); **al Colosseo** (*no/ao/para o Coliseu*); **al primo piano** (*no primeiro andar*).
>
> ✔ Para indicar posição e distância geográfica, use **a**: **Siamo a nord-ovest di Trieste** (*Estamos ao noroeste de Trieste*); **Siamo a 50 chilometri da Siena** (*Estamos a 50 quilômetros de Siena*).
>
> ✔ Para áreas com fronteiras, use **in** (*em*): **in Italia** (*em/na/à Itália*); **negli Stati Uniti** (*nos/aos Estados Unidos*).
>
> ✔ Quando você diz que está *em* ou está *pegando/entrando em* um meio de transporte, use **in** (*em*) + substantivo (com ou sem o artigo) ou **su** (*no, na*): **in macchina** (*de/no carro*); **nel treno** (*de/no trem*); **sull'aereo** (*de/no avião*); **sul treno** (*no trem*).

- Para volumes, use **in** (*em*) + substantivo seguido pelo artigo ou não: **nel cielo** (*no céu*); **in aria** (*no ar*).

- Para ilhas pequenas, use **a/su** (*em/para/a*) **a Capri** (*em/para/a/na ilha de Capri*); **a Long Island** (*em/para Long Island*); **sull'Elba** (*na Ilha Elba*).

- Para ilhas grandes, use **in** (*em, a, para*): **in Sicilia** (*na/para a Sicília*); **in Gran Bretagna** (*em/para a Grã-Bretanha*).

- Para lugares físicos, use **in** + artigo: **nell'ufficio del dottore** (*no consultório médico*); **nella mia cartella** (*na/dentro da minha pasta*).

- Para expressar *acima/sobre* e *sob*, use **sopra** e **sotto** + artigo: **su/sopra il tavolo** (*na/sobre/em cima da mesa*); **sotto Il tavolo** (*sob a mesa*); **sottoterra** (*debaixo da terra, no subsolo*).

Ter contato físico ou não, não é importante na escolha entre **su** e **sopra**, como em **L'aereo vola sulla/sopra la città** (*O avião está sobrevoando a cidade*).

- Para expressar *na frente de* e *atrás* use **davanti a** e **dietro a/di**: **Siamo davanti a San Pietro** (*Estamos em frente a São Pietro*); **La macchina è dietro di te** (*O carro está atrás de você*).

De, até, através e entre

Para expressar origem, movimento através e separação, use as seguintes preposições, dependendo do que você está discutindo:

- Para expressar a origem de alguém e se é nascido em determinada família, use **essere + di** (*ser de*): **Sono di Venezia** (*Eles são de Veneza*); **Maria è di buona famiglia** (*Maria é de família rica*).

- Para movimento de, origem, distância, e movimento para fora de recipientes/elementos, use **da** (*de, para fora de*): **La neve cade dal cielo** (*A neve cai do céu*); **Ha tolto il cellulare dalla borsa** (*Ela tirou o celular da bolsa*).

Com os verbos de movimento como **andare** (*ir*), **venire** (*vir*) e **viaggiare** (*viajar*), use **da** (*de*) ou **a** (*a, para*). Porém, o verbo **partire** (*partir*) requer a preposição **per** (*por, para*) para indicar destino, portanto, você diz, **Vanno da Roma ad Atene** (*Eles vão de Roma a Atenas*), mas **Partiamo per Nairobi** (*Estamos partindo para Nairóbi*).

- Para expressar *através/por*, use **da** e **per**: **Passate da/per Oslo?** (*Vocês passarão por Oslo?*); **Non passate per il bosco!** (*Não passem pelo bosque!*).

- Para expressar *à frente/do outro lado*, use **dall'altra parte di**: **Il tabaccaio è dall'altra parte della strada** (*A tabacaria é do outro lado da rua*).

- Para expressar *entre*, use **fra/tra**: **Tra le case c'è una staccionata** (*Há uma cerca entre as casas*). No italiano não há diferenças, entre o uso de **tra** ou **fra**.

Parte II: Uma Olhada de Perto nas Categorias Gramaticais

Add the apropriate prepositions to the followin notes

P. Parto _____ Amsterdam (destino) _____ Milano (origem).

R. Parto **per** Amsterdam **da** Milano. (*Saio de Amsterdã para Milão.*)

9. Roma è a ottocento chilometri _____ Torino.

10. _____ la Francia e l'Olanda c'è il Belgio.

11. Strasburgo è _____ Francia.

12. Per andare _____ Madrid (origem) _____ Berlino (destino) passiamo _____ Monaco.

13. _____ Capri c'è la villa di Tiberio.

14. L'università di Oxford è _____ Inghilterra.

15. Il treno _____ Parigi (origem) _____ Londra passa (destino) _____ la Manica.

Lugar e função

Se você disser *Estou indo ao médico*, pode transmitir duas ideias de uma vez: um movimento físico (*indo* ao consultório do seu médico) e o serviço fornecido aqui (você vai ao médico porque não está se sentindo bem). No italiano, você pode usar as seguintes preposições para expressar lugar e função ao mesmo tempo:

- **in** + (nenhum artigo) substantivo (nenhum nome ou pronome): **in chiesa** (*na/à igreja*); **in ospedale** (*no/ao hospital*); **in casa** (*em/para casa*); **in giardino** (*no/ao jardim*); **in latteria** (*na/à leiteria*); **in ufficio** (*no trabalho*)

- **a** + substantivo: **a casa** (*para/em casa*), **a teatro** (*ao, no teatro*), **a scuola** (*para, na escola*)

- **a** + artigo definido + substantivo (nenhum nome ou pronome): **all'asilo** (*ao/no jardim de infância*); **al negozio di...** (*à/na loja de ...*); **all'ospedale** (*no/ao hospital*); **al cinema** (*ao/no cinema*)

- **da** + substantivo, nome ou pronome da profissão ou função de uma pessoa: **dal macellaio** (*ao/no açougueiro*); **dal dottore** (*ao/no médico*); **da zia Lilla** (*à/na Tia Lilla*); **da noi** (*à/na nossa casa*)

Capítulo 6: Preposições: O Grande Desafio

A partir das expressões apresentadas, selecione a conclusão adequada para cada frase e escreva-a na lacuna.

| Devo portarlo in tintoria | al bar | ~~in libreria~~ | da lei |
| in palestra | Siamo alla Polizia | dal gioielliere | |

P. Vado a comprare dei libri, _____.

R. Vado a comprare dei libri **in libreria**. (*Vou comprar os livros na livraria.*)

16. Ci hanno rubato la macchina. _____.

17. Dai, passiamo a prendere un caffè _____.

18. Fa i pesi due ore ogni giorno _____.

19. Hai visto quella collana di perle _____?

20. Luigi detesta Marisa. Non verrà a cena _____.

21. Mi sono macchiata il vestito. _____.

Tempo

Com preposições, o tempo comporta-se de certa forma como o espaço: as coisas acontecem em um momento específico como em **a Natale** (*no Natal*), ou durante um período, como em **nel 1975** (*em 1975*). Ou elas podem ser em um curto espaço de tempo, como em **per tre mesi** (*por três meses*).

Geralmente, você pode expressar tempo sem preposições: por exemplo, quando algo acontece em um dia da semana, como em **Lo vedo domenica** (*Vou vê-lo [no] domingo*); quando você fala sobre duração, como em **Stanno in Svezia tre mesi** (*Eles ficarão na Suécia por três meses*); e com palavras que expressam tempo, como **oggi** (*hoje*), **domani** (*amanhã*) e **l'anno prossimo** (*ano que vem*). Especificamente, no italiano, as preposições não são usadas com datas (ver Capítulo 3), como em **È nato il 15 agosto 1960** (*Ele nasceu em 15 de agosto de 1960*).

Quando você precisar de preposições, para falar de um ponto específico no tempo, siga estas diretrizes:

> ✔ Para dias da semana, use **di** (*em*), como em **di domenica** (*aos domingos*); para momentos do dia, use **di** (*em*), como em **di mattina** (*nas/pelas manhãs*); e para estações do ano, use **in** ou **di** (*em*), como em **d'estate** ou **in estate** (*no verão*).

Se você faz algo toda semana em um dia específico, no italiano pode usar o nome do dia com o artigo, sem uma preposição, como em **Giochiamo a tennis il sabato** (*Jogamos tênis todo sábado*) ou com **di** mais o dia da semana, como em **Giochiamo a tennis di sabato**

108 Parte II: Uma Olhada de Perto nas Categorias Gramaticais

(*Jogamos tênis aos sábados*). Se estiver falando sobre fazer algo em um dia específico na semana seguinte, use apenas o nome do dia: **Giochi a tennis sabato?** (*Você jogará tênis no sábado?*).

✔ Para feriados ou datas festivas e meses, use **a** (*em*), como em **a Pasqua** (*na Páscoa*); **a Ferragosto** (*em Ferragosto [em 15 de agosto]*); **ad aprile** (*em abril*).

✔ Para falar as horas, use **a** + artigo, como em **alle 9 di mattina** (*às 9h*); **alle [ore] 21:40** (*às 21h40*); **a mezzogiorno** (*ao meio-dia*). (Ver Capítulo 3)

✔ Para expressar que algo acontecerá em uma determinada hora, use **tra/fra** (*em*), como em **tra dieci giorni** (*em dez dias*); **tra due settimane** (*em duas semanas*). Ou use **per** (*por*), como em **per la settimana prossima** (*na próxima semana*).

✔ Para expressar origem no tempo e ação contínua, use **da** (*desde/ de/a partir de*), como em **da gennaio** (*desde janeiro*); **dalle sette di mattina** (*desde as 7 da manhã*); **da ieri** (*desde ontem*); **dal 15 luglio** (*desde/a partir de 15 de julho*).

✔ Para expressar o final de um período no futuro, use **entro** (*dentro de/no/na*), como em **entro lunedì** (*na segunda-feira*); **entro la fine dell'anno** (*no final do ano*).

✔ Para expressar o início de algo, use **con/su** (*com/em*), como em **con l'arrivo della primavera** (*com a chegada da primavera/na primave-ra*); **sul far del mattino** (*ao amanhecer*).

E quando algo dura por um período de tempo, você usa as seguintes preposições:

✔ Para momentos não especificados durante o dia, partes do dia, meses, estações do ano e anos, use **in** ou **in** + artigo (*em, no, na*) ou **durante** (*em, durante*): **in mattinata** (*pela manhã*); **nel pomeriggio** (*à tarde*); **in aprile** (*em abril*); **in estate/nell'estate** (*durante o verão/no verão*); **nel 2005** (*em 2005*).

✔ Para uma quantidade específica de tempo e ação contínua, use **da** (*por/desde*) quando se referir ao passado: **da tre mesi** (*por três me-ses*) ou **dal 20 luglio** (*desde 20 de julho*). Use **per** (*por*) quando se referir ao futuro e uma quantidade definida de tempo: **per tre mesi** (*por três meses*).

Prima si/del significa *antes* e leva **di** antes de nomes e pronomes e **di** + artigo antes de substantivos. Aqui estão alguns exemplos: **Marisa arriva prima di Silvia/lei** (*Marisa chega antes de Silvia/dela*); **Il treno parte prima dell'autobus** (*O trem parte antes do ônibus*).

Dopo significa *após/depois* e leva **di** antes de pronomes e nomes, porém é usado sozinho quando seguido por substantivos com o artigo. Aqui estão alguns exemplos: **È nato dopo di te** (*Ele nasceu depois de você*); **Mario parte dopo la mamma** (*Mario partirá depois de mamãe*).

Capítulo 6: Preposições: O Grande Desafio

Aqui está um trecho de minha agenda, mostrando as atividades e compromissos de uma semana. Depois de familiarizar-se com ela, responda as perguntas que seguem.

Maggio 2007				
giorno	data	ora	attività	note
lunedì	14	9:00	telefonare al medico	prendere un appuntamento ad agosto
martedì	15	18:00	palestra	fissare gli appuntamenti con l'allenatore personal per il 4 giugno
mercoledì	16	20:30	film con Paola	ho visto il film due settimane fa, ma non vedo lei dal 31 dicembre
giovedì	17	17:45	yoga	ogni giovedì dal 17 maggio al 14 giugno
venerdì	18	13:00	pranzo con il redattore	incontro per discutere il lancio del libro a settembre
sabato	19	16:00	telefonare a Michael	Parigi è sei ore avanti rispetto a noi
domenica	20	15:00	partenza per Parigi	prendo la macchina della ditta per andare all'aeroporto

P. Per quando vuoi prenotare l'appuntamento con il medico?

R. Per agosto (ou **Per il mese di agosto**) (*No mês de agosto*)

22. A che ora vai a pranzo con il redattore?

_____

23. Da quando non vedi la tua amica Paola?

_____

24. Hai già visto il film programmato? Che giorno era?

25. Quando parti per Parigi?

26. Quando verrà lanciato il libro?

27. Quante sedute ci sono nel tuo corso di yoga? Quando finisce il corso?

28. Se sono le 4 per pomeriggio da te che ora è a Parigi?

Finalidade e agente da ação

Você vai dar um presente a alguém? Você está fazendo um favor a alguém? Você está lutando por liberdade? Devido ao italiano olhar para estas ações como expressão de movimentos metafóricos, usam-se preposições indicando movimento: **a** (*a*) e **per** (*para*). **A** e **per** geralmente podem ser intercambiáveis, como no português. Por exemplo, **Compri i regali per i/ai bambini?** (*Você está comprando presentes para as crianças?*).

Quando você escreve sobre partes do corpo, no italiano, usa verbos que exijem a preposição **a** (*a*) depois dele, como em **farsi male a** (*machucar*); **aver male a** (*ter machucado*), **operare a** (*realizar uma cirurgia em*). Portanto, não há escolha a não ser usar aquela preposição, como em **Lo operano al piede sinistro** (*Eles operarão seu pé esquerdo*).

Se você usar um verbo que não exija uma preposição como **rompersi qualcosa** (*quebrar algo*), acrescenta o substantivo do órgão sem qualquer preposição, como em **Maria si è rotta un polso** (*Maria quebrou o pulso*).

Se você considerar alguém responsável por algo, ou o *agente* da ação, use **da** (*por*): **La Nona Sinfonia è stata composta da Beethoven.** (*A Nona Sinfonia foi composta por Beethoven.*)

Escolha a conclusão apropriada para cada frase a partir das opções fornecidas e escreva-a na lacuna.

| ~~a Lucia~~ | per il gatto | per la produzione del cioccolato |
| per me | per te | a Lucia |

P. Abbiamo detto la verità _____

R. Abbiamo detto la verità **a Lucia.** (*Falamos a verdade para Lucia.*)

29. Avete comprato il cibo in scatola _____?

30. Dobbiamo sostituire i macchinari _____

_____Capítulo 6: Preposições: O Grande Desafio **111**

31. Ho dato ventimila euro all'agente di borsa. Li investirà lui _____

32. Il tuo collega ha lasciato un messaggio sulla scrivania _____

33. Hai restituito il libro _____?

Ferramentas, razões e causas

No dia a dia, você faz muitas coisas com, bem, coisas. Estes objetos podem ser meios de transporte ou ferramentas que usa para fazer algo; ou talvez eles sejam causas de eventos, ou motivos para suas ações.

Para meios de transporte, use as seguintes preposições:

- ✔ **in** (*de*) (sem o artigo definido) seguido por um substantivo no singular (exceto para objetos como **sci** [*esqui*], que são usados em pares): **Verranno in macchina** (*Eles virão de carro*); **Vanno in paese in sci** (*Eles vão à cidade de esqui*).

- ✔ **con** + artigo + substantivo para transmitir como chegar a um destino (assim como os meios de transporte usado), como no seguinte exemplo: **Arriva con l'aereo delle 20** (*Ela chegará no voo das 20h*). Usa-se **con** também ao acrescentar qualquer qualificação aos meios usados, como em **Va in giro con la moto di suo fratello** (*Ele vai dar uma volta com a moto de seu irmão*).

- ✔ **per** para expressar *por/via*: **L'ho mandato per posta** (*Enviei pelo correio*).

- ✔ **con** +artigo + substantivo para falar sobre o objeto usado para obter um resultado: **Mio padre lucida l'automobile con un prodotto speciale** (*Meu pai encera o carro com um produto especial*).

- ✔ **da** para expressar uma causa com o verbo na forma passiva: **La casa è stata distrutta dall'incendio** (*A casa foi destruída pelo fogo*).

As preposições mais comuns expressando causas e motivos são **da, di** e **per** (*por, fora de, com, devido a*). Como você pode ver, há muitas opções em português. Isto demonstra que é muito difícil definir regras específicas sobre como escolher entre as várias opções. É mais fácil decorar algumas expressões quando as encontrar. Aqui estão algumas:

- ✔ **gridare per la rabbia** (*gritar de raiva*).

- ✔ **morire di fame/sete** (*morrer de fome/sede*).

- ✔ **piangere di gioia/di dolore; piangere per la gioia/per il dolore** (*chorar de alegria/de dor*).

- ✔ **ridere dalla/per la gioia** (*rir de alegria*).

- ✔ **soffrire per la/di nostalgia** (*sofrer de nostalgia*).

- ✔ **tremare per il/di freddo** (*tremer de frio*).

Parte II: Uma Olhada de Perto nas Categorias Gramaticais

Você acrescentou alguns comentários após realizar as atividades listadas na sua agenda. Preencha as lacunas com as preposições e artigos adequados, quando necessário.

P. Sono andata al cinema _____ Paola, _____ sua macchina.

R. Sono andata al cinema **con** Paola, **con** la sua macchina. (*Fui ao cinema com Paola no carro dela.*)

34. Ho scritto la data dell'appuntamento _____ medico _____ matita.

35. Sono andata in palestra _____ bicicletta. L'allenatore mi ha fatto lavorare _____ pesi.

36. Ho dimenticato l'attrezzatura. Ho dovuto fare yoga _____ tappetino del centro.

37. Il pranzo _____ redattore è stato pagato _____ casa editrice.

38. Ho stampato la carta d'imbarco _____ stampante.

Capítulo 6: Preposições: O Grande Desafio **113**

Respostas

1 gli occiali **da** sole (*óculos de sol*)

2 i pantaloni **a** righe (*calças listradas*)

3 il giornale **di** ieri (*o jornal de ontem*)

4 la tazzina **da** caffè (*xícara de café*)

5 il discorso **di** Giovanna (*o discurso de Giovanna*)

6 un saggio **di** trenta pagine (*um ensaio de 30 páginas*)

7 il forno **a** microonde (*o forno de micro-ondas*)

8 l'asilo nido (*jardim de infância*)

9 Roma è **a** ottocento chilometri **da** Torino. (*Roma fica a 800 quilômetros de Torino.*)

10 **Tra** la Francia e l'Olanda c'è il Belgio. (*A Bélgica fica entre a França e a Holanda.*)

11 Strasburgo è **in** Francia. (*Estrasburgo fica na França*)

12 Per andare **da** Madrid **a** Berlino passiamo **da/per** Monaco. (*Para ir de Madri a Berlim, passamos por Mônaco.*)

13 **A** Capri c'è la villa di Tiberio. (*A vila de Tibério fica em Capri.*)

14 L'università di Oxford è **in** Inghilterra. (*A Universidade de Oxford fica na Inglaterra.*)

15 Il treno **da** Parigi **per** Londra passa **sotto** la Manica. (*O trem de Paris para Londres passa por baixo da Mancha.*)

16 Ci hanno rubato la macchina. **Siamo alla Polizia.** (*Eles roubaram nosso carro. Estamos na delegacia de polícia.*)

17 Dài, passiamo a prendere un caffè **al bar.** (*Venha, vamos ao bar tomar um café.*)

18 Fa i pesi due ore ogni giorno **in palestra.** (*Ele/ela faz musculação duas horas por dia na academia.*)

19 Hai visto quella collana di perle **dai gioielliere?** (*Você viu aquele colar de pérolas na joalheria?*)

20 Luigi detesta Marisa. Non andrà a cena **da lei.** (*Luigi não suporta Marisa. Ele não vai a casa dela para jantar.*)

21 Mi sono macchiata il vestito. **Devo portalo in tintoria.** (*Tem uma mancha no meu vestido. Preciso levá-lo à tinturaria.*)

114 Parte II: Uma Olhada de Perto nas Categorias Gramaticais

22 **Alle 13.** (*Às 13h.*)

23 **Dal 31 dicembre.** (*Desde 31 de dezembro.*)

24 **Si. Mercoledì il 2 maggio.** (*Sim. Quarta, 2 de maio.*)

25 **Domenica 20 maggio.** (*Domingo, 20 de maio.*)

26 **A/In settembre.** (*Em setembro.*)

27 **Quattro sedute. / Il 14 giugno.** (*Quatro sessões. / 14 de junho.*)

28 **Le 10 di sera/le 22.** (*Dez da noite/22h.*)

29 Avete comprato il cibo in scatola **per il gatto?** (*Vocês compraram comida enlatada para o gato?*)

30 Dobbiamo sostituire i macchinari **per la produzione del cioccolato.** (*Temos que trocar a máquina que faz chocolate.*)

31 Ho dato ventimila euro all'agente di borsa. Li investirà lui **per me.** (*Dei 20.000 euros ao/à agente de investimentos. Ele/Ela investirá para mim.*)

32 Il tuo collega ha lasciato un messaggio sulla scrivania **per te.** (*Seu colega deixou uma mensagem para você na sua mesa.*)

33 Hai restituito il libro **a Lucia?** (*Você devolveu o livro à Lucia?*)

34 Ho scritto la data dell'appuntamento **con il** medico **con la** matita. (*Escrevi a data da consulta com o médico a lápis.*)

35 Sono andata in palestra **in** bicicletta. L'allenatore mi ha fatto lavorare **con i** pesi. (*Fui à academia de bicicleta. Meu treinador me fez trabalhar com pesos.*)

36 Ho dimenticato l'attrezzatura. Ho dovuto fare yoga **con il** tappetino del centro. (*Esqueci meu equipamento. Tive que fazer ioga com o tapete do centro.*)

37 Il pranzo **con il** redattore è stato pagato **dalla** casa editrice. (*O almoço com o editor foi pago pela editora*).

38 Ho stampato la carta d'imbarco **con la** stampante. (*Imprimi o cartão de embarque na impressora.*)

Capítulo 7

Qualificadores Demonstrativos, Indefinidos e Possessivos

Neste Capítulo

▶ Apontando para pessoas e coisas com "este" e "aquele"

▶ Expressando pessoas indefinidas, qualidades e quantidades

▶ Designando posse

*Q*uando quiser apontar para alguém ou algo porque quer ter certeza de que você e seu ouvinte ou leitor estão na mesma onda, pode usar um grupo especial de palavras que o ajude a ser específico: palavras como *este(a), meu, minha* e *algum(a)*. Você os acrescenta a nomes, substantivos e pronomes, como em **Quel corso di filosofia è difficile** (*Aquele curso de filosofia é difícil*). Ou pode usá-los com pronomes, como em **"Il nostro viaggio è stato magnifico. E il vostro?"** (*"Nossa viagem foi ótima. E a sua?"*).

Você tem à sua disposição tipos diferentes de "apontadores", que são o tópico deste capítulo:

✔ Qualificadores demonstrativos, como **questo** e **quello**, como em **Questa è una bella bambola.** (*Esta é uma boneca bonita.*)

✔ Palavras indefinidas, como **alcuni** ou **nessuno**, como em **Non ho parlato con nessuno.** (*Eu não falei com ninguém.*)

✔ Adjetivos e pronomes possessivos, como em **Hai visto la mia gatta?** (*Você viu minha gata?*)

Este capítulo aponta similaridades e diferenças entre o italiano e o português no uso destes qualificadores, ensina como combiná-los com as palavras a que eles se referem e como expressar que você está falando sobre parte de um grupo maior, como em **Molti dei miei studenti sono ammalati** (*Muitos alunos meus estão doentes.*)

Apontando para Algo com Questo (Este) e Quello (Aquele)

Os qualificadores demonstrativos **questo** (*este*) ou **quello** (*aquele*) são palavras que você usa para apontar para pessoas, coisas e situações. Pode usá-los como adjetivos ou pronomes. Eles funcionam como adjetivos quando acrescentam um substantivo no final. Funcionam como pronomes quando se referem a um substantivo, nome ou pronome que já tenha sido mencionado.

Quando você usa **questo** ou **quello**, os coordena em gênero e número de acordo com a pessoa ou coisa a que se refere. **Questo** segue a regra das "quatro terminações de adjetivos", ao passo que **quello** segue o artigo definido. Quando você usa um deles como um adjetivo seguido por um substantivo, além do gênero e número, precisa escolher sua terminação dependendo da vogal ou consoante da palavra que segue, como faz com o artigo definido (ver Capítulo 2). Assim, por exemplo, diz **quell'alta torre** (*aquela torre alta*), mas **quella torre alta** (*aquela torre alta*).

- ✔ Usa-se a forma **quelli** (*aqueles*) *somente* como um pronome: **Quelli non vogliono pagare il conto** (*Aqueles [aquelas pessoas] não querem pagar a conta*). Quando você refere-se a um grupo apenas feminino, use **quelle** (*aquelas*), que é o plural regular de **quella**.

- ✔ Pode usar **questo** ou **quello** reforçado com os advérbios de lugar **qui/qua** (*aqui*) para **questo** ou **li/là** (*ali, lá*) para **quello**. Você pode apontar para uma coisa: **Questo qui è il mio quaderno** (*Este é o meu caderno*). Quando os emprega para apontar uma pessoa, geralmente o faz para expressar uma nuance negativa: **Non ti fidare di questa qui** (*Não confie nesta aqui*); **Non parlare a quello là** (*Não fale com aquele lá*).

- ✔ Você pode acrescentar um adjetivo a **questo** ou **quello** em vez de repetir um substantivo e um adjetivo: **"Vuoi la giacca blu o quella verde?" "Quella verde?"** (*"Você quer a jaqueta azul ou verde?" "A verde."*)

Capítulo 7: Qualificadores Demonstrativos, Indefinidos e Possessivos

Traduza as seguintes frases para o italiano.

P. Compro o vestido longo; ela compra o curto.

R. Compro il vestito lungo; lei compra quello corto.

1. Esta é minha mulher.

2. Meus filhos? Estes não são meus filhos.

3. Aquelas árvores são altas.

4. Você quer aquela jaqueta? Esta é nova.

5. Qual echarpe você quer? A amarela ou a vermelha?

6. Eles contrataram aquela; porém, eles cometeram um erro.

7. Ouça este. Ele pensa que sabe tudo.

Expressando Algo Indefinido

Nesta seção, falarei sobre as palavras indefinidas que você pode usar como adjetivos ou como pronomes e sobre palavras indefinidas que pode usar somente como pronomes. Observe que no italiano, os adjetivos e pronomes indefinidos são geralmente singulares, embora possam expressar um significado singular ou plural. Um exemplo é o adjetivo **qualche** (algum) (que nunca muda sua terminação), como na frase: **Abbiamo ancora qualche dubbio** (*Ainda temos algumas dúvidas*); ou o pronome **chiunque** (*qualquer um*): **Sono disposto a discutere della questione con chiunque!** (*Estou disposto a discutir aquela questão com qualquer um!*)

Também mostrarei como as palavras indefinidas podem ajudá-lo a selecionar uma seção fora do todo, como no exemplo a seguir: **Molti di noi gli hanno creduto** (*Muitos de nós acreditamos nele*). **Molti** (*muitos*) é a seção, e o todo é **noi** (*nós*).

Palavras indefinidas usadas como adjetivos ou pronomes

Na Tabela 7-1 estão listadas as palavras indefinidas que podem ser usadas como adjetivos ou pronomes. Indico quais

- Você pode empregar somente no singular, no plural, ou ambas.
- São invariáveis, o que significa que se apresentam somente em uma forma, independente do gênero e número da pessoa ou coisa a que se referem. Se elas forem singulares (que é quase sempre o caso), você conjuga o verbo na terceira pessoa do singular. Se o verbo estiver na forma composta que inclui o particípio passado (verifique o Capítulo 9), use o particípio passado no masculino singular, a menos que tenha certeza de que o adjetivo ou pronome indefinido se refere a um grupo de palavras femininas.
- Variam em gênero e número, terminando em **–o, –a, –i,** ou **–e**; ou somente em número, terminando em **–e** ou **–i**; você combina indefinidos variáveis com os substantivos a que se referem, como faz com os adjetivos descritivos (ver Capítulo 5).

Capítulo 7: Qualificadores Demonstrativos, Indefinidos e Possessivos — 119

Tabela 7-1 Adjetivos/Pronomes Indefinidos

Masculino Singular (Padrão)	Significando um Adjetivo	Significando um Pronome	Uso	Feminino Singular	Plural (M/F)	Exemplos	Notas
del, dello, dell'	*algum, alguns alguma, algumas qualquer, um pouco*	N/A	É um artigo indefinido feito de uma preposição **di** (*de*) + o artigo definido; no singular, ele acompanha substantivos incontáveis	**della, dell'**	**dei, degli/ delle**	Singular: **Vorrei del pane.** (*Queria um pedaço de pão.*) Plural: **Vorrei delle pesche.** (*Queria alguns pêssegos.*)	Não confundir com a mesma palavra que significa *do/da(s)*: **Mi piace molto la crosta del pane.** (*Eu gosto bastante da casca do pão.*)
alcuno	*nenhum, nenhuma*	*algum, alguns alguma, algumas qualquer, um pouco*	No plural significa *alguns, algumas,* como em **Sono venuti alcuni amici** (*Alguns amigos vieram.*); nas frases negativas se você disser: **Alcuni amici non sono venuti** (*Alguns amigos não vieram*), você quer dizer que alguns vieram e outros não; use **nessuno** (*nenhum*) para dizer que nenhum veio	**alcuna**	**alcuni/ alcune**	**Alcuni arrivano sempre tardi.** (*Alguns sempre chegam tarde.*)	No singular, é usado na escrita em frases negativas, em vez de **nessuno, nessuna** (*nenhum, nenhuma*): **Non ho alcun bisogno di aiuto.** (*Não preciso de nenhuma ajuda.*)

(continua)

Tabela 7-1 (continuação)

Masculino Singular (Padrão)	Significando um Adjetivo	Significando um Pronome	Uso	Feminino Singular	Plural (M/F)	Exemplos	Notas
qualche	um, uma, algum, alguma, tipo de, alguns, algumas, nenhum, nenhuma	N/A	É invariável e usado com substantivos contáveis; quando se refere a "algo" singular, significa **uno, una** (um, uma, algum tipo de); quando se refere a "algo" no plural, significa algum, alguma, alguns, algumas	qualche	N/A	**Troverò qualche soluzione.** (*Encontrarei uma solução/algum tipo de solução.*); **Qualche ragazzo si è offeso.** (*Alguns garotos ficaram ofendidos.*)	
ciascuno	cada	cada	É usado com substantivos contáveis ou referindo-se a eles como pronome; somente singular.	ciascuna	N/A	**Ciascuna proposta verrà esaminata.** (*Cada proposta será examinada.*) **Ciascuno può esprimere la propria opinione.** (*Todos podem expressar sua opinião.*)	
ogni	todos, cada	N/A	É usado com substantivos contáveis; somente singular.	ogni	N/A	**Ogni medaglia hà il suo rovescio.** (*Toda moeda tem um lado reverso.*)	
qualunque	qualquer	N/A	É usado com substantivos contáveis; somente singular. Significa qualquer um que você queira/preferir	qualunque	N/A	**Telefona a qualunque ora.** (*Você pode ligar a qualquer hora.*)	

(continua)

Tabela 7-1 *(continuação)*

Masculino Singular (Padrão)	Significando um Adjetivo	Significando um Pronome	Uso	Feminino Singular	Plural (M/F)	Exemplos	Notas
un certo	*um, uma, um determinado*	N/A	É usado com substantivos contáveis; no singular, acrescente o artigo **un** (MS) ou **una** (FS); como um pronome no plural, significa *aqueles itens ou pessoas não especificados.*	**una certa**	**certi/ certe**	**Devo finire certi lavori.** (*Preciso terminar alguns trabalhos.*); **Ha telefonato una certa Signora Rossi.** (*Uma tal de Sra. Rossi ligou.*); **Certi sostengono che non c'è il surriscaldamento globale.** (*Algumas pessoas sustentam que não há aquecimento global.*)	Usado sem o artigo quando seguido por palavras coletivas no singular, como **gente** (*gente, pessoas*)
[l', un] altro	*[o, a, um, uma] outro, outra*	[o, a, os, as] outro, outra, outros, outras	É também usado com o artigo definido e o indefinido	**[l', un'] altra**	**[gli] altri/ [le] altre**	**L'altro giorno pioveva.** (*Estava chovendo outro dia.*); **È passato un altro ragazzo a cercarti.** (*Outro garoto veio procurar por você.*)	Usado em várias combinações: **l'un l'altro** (*um ao outro*), **l'uno... l'altro** (*um... outro*), **gli uni... gli altri** (*alguns... outros; aqueles... outros*)
nessuno	*nenhum, nenhuma*	nenhum, nenhuma, ninguém	Somente usado no singular.	**nessuna**	N/A	**Non vidi nessuna bambina.** (*Não vi nenhuma garota.*)	Se usado no início de uma frase negativa, **non** (*não*) é omitido: **Nessuno ha telefonato.** (*Ninguém ligou.*) (Consulte o Capítulo 16 para perguntas e respostas negativas.)

(continua)

122 Parte II: Uma Olhada de Perto nas Categorias Gramaticais

Tabela 7-1 (continuação)

Masculino Singular (Padrão)	Significando um Adjetivo	Significando um Pronome	Uso	Feminino Singular	Plural (M/F)	Exemplos	Notas
molto	muito, bastante	muito, bastante	É usado com substantivos incontáveis no singular e substantivos contáveis no plural	molta	molti/ molte	**Hai bisogno di molto zucchero?** (*Você precisa de bastante açúcar?*); **Hanno perso molte partite.** (*Eles perderam muitos jogos.*)	
tanto	tanto, tantos	tanto, tantos	É usado com substantivos incontáveis no singular e substantivos contáveis no plural	tanta	tanti/tante	**Ha fatto tanta fatica!** (*Ela fez tanto esforço!*); **Abbiamo visto tante farfalle!** (*Vimos tantas borboletas!*)	
troppo	demais	demais	É usado com substantivos incontáveis no singular e substantivos contáveis no plural	troppa	troppi/ troppe	**C'è troppo zucchero.** (*Tem açúcar demais.*) **Abbiamo troppe barche.** (*Temos barcos demais.*)	
poco	pouco, poucos	poucos	Quando significa *pouco* é usado com substantivos incontáveis no singular, com substantivos contáveis no plural significa *poucos*.	poca	pochi/ poche	**Ho poco vino.** (*Tenho pouco vinho.*) **Poche persone gli credono.** (*Poucas pessoas acreditam nele.*)	

(continua)

Tabela 7-1 (continuação)

Masculino Singular (Padrão)	Significando um Adjetivo	Significando um Pronome	Uso	Feminino Singular	Plural (M/F)	Exemplos	Notas
parecchio	*muitos, vários*	*vários*	É usado com substantivos incontáveis no singular e substantivos contáveis no plural	**parecchia**	**parecchi/ parecche**	**Ho ancora parecchio tempo.** (*Ainda tenho muito tempo.*); **Hai ancora parecchi compiti da fare?** (*Você ainda tem várias tarefas para fazer?*)	
tutto il	*toda, tudo, todo*	N/A	É usado com substantivos contáveis e incontáveis; no singular significa *todo, toda, tudo*; no plural, significa *todos, todas*	**tutta la**	**tutta li/ tutta le**	**Hanno cosumato tutta la benzina!** (*Eles consumiram toda a gasolina!*); **Hai visto tutti i suoi film?** (*Viram todos seus filmes?*)	

No italiano, os adjetivos/pronomes indefinidos *ambos* e *quaisquer* são usados somente com substantivos contáveis no plural. A expressão mais comum é **tutti i due** (M)/**tutte e due** (F), mas especialmente na escrita, você também encontrará **ambedue** (M e F) e **entrambi** (M)/**entrambe** (F).

Palavras indefinidas usadas somente como pronomes

Na Tabela 7-2, listarei, separadamente, palavras indefinidas que você pode usar somente como pronomes. A maioria destes pronomes indefinidos são singulares e invariáveis, porém, expressam um significado genérico, singular ou plural. Analise o exemplo a seguir: **"Hai contattato qualcuno?" "Sì, ho contattato tre avvocati"** (*"Contatou alguém?" "Sim, contatei três advogados"*.)

Para expressar *qualquer pessoa*, *qualquer coisa* ou *qualquer lugar*, use:

- **Chiunque** + verbo no subjuntivo, como em **Chiunque sia stato, lo scopriranno.** (*Quem quer que tenha sido, eles descobrirão.*)

- **Chiunque** + **di** + substantivo/pronome para referir-se a pessoas, como em **Chiunque sia stato di loro, lo scopriranno.** (*Quem quer que tenha sido, eles descobrirão.*)

- **Qualunque** ou **qualsiasi** + substantivo, como em **Qualunque regalo tu le faccia, non sarà contenta.** (*Qualquer presente que você dê a ela não a deixará contente.*)

Chiunque, qualunque e **qualsiasi** requerem o verbo no subjuntivo (ver Capítulos 14 e 15 para o subjuntivo), conforme mostrado nos exemplos acima.

Capítulo 7: Qualificadores Demonstrativos, Indefinidos e Possessivos — 125

Tabela 7-2 — Pronomes Indefinidos

Masculino Singular (Padrão)	Feminino	Tradução	Exemplo	Notas
uno	una	um, alguém	**Ha telefonato una.** (Alguém/Uma mulher ligou.)	
ognuno	ognuna	todos, todas, cada, cada um/uma	**Ognuno è contento** (Todos estão felizes.)	Os verbos ficam no singular, porém, referem-se a um sujeito genérico singular ou plural. Usa-se o feminino quando referir-se a mulheres somente.
qualcuno	qualcuna	alguém	**"Hai contattato qualcuno?" "Sì, ho contatta-to tre avvocati"** ("Contatou alguém?" "Sim, contatei três advogados.")	Os verbos ficam no singular, porém, referem-se a um sujeito genérico singular ou plural. Usa-se o feminino quando se referir a mulheres somente.
chiunque		qualquer pessoa	**Chiunque avrebbe fatto ciò che hai fatto tu.** (Qualquer um poderia ter feito o que você fez.)	Os verbos ficam no singular, porém, referem-se a um sujeito genérico singular ou plural.
qualcosa		algo	**Posso fare qualcosa per te?** (Posso fazer algo por você?)	Acrescente **altro** (outro) para **qualcuno** ou **qualcosa** para traduzir outra pessoa, outra coisa: **Chiediamo a qualcun altro** (Vamos perguntar para outra pessoa.)
tutto		tudo	**Ada ha capito tutto.** (Ada entendeu tudo.); **Hanno parlato di tutto.** (Eles falaram sobre tudo.)	É usado como objeto direto de uma frase. Quando você o usa como sujeito, precisa acrescentar **ciò**: **Tutto ciò è falso** (Tudo isto é falso.)
niente, nulla		nada	**Niente serve quanto essere pazienti.** (Nada ajuda tanto quanto ser paciente.)	Omita o advérbio **non** (não) quando você começar uma frase com **niente/nulla.** (Ver Capítulo 16 para perguntas e respostas negativas.)

Complete as frases a seguir escolhendo entre os adjetivos ou pronomes indefinidos entre parenteses.

P. Mia zia ha comprato (alcuni; alcune, degli) vestiti.

R. Mia zia ha comprato **alcuni** vestiti. (*Minha tia comprou algumas roupas.*)

8. Siamo andate (tutte; molte; tutte e due) a teatro.

9. Non sono venuti (l'uno e l'altro; né l'uno né l'altro; nessuno) al matrimonio.

10. (Ogni; Qualcuno; Ognuno) è libero di fare quello che vuole.

11. " C'è ancora (della; molto; parecchio) Coca-Cola in frigo? " " No, ma c'è (del; poco; una certa) succo d'arancia."

12. C'è (uno; qualcuno; ciascuno) in casa?

13. Hai mangiato (molta; tutti; tutto) ?!

Palavras Indefinidas que Expressam uma Parte de um Grupo: Artigos Partitivos, Indefinidos e o Pronome ne

Quando você emprega um pronome indefinido, geralmente expressa o grupo ao qual o pronome se refere como uma parte. Nesta frase, **Alcuni di loro non verranno alla festa** (*Alguns deles não virão à festa*); **Alcuni** (*alguns*) é o pronome indefinido, e **loro** (*deles*) é o grupo. Você pode empregar as seguintes fórmulas usando pronomes e outras palavras para expressar uma parte de um todo maior:

- **ognuno/ciascuno** (*cada*), **chiunque** (*qualquer*), **nessuno** (*nenhum/nenhuma*), **qualcuno** (*alguém, algum*), **uno** (*alguém*) + a preposição **di** (*de*) ou **tra** (*entre*) + o verbo na terceira pessoa do singular.

    Se houver um particípio passado, deixe-o no masculino, como em **Qualcuno di voi ha scritto al giornale** (*Alguém de vocês escreveu ao jornal*), a menos que você saiba que o grupo consiste apenas de mulheres. Por exemplo, **Una delle ragazze si è fatta male** (*Uma das garotas se machucou*).

- **alcuni** (*alguns, algumas*), **molti** (*muitos, muitas*), **parecchi** (*vários*), **pochi** (*poucos, poucas*), **tanti** (*tantos*), **troppi** (*demais*) + **di** ou **tra** + o verbo na terceira pessoa do plural.

    Alcuni di voi hanno chiesto un rinvio. (*Alguns de vocês pediram um adiamento.*)

- O artigo indefinido **del, dello, dell', della, dell'** (*algum, alguma, alguns, algumas*) no singular + substantivos que são incontáveis ou

Capítulo 7: Qualificadores Demonstrativos, Indefinidos e Possessivos

indicam coisas em massa, como **acqua** (*água*), **vino** (*vinho*) ou **pioggia** (*chuva*)

Vuoi del vino? (*Você quer vinho?*)

✔ A expressão adverbial **un po' di** (*um pouco de*) + substantivos incontáveis concretos ou abstratos

Sì, vorrei un po' di vino grazie. (*Sim, gostaria de um pouco de vinho, obrigado.*)

Ci vuole un po' di costanza. (*Você precisa de um pouco de perseverança.*)

Você usa **di** após um pronome indefinido quando um adjetivo segue. Por exemplo, **Hai visto qualcosa di interessante alla mostra?** (*Viste algo interessante na mostra?*).

Quando não quiser repetir o substantivo ou pronome representando um grupo já mencionado em uma frase com um pronome definido, pode substituir o grupo pelo pronome **ne** (*daqueles, deles*), colocado antes do verbo ou anexado ao infinitivo ou ao gerúndio. (Para os outros significados de **ne** e uma discussão sobre a colocação do pronome, volte ao Capítulo 4.) Se usar um particípio passado ou outro adjetivo, você o coordena com a palavra **ne:**

"Hai comprato delle/alcune/molte/troppe banane?" "Ne ho comprate troppe!" (*Você comprou algumas/muitas bananas/bananas demais" "Comprei demais!"*).

Se usar **uno/nessuno** (*alguém/ninguém*), o particípio passado fica no singular coordenado no gênero com o item do qual esta falando:

"Hai visto i tuoi amici?" "No, non ne ho visto nessuno." (*"Você viu seus amigos?" "Não, não vi nenhum [deles]."*).

Você pode empregar qualquer quantificador, não apenas indefinidos, para expressar uma parte de um grupo. Por exemplo, **"Hai comprato dieci borse?!" "No, ne ho comprate 2!"** (*Você comprou dez bolsas?" "Não! Comprei duas!"*)

A partir das opções apresentadas, selecione a conclusão adequada para cada frase e escreva-a na lacuna.

~~Ne ho venduta poca.~~	Non abbiamo incontrato nessuno.	Ma no, ce ne hanno messe cinque!
Erano in cinquantamila!		
	Qualcuno di voi è disponibile?	Grazie, ne vorrei mezzo litro.

P. Hai venduto tanta limonata?

R. **Ne ho venduta poca.** (*Não, vendi bem pouca.*)

128 Parte II: Uma Olhada de Perto nas Categorias Gramaticais

14. Abbiamo bisogno di tre volontari.

15. Avete incontrato qualcuno al centro commerciale?

16. Ci hanno messo tre ore da Bologna a Firenze?

17. Quanti erano alla manifestazione?

18. Vuole dell'acqua minerale?

Designando Posse com Qualificadores Possessivos

Você tem três opções para designar posse no italiano: acrescente um adjetivo possessivo a um proprietário, introduza o proprietário com a preposição **di** (*de*), ou empregue a expressão idiomática **essere di [insira o nome do proprietário]**, que significa *é de [proprietário]*.

Como no português, nem o adjetivo ou o pronome possessivo expressam se o proprietário é masculino ou feminino. Esta informação é esclarecida somente pelo contexto da frase; por exemplo, **la sua gatta** pode significar *a gata dele/dela*.

A Tabela 7-3 lista adjetivos e pronomes que são idênticos no italiano, juntamente com os artigos definidos correspondentes.

Tabela 7-3	Qualificadores e Pronomes Possessivos			
Tradução	*Masculino Singular*	*Masculino Plural*	*Feminino Singular*	*Feminino Plural*
meu, minha	mio, il mio	miei, i miei	mia, la mia	mie, le mie
teu, tua	tuo, il tuo	tuoi, i tuoi	tua, la tua	tue, le tue
dele, dela, seu, sua	Suo, il suo	Suoi, i suoi	Sua, la sua	Sue, le sue
nosso, nossa	nostro, il nostro	nostri, i nostri	nostra, la nostra	nostre, le nostre
vossos, vossas	vostro, il vostro	vostri, i vostri	vostra, la vostra	vostre, le vostre
deles, delas, seus, suas	Loro, il loro	Loro, i loro	Loro, la loro	Loro, le loro

Capítulo 7: Qualificadores Demonstrativos, Indefinidos e Possessivos

No italiano, você usa o artigo definido com adjetivos e pronomes possessivos, exceto em dois casos:

- Você não usa o artigo com os nomes dos parentes próximos, exceto para o uso com **loro**.

- Quando usar uma palavra possessiva após o verbo **essere** (*ser*) neste estágio, pode usar o artigo ou omiti-lo, o que for mais fácil, como quando diz **Quell'automobile è la mia** (*Aquele carro é o meu*) ou **Quell'automobile è mia** (*Aquele carro é meu*).

  Observe, entretanto, que a presença ou ausência do artigo expressa uma leve diferença de significado: **Quell'automobile è la mia** (pronome) significa *Aquele carro é o meu* (como oposto de ser seu, dela, e assim por diante). **Quell'automobile è mia** (adjetivo), por outro lado, significa, simplesmente, que *Aquele carro pertence a mim* (como em *Eu o comprei, eu não o aluguei*).

Se selecionar um ou mais itens fora de um grupo de coisas possuídas, no italiano, pode usar:

- Qualquer quantificador (um número ou um pronome indefinido) seguido por **dei, degli, delle** + qualificador possessivo + substantivo no plural: **Sono tre dei miei amici** (*Eles são três dos meus amigos*).

- **Uno** ou **dei** + adjetivo possessivo + substantivo: **È un mio amico** (*Ele é um amigo meu*); **Sono dei miei amici** (*Eles são amigos meus*). Porém, **È un amico dei miei** significa *Ele é amigo dos meus pais*.

Revise as frases a seguir substituindo o **di** mais substantivo/nome ou as construções **essere di** com o possessivo adequado.

P. Quel gatto appartiene a Paolo?

R. **Quel gatto è suo?** (*Aquele gato é seu[dele]?*)

19. I genitori di Marisa celebrano le nozze d'oro.

_____

20. La figlia di Federico e Piera ha quindici anni.

_____

21. É il collega dell'avvocato.

_____

22. Sono arrivate tre amiche degli zii.

_____

23. Quella macchina appartiene a voi?

_____

24. Non toccare quella bambola! Appartiene a noi!

_____

Respostas

1. Questa è mia moglie.

2. I miei bambini? Questi non sono i miei bambini.

3. Quegli alberi sono alti.

4. Vuoi quella giacca? Questa è nuova.

5. Quale sciarpa vuoi? Quella gialla o quella rossa?

6. Hanno assunto quella lì/là, ma hanno fatto un grosso errore.

7. Ascolta questo qui. Crede di sapere tutto lui.

8. Siamo andate **tutte e due/tutte** a teatro. (*Nós duas/todas fomos ao teatro.*)

9. Non sono venuti **né l'uno né l'altro** al matrimonio. (*Nem um nem outro veio ao casamento.*)

10. **Ognuno** è libero di fare quello che vuole. (*Todos são livres para fazer o que quiserem.*)

11. "C'è ancora **della** Coca-Cola in frigo?" "No, ma c'è **del** succo d'arancia." (*"Tem Coca-Cola no refrigerador?" "Não, mas tem suco de laranja."*)

12. C'è **qualcuno** in casa? (*Tem alguém em casa?*)

13. Hai mangiato **tutto**?! (*Você comeu tudo?*)

14. **Qualcuno di voi è disponibile?** (*Tem alguém disponível?*)

15. **Non abbiamo incontrato nessuno.** (*Não encontramos ninguém.*)

16. **Ma no, ce ne hanno messe cinque!** (*Ah, não, levou cinco!*)

17. **Erano in cinquantamila!** (*Havia 50.000 pessoas!*)

18. **Grazie, ne vorrei mezzo litro.** (*Obrigada, quero meio litro.*)

19. **I suoi genitori celebrano le nozze d'oro.** (*Os pais dela estão celebrando bodas de ouro.*)

20. **La loro figlia ha quindici anni.** (*A filha deles tem 15 anos.*)

21. **È il suo collega**. (*É seu colega.*)

22. **Sono arrivate tre delle loro amiche.** (*Chegaram três amigas dela.*)

23. **Quella macchina è vostra**? (*Aquele carro é de vocês?*)

24. **Non toccare quella bambola! È nostra!** (*Não toque naquela boneca! É nossa!*)

Capítulo 8

Ligando Frases com Conjunções e Pronomes Relativos

Neste Capítulo

▶ Ligando pensamentos graças às conjunções

▶ Ligando orações com pronomes relativos

Dos Capítulos 1 ao 7, falamos sobre como lidar com várias palavras – artigos, substantivos, verbos, palavras indefinidas, entre outras – para formar uma frase com significado. Porém, na fala e na escrita, você usa muitas frases, não apenas uma. Pode falá-las uma após a outra, separando-as por um ponto. Mas precisa juntar seus pensamentos expressados em frases diferentes. Dedico este capítulo para mostrar como fazer isso com conjunções coordenativas e subordinativas ou com pronomes relativos.

Quando você depende de conjunções, emprega palavras invariáveis cujo único propósito na vida é unir orações. Apresentarei apenas algumas sugestões sobre coordenação e subordinação aqui, porque este é um tópico amplo e complexo que você com certeza trabalhará a fundo em cursos (ou livros) avançados de italiano. Aqui está um resumo rápido de ambos:

✔ Usam-se conjunções coordenativas – como **e** (*e*), **o/oppure** (*ou*), ou **ma** (*mas*) – quando você conecta orações que são (gramaticalmente) de categoria igual.

> **Vai in crociera o stai sul lago?** (*Vai sair em cruzeiro ou vai ficar no lago?*)

✔ Usam-se conjunções subordinativas – como **perché** (porque), **quando** (*quando*) ou **finché** (*até*) – quando você une orações dependentes e independentes.

> **Quando torni dobbiamo parlare.** (*Quando você voltar, precisamos conversar.*)

Você pode apontar para uma pessoa, coisa ou situação já mencionada ligando duas orações com um pronome relativo, assim, construindo uma oração dependente chamada de *oração relativa*. Por exemplo, **L'attrice che ha vinto l'Oscar è francese** (*A atriz que ganhou o Oscar é francesa*). No exemplo, **che** (*que*) é um pronome relativo que introduz a oração relativa **ha vinto l'Oscar è francese** (*ganhou o Oscar é francesa*).

Na seção reservada para pronomes relativos, introduzirei um grupo especial de pronomes demonstrativos + relativos combinados que tenham função dupla: o pronome demonstrativo (implícito) pertence à oração independente, ao passo que o componente relativo introduz a oração relativa, como em **Ha visto chi ha mandato questo pacco?** (*Viu quem enviou este pacote?*). Neste exemplo, **chi** combina **la persona che** (*a pessoa que*). (Você pode também usar a forma não combinada se desejar, porém, a forma combinada é mais conveniente.) (Para mais qualificadores demonstrativos, volte ao Capítulo 6.)

Palavras de Ligação e Orações com Conjunções e Preposições

Como você sabe, uma oração é um grupo de palavras que inclui um verbo, que, às vezes, é tudo de que precisa: **Entrate!** (*Entre!*). Porém, na maioria das situações, você precisa de um assunto, um objeto, adjetivos e outros qualificadores, outros substantivos introduzidos por uma preposição e assim por diante para expressar seu significado. Quando estiver familiarizado com a construção frasal e quiser seguir adiante, pode ligar as frases usando conjunções e preposições. Aqui está a divisão destas palavras de ligação:

- Conjunções coordenativas: estas conjunções unem duas (ou mais) frases que permanecem significativas mesmo se você tirar a conjunção; por exemplo, **Va negli USA, [ma] non va a New York** (*Ele vai aos EUA, [mas] não vai a Nova Iorque*). Este processo é chamado de *coordenação*, e você tem um conjunto de conjunções coordenativas para escolher.

- Conjunções subordinativas: estas conjunções unem uma ou mais orações dependentes a uma independente, como em **Gioco con te se mi impresti la tua bici** (*Jogarei com você se me emprestar sua bicicleta*). Esse processo é chamado de subordinação. Eu também falo sobre como usar preposições para construir orações subordinadas com o verbo no infinitivo.

Conectando palavras ou frases com conjunções coordenativas

Você pode usar as conjunções coordenativas de várias maneiras:

- Para ligar nomes, substantivos, pronomes, adjetivos e advérbios na mesma frase, como em **Mi piacciono i romanzi e i resoconti di**

Capítulo 8: Ligando Frases com Conjunções e Pronomes Relativos

viaggio (*Gosto de livros de viagens e romances*), ou **Vorrei um vestito elegante, ma comodo** (*Queria um vestido elegante, mas confortável*).

✔ Para coordenar verbos no infinitivo, como quando eles seguem um auxiliar modal (ver Capítulo 10). Por exemplo, **No so né sciare né arrampicare** (*Eu não sei nem esquiar, nem fazer escaladas*).

✔ Para coordenar frases completas, como em **Lia scrive poesie e Ugo suona il piano** (*Lia escreve poemas e Ugo toca piano*).

A Tabela 8-1 lista conjunções coordenativas que você pode usar para unir palavras ou frases.

Tabela 8-1 Conjunções Coordenativas

Conjunção Coordenativa	Tradução	Conjunção Coordenativa	Tradução
allora, poi	então	**ma, però, tuttavia**	mas, porém, todavia, contudo, entretanto
anzi, piuttosto (**di** + infinitivo)	preferencialmente	**né... né**	nem.... ou
cioè	ou seja	**non solo... ma anche**	não somente.... mas também
comunque	entretanto	**o, oppure**	ou
e	e	**o...o**	ou...ou
e...e, sia...sia	tanto... como, ambos	**perciò, dunque**	portanto
infatti	na verdade, realmente	**quindi**	então, portanto, assim, dessa forma

Quando usa a conjunção **e**, pode inverter a ordem das frases. Pense nelas como termos matemáticos: na multiplicação ou adição, o produto ou soma não muda se você mudar os números de lugar. Este também é o caso com **o** (*ou*), **o... o** (*ou... ou*), **né... né** (*nem.... nem*), e **sia... sia** (*ou...ou*). Porém, com outras conjunções (como com divisão e subtração), a ordem importa. Se você estabelecer um contraste com **ma** (*mas*) ou **tuttavia** (*todavia*); aponta para uma conclusão ou uma consequência com **quindi** (*assim*) ou **perciò** (*portanto*); ou expressa uma sequência temporal com **allora, poi** (*pois, então*), você não pode trocar a ordem da frase. Por exemplo, **Mia le fa un regalo, ma non dirglielo** (*Mia dará a ela um presente, porém, não contará a ela.*)

Parte II: Uma Olhada de Perto nas Categorias Gramaticais

Reescreva as frases com as conjunções nos locais apropriados. Quando forem conjunções coordenativas, você poderá ter mais de uma opção correta.

P. Luca non vuole parlarti, allora ha bisogno dei tuoi consigli.

R. **Luca non vuole parlarti, tuttavia, ma, però ha bisogno dei tuoi consigli.** (*Luca não quer falar contigo, mas ele precisa dos teus conselhos.*)

1. Avete studiato poco. Vi hanno bocciato all'esame.

_____

2. Hanno comprato l'automobile di una loro amica. Ne compreranno una nuova.

_____

3. Studia in Australia. Pensa di trasferirsi là.

_____

4. Vai al cinema con Giulia. Vai al ristorante con Marta.

_____

5. Vado a Parigi. Non posso restare più di tre giorni.

_____

Unindo uma oração dependente a uma independente

Se você subordinar uma frase a outra, fica estabelecida uma relação de dependência entre uma oração principal ou independente e uma oração subordinada ou dependente. Com a subordinação, o significado das frases combinadas é muito diferente dos seus significados se elas forem colocadas uma independente da outra. Considere este exemplo: **Mangio la verdura perché fa bene** (*Como verduras porque faz bem*) significa que você come verduras porque são alimentos saudáveis. **Mangio la verdura. La verdura fa bene.** (*Eu como verduras. Verduras fazem bem.*) significa que você pode comer verduras porque gosta, porque não tem outra coisa no refrigerador ou por qualquer outro motivo. O fato de você comer vegetais não está necessariamente ligado aos seus benefícios à saúde.

Você pode subordinar uma oração dependente a outra dependente de duas maneiras:

- Com uma conjunção subordinativa
- Com uma preposição ou locução prepositiva que funcione como uma conjunção

Expandirei estes métodos nas seções a seguir.

Capítulo 8: Ligando Frases com Conjunções e Pronomes Relativos

Com uma conjunção subordinativa

A Tabela 8-2 lista as conjunções subordinativas mais comuns.

Tabela 8-2	Conjunções Subordinativas		
Conjunção Subordinativa	*Tradução*	*Conjunção Subordinativa*	*Tradução*
affinché	a fim de [que]	**nonostante**	apesar de, não obstante
[non] appena	assim que	**perché**	porque, dessa forma, a fim de
che	que	**più... di quanto, più... che più di quello che**	mais... do que, mais... daquilo que
come	como, conforme	**poiché, dal momento che, dato che**	porque, já que, dado que
cosi...come, tanto...quanto, tale...quale	tão...como tanto...quanto, tal qual	**prima che**	antes de
da quando	desde	**purché**	Contanto que, desde que
dopo che	após	**quando**	quando
dove	onde	**quanto, quanti, quanta, quante**	quanto, quantos, quanta, quantas
finché	até	**se**	se
finché non	até	**sebbene, benché**	apesar de, ainda que, mesmo que
meno... di quanto, meno... che, meno... di quello che	menos... que, menos... daquilo que	**senza che**	sem que + subjuntivo
mentre	ao passo que, enquanto, enquanto que	**tanto, tanta, tanti, tante che**	tanto, tantos, tanta, tantas, tanto que, de modo que

As conjunções são invariáveis, com exceção das palavras que você usa para expressar comparações, como **tante... quante** (*tantas...quantas*).

Quando você une as frases através de subordinação, a oração principal e a conjunção que escolheu determinam o modo e o tempo verbal na oração dependente. No Capítulo 15, detalharei como unir as frases

Parte II: Uma Olhada de Perto nas Categorias Gramaticais

com as construções declarativas e o *se... então*, que geralmente usam o subjuntivo. Outras construções exigem a conjunção na oração dependente, incluindo **affinché, perché** quando significarem *a fim de*, **a meno che** (*a menos que, exceto se*), **nonostante/nonostante che** (*apesar*), **prima che** (*antes*), **purché** (*contanto que*), **sebbene, benché** (*apesar de*) e **senza che** (*sem que*). Por exemplo, **Mi spiegate cosa sta succedendo sui mercati affinché non perda tutti i miei soldi?** (*Vocês poderiam me explicar o que está acontecendo nos mercados financeiros para que eu não perca todo o meu dinheiro?*).

Como disse na introdução deste capítulo, a sintaxe da subordinação é complexa; assim, no exercício a seguir tudo o que tem que fazer é escolher a conclusão correta à primeira parte da frase combinada. Escolhi as conjunções por você!

A partir das opções, selecione a conclusão apropriada para cada frase e escreva-a na lacuna.

devo darti altre informazioni	perché sei una persona fidata	~~lui russava~~	non li vediamo più
perché non avete telefonato	sebbene avessi molti dubbi	senza che suo padre lo sapesse	più di quanto non pensassi

P. Mentre lei faceva il discorso _____

R. Mentre lei faceva il discorso **lui russava.** (*Enquanto ela discursava, ele roncava.*)

6. Da quando si sono trasferiti in campagna _____

7. Tina ha venduto la casa _____

8. Ho aderito alla proposta dell'avvocato _____

9. Prima che tu parta per Nuova Delhi _____

10. Quel vestito costa _____

11. Te lo dico _____

12. Volevamo sapere _____

Com uma preposição ou locução prepositiva

Se o sujeito das duas orações for o mesmo, você pode introduzir uma oração dependente com uma preposição ou com locuções que incluem uma preposição, seguidas de um infinitivo. Na frase **Ho deciso di andare a pescare** (*Decidi ir pescar*), a preposição **di** (*de*) introduz uma oração

Capítulo 8: Ligando Frases com Conjunções e Pronomes Relativos 137

dependente. Na verdade, você pode substituir a preposição com a conjunção declarativa **Che** (*que*): **Ho deciso che vado a pescare** (*Decidi que irei pescar*). A Tabela 8-3 lista as preposições e as locuções com preposições que possam introduzir verbos no infinitivo.

Quando usar a preposição **da**, o infinitivo pode referir-se ao objeto da frase, como em **Dammi un libro da leggere** (*Dê-me um livro para ler*). E pode ter dois sujeitos diferentes quando usar **su** + artigo, como em **Partimmo sul sorgere del sole** (*Saímos enquanto o sol nascia*).

Tabela 8-3	Preposições Funcionando como Conjunções		
Preposição	*Tradução*	*Preposição*	*Tradução*
a	a/para	**in modo da**	de modo que, a fim de
a tal punto da	a ponto de	**invece di**	ao invés de /em vez de
da	para	**oltre a**	além de
di	de	**per**	por
dopo + infinitivo passado	após	**prima di**	antes
fino a	até	**senza**	sem
in + artigo + infinitivo	em	**su** + artigo + infinitivo	sobre, enquanto

Cada um dos exercícios a seguir caracteriza frases separadas ou combinadas unidas por uma conjunção subordinativa. Você pode acrescentar uma preposição para unir as frases independentes e pode substituir a conjunção subordinativa com uma preposição. Em ambos os casos, deverá terminar com uma frase combinada em que as duas orações estão ligadas por uma preposição e o verbo no infinitivo. Lembre-se de que se o verbo estiver no presente na frase original, você precisa de um infinitivo passado.

P. È andato via. Ha fatto male.

R. **Ha fatto male ad andare via.** (*Ele/ela fez mal em ir embora.*)

13. Dopo che ho parlato con Laura, ho deciso di accettare quel lavoro.

_____

14. Ha preso la macchina. Non ha preso l'autobus.

_____

15. È stato arrestato perché non ha pagato le tasse.

_____

16. Vi prego. Fate silenzio.

_____

138 Parte II: Uma Olhada de Perto nas Categorias Gramaticais_____

> **17.** Devo dire la verità. Le cose non stanno come dici tu.

> **18.** Prima che lei si sposasse, Laura aveva una carriera brillante.

Unindo Orações Que Pertencem Uma à Outra

Você pode precisar de uma frase inteira para apontar a uma pessoa ou coisa já mencionada. Por exemplo, se disser **L'attrice ha vinto l'Oscar. L'atrice è francese,** pode unir as duas frases usando um pronome relativo que introduz uma oração relativa. As duas frases tornam-se **L'attrice che ha vinto l'Oscar è francese** (*A atriz que ganhou o Oscar é francesa.*). Nesta frase, **che ha vinto l'Oscar** (*que ganhou o Oscar*) é a oração relativa e *que* é o pronome relativo.

A língua italiana tem uma série de pronomes relativos combinados. Eles expressam (mas não explicitam) um pronome demonstrativo como **quello** (*que*) ou **colui** (*aquele que*) e um pronome relativo, como **che** (*que*), para formar o pronome combinado **chi** (*quem*). Vá até a última seção, "Economia de discurso: Pronomes combinados", para ver o que significam e como funcionam.

Lidando com seus pronomes relativos médios

O italiano tem dois grupos de pronome relativos (não combinados): invariável e variável.

✔ Pronomes relativos invariáveis não mudam suas terminações para combinar em gênero e número com as palavras que eles substituem. Um exemplo é **che** (*quem, que, a quem*), que pode referir-se a uma pessoa feminina ou masculina, singular ou plural, como em **Le bambine che hai visto al parco sono le mie sorelle** (*As meninas que você viu no parque são minhas irmãs*).

✔ Pronomes relativos variáveis são formados de duas palavras: a palavra relativa **quale** e o artigo definido. **Quale** muda em número, porém não em gênero: **quale, quali.** Sempre leva o artigo definido que expressa tanto gênero quanto número – **il, la, i, le** (*o, a, os, as*) – para formar o pronome **il quale** (e suas variações) significando *quem, a quem, que, o qual, a qual.* Por exemplo, **La bambine le quali hai visto al parco sone le mie sorelle** (*As meninas as quais você viu no parque são minhas irmãs*).

Capítulo 8: Ligando Frases com Conjunções e Pronomes Relativos *139*

Quando você usa o grupo variável, o pronome é coordenado com a palavra na oração anterior que o pronome substitui. A terminação do pronome é modificada em número, e o artigo é modificado em número e gênero (sobre mais regras de coordenação, consulte o Capítulo 2). Por exemplo, na frase **La gatta della quale ti avevo parlato è morta** (*A gata da qual falei para você morreu*), **la gatta** é feminino singular, como é o pronome relativo **della quale**.

Você também precisa enfrentar o pronome **cui**, que nunca muda e não pode ser usado como sujeito ou objeto direto. Só pode usá-lo de duas maneiras:

✔ Acompanhado pelo artigo definido **il, la, i, le** (*o, a, os, as*), que expressa tanto gênero quando número para formar o pronome **il cui** (e suas variações). Nesta forma, **il cui** significa *cujo*.

> **Hai visto quel film il cui titolo ora non recordo?** (*Viu aquele filme cujo título não consigo lembrar agora?*)

✔ Acompanhado por uma preposição, porém sem um artigo, como em **da cui** (*por/de quem*).

Table 8-4 ilustra as funções dos pronomes relativos variáveis e invariáveis.

Tabela 8-4		Pronomes Relativos				
Tradução	*Invariável*	*Masculino Singular*	*Feminino Singular*	*Masculino Plural*	*Feminino Plural*	*Uso*
quem, a quem, que, a/o qual	**che**	**il quale**	**la quale**	**i quali**	**le quali**	Sujeito ou objeto direto
de, sobre, a/o qual/a quem		**del quale**	**della quale**	**dei quali**	**delle quali**	Indica especificação ou posse
de, sobre, a/o qual/a quem	**di cui**					Indica especificação
cujo		**il cui**	**la cui**	**i cui**	**le cui**	Indica especificação ou posse
cujo		**del quale**	**della quale**	**dei quali**	**delle quali**	Indica especificação ou posse
a/por quem	**[a] cui**	**al quale**	**alla quale**	**ai quali**	**alle quali**	Indica objetivo ou propósito

(continua)

Parte II: Uma Olhada de Perto nas Categorias Gramaticais

Tabela 8-4 *(continuação)*

Tradução	Invariável	Masculino Singular	Feminino Singular	Masculino Plural	Feminino Plural	Uso
de quem/ a/o qual, por quem/ pelo qual, ou qualquer outra pre-posição (ver Capítulo 6)	**da cui, a cui,** ou qualquer outra preposi-ção (ver Capítulo 6)	**dal quale, al quale**	**dalla quale, alla quale**	**dai quali, ai quali**	**dalle quali, alle quali**	Outros comple-mentos (verificar Capítulo 6)

Para decidir qual pronome usar, se um pronome relativo como sujeito ou como objeto direto, escolha entre a forma invariável **che** ou a forma variável **il quale**.

✔ Escolha a palavra **che** quando estiver bem claro a quem você está se referindo, como em **Ho visto Giovanna che andava in palestra** (*Vi Giovanna, que ia para a academia*).

✔ Escolha a forma variável **il quale** (ou uma de suas formas) quando quiser evitar ambiguidade. Se você disser **Ho incontrato il figlio della signora Maria, che ti manda tanti saluti** (*Encontrei o filho de Maria, que te manda seus cumprimentos*), no italiano nada diz a quem realmente mandou seus cumprimentos, se **Maria** ou se **seu filho**. Porém, se você disser **ho incontrato il figlio dela signora Maria, il quale ti manda saluti**, sabe com certeza que está sendo falado sobre o **il figlio**, que é singular masculino, porque **il quale** também é masculino singular.

Quando você usa uma preposição com o pronome relativo porque quer expressar um objeto indireto, pode escolher entre **cui** (mais artigo *ou* mais preposição) ou **quale** (mais preposição *e* artigo). Quando em português

✔ Você usa *de* ou *sobre* antes de um pronome relativo, use **di + cui** em italiano, como em **Non possiamo fare la vacanza di cui ti ho parlato** (*Não podemos tirar as férias de que te falei*). (Mas lembre-se de que a fórmula **Non possiamo fare la vacanza della quale ti ho parlato** está perfeitamente correta e usada todo o tempo.)

✔ Você usa o pronome *cujo*, significando que alguém já mencionou possuir determinada personalidade ou que alguém já mencionou ter determinada característica; no italiano usa-se **il cui (la cui, i cui, le cui).** Por exemplo, **Ho visto una ragazza la cui bellezza mi ha colpito** (*Vi uma garota cuja beleza me impressionou*); **Abbiamo fatto una riunione il cui scopo non mi era chiaro** (*Tivemos uma reunião cujo propósito não estava claro para mim*).

Capítulo 8: Ligando Frases com Conjunções e Pronomes Relativos

> ✔ Você precisa de qualquer outra preposição antes do pronome relativo, pode usar indiferentemente **cui** ou **il quale**. Acrescente somente a preposição **a cui: con cui** (*com quem/com o/a qual*), **da cui** (*por quem/pelo qual*), **su cui** (*em quem/no/na qual*); e acrescente um artigo combinado a **quale: con il quale** (*com quem/com o/a qual*), **dal quale** (*por quem/pelo/a qual*), **sul quale** (*em quem/no/na qual*). (Para artigos combinados e o uso de preposições, consulte o Capítulo 6). Por exemplo, você pode dizer **La persona sulla quale avevamo contato non ci può aiutare** ou **La persona su cui avevamo contato non ci può aiutare** (*A pessoa com quem contávamos não pode ajudar-nos*).

Se precisar de uma preposição com o pronome relativo (**il quale** ou **cui**) não tem como escapar dela. Entretanto, somente com **cui**, você pode (mas não precisa) não usar a preposição **a** (*a*) ou **per** (*por*) para indicar objetivo ou propósito (não movimento), e deixar **cui** por si só, como em **La faccenda cui ti riferisci è stata sistemata** (*O problema ao qual você se refere já foi resolvido*).

Una as frases a seguir usando os pronomes relativos adequados. Use as formas variáveis e as invariáveis; às vezes, as duas estarão corretas. (**Dica:** Você precisa substituir o pronome relativo após a palavra à qual se refere, o que significa que pode ter que mudar a ordem das palavras da nova frase, como mostrarei no exemplo.)

P. Ti ho parlato di quella persona. È arrivata.

R. **La persona di cui/della quale ti ho parlato è arrivata.** (*A pessoa da qual te falei chegou.*)

19. Ho fatto un sogno. Volavo sopra il Polo Nord.

20. Il professore è famoso. Darà la conferenza.

21. Ci siamo dimenticati di quei libri. Puoi portali tu?

22. Volevo regalare un CD di Pavarotti a quella amica. Ce l'a già.

23. Siamo passati dall'aeroporto di Oslo. È molto bello.

24. Siamo passati da quell'aeroporto. Ci ha fatto perdere la coincidenza.

142 Parte II: Uma Olhada de Perto nas Categorias Gramaticais

Economia de discurso: Pronomes combinados

Além dos pronomes relativos, o italiano tem os pronomes relativos combinados. Um pronome combinado é uma única palavra que expressa dois significados: uma palavra demonstrativa (ver Capítulo 7) e um pronome relativo. Por exemplo, o pronome **quanto** (*o que, quanto*) contém tanto os pronomes demonstrativo **quello** (*que*) **tutto quello** (*tudo o que*) e o pronome relativo **che** (*que*). Por exemplo, **Farò quanto mi è possibile/Farò tutto quello che mi è possibile** (*Farei tudo o que puder*).

Você pode usar a forma combinada ou não combinada dos pronomes relativos – é sua escolha. As formas combinadas são muito convenientes.

Se você usar uma forma não combinada, poderá ver que cada um dos componentes do pronome tem uma função diferente. Considere este exemplo: **Non faccio favori a coloro che non lo meritano** (*Não faço favores àqueles que não merecem*). Com o componente demonstrativo **a coloro** (*àqueles*), você expressa objetivo e propósito; na verdade, você precisa da preposição **a** (*a*). O pronome reativo **che** (*que*) é o sujeito da oração relativa. E, como neste caso o demonstrativo **coloro** é plural, o verbo da oração relativa também é plural.

Se você desvalorizar os dois componentes em uma forma combinada, também desvalorizará as duas funções gramaticais. Assim, ao manter o exemplo anterior, **a coloro che** torna-se **a chi** (*aqueles que*): o pronome leva a preposição **a** para expressar objetivo ou propósito, porém, é um pronome singular, de modo que você precisa do verbo no singular na oração relativa, como em **Non faccio favor a chi non merita** (*Não faço favores a quem que não merece*).

Lembre-se de que os pronomes combinados podem expressar

✔ Um objeto direto e um sujeito, como em **Lisa ringrazia chi le ha mandato i fiori/Lisa ringrazia coloro che le hanno mandato i fiori** (*Lisa agradece àqueles que lhe enviaram flores*). (Dado o contexto à sua disposição, o pronome **chi** pode referir-se a todas as pessoas mencionadas.)

✔ Dois objetos diretos, como em **Invito quanti voglio** ou **Invito tutti coloro che voglio** (*Estou convidando todos aqueles que quero convidar*).

✔ Um objeto indireto e um sujeito, como em **Siamo riconoscenti per quanto hanno fato per noi** ou **Siamo riconoscenti per quello che hanno per noi** (*Somos agradecidos pelo que eles fizeram por nós*).

A Tabela 8-5 apresenta os pronomes combinados e suas equivalências não combinadas juntamente com alguns exemplos.

Capítulo 8: Ligando Frases com Conjunções e Pronomes Relativos **143**

Tabela 8-5 Pronomes Demonstrativo + Relativos Combinados

Pronomes Combinados	Pronomes Demonstrativos + Relativos	Tradução	Exemplo
chi	colui che (MS), colei che (SF), coloro che (M/F)	aquele, aquela, aquele que, aquela que	Chi è uscito per ultimo non ha chiuso la porta. (*Quem chegou por último não fechou a porta.*)
quanto	tutto quello che (refere-se somente a situações)	o que, tudo aquilo que	Farò quanto mi è possibile. (*Farei o que for possível.*)
quanti, quante, quelli che, quelle che	tutti coloro che (MP), tutte coloro che (FP)	todos aqueles/ aquelas que, as pessoas que	La festa è riservata a quanti hanno ricevuto l'invito. (*A festa é reservada àqueles que receberam convite.*)

Reescreva as frases a seguir, substituindo os pronomes demonstrativos relativos e demonstrativos com os pronomes duplos adequados.

P. Parleremo con coloro che verranno alla riunione.

R. **Parleremo con chi verrà alla riunione.** (*Falaremos com aqueles que vierem à reunião.*)

25. Coloro che studiano sodo sono promossi.

_____

26. Ci sono quelli che credono ancora a Babbo Natale.

_____

27. Pagheremo quello che dobbiamo pagare.

_____

28. C'è molto di vero in quello che dici.

_____

29. Dalle a quelle che ne hanno più bisogno.

_____

144 Parte II: Uma Olhada de Perto nas Categorias Gramaticais_____

Respostas

1 **Avete studiato poco, infatti/perciò/dunque/quindi vi hanno bocciato all'esame.** (*Vocês estudaram muito pouco, por isso não passaram no exame.*)

2 **Hanno comprato l'automobile di una loro amica, quindi/perciò/ allora non ne compreranno una nuova.** (*Ele/Elas compraram o carro de uma amiga, portanto, não compraram um carro novo.*)

3 **Non solo studia in Australia, ma/anzi/infatti pensa anche di trasferirsi là.** (*Não somente estuda na Austrália, como está pensando em se mudar para lá.*)

4 **O vai al cinema con Giulia o vai al ristorante con Maria**. (*Ou você vai ao cinema com a Giulia ou vai ao restaurante com a Marta.*)

5 **Vado a Parigi, tuttavia/però, non posso restare più di tre giorni.** (*Vou a Paris, mas não posso ficar mais de três dias.*)

6 Da quando si sono trasferiti in campagna **non li vediamo più.** (*Desde que eles se mudaram para o campo, não os vimos mais.*)

7 Tina ha venduto la casa **senza che suo padre lo sapesse.** (*Tina vendeu a casa sem que seu pai soubesse.*)

8 Ho aderito alla proposta dell'avvocato **sebbene avessi molti dubbi.** (*Aceitei a proposta do advogado, apesar de ter muitas dúvidas.*)

9 Prima che tu parta per Nuova Delhi **devo darti altre informazioni**. (*Antes de você ir para Nova Délhi, vou lhe dar mais informações.*)

10 Quel vestito costa **più di quanto non pensassi.** (*Aquele vestido custa mais do que eu pensava.*)

11 Te lo dico **perchè sei una persona fidata.** (*Estou lhe contando porque sei que você uma pessoa de confiança.*)

12 Volevamo sapere **perché non avete telefonato.** (*Queremos saber porque vocês não ligaram.*)

13 **Dopo aver parlato con Laura, ho deciso di accettare quel lavoro.** (*Depois de falar com Laura, decidi aceitar o emprego.*)

14 **Invece de prendere l'autobus ha preso la macchina.** (*Em vez de pegar o ônibus, ele/ela pegou o carro.*).

15 **È stato arrestato per non aver pagato le tasse.** (*Ele foi preso por não ter pago seus impostos.*)

16 **Vi prego di fare silenzio.** (*Peço que façam silêncio.*)

17 **A dire la verità, le cose non stanno come dici tu.** (*Para falar a verdade, as coisas não estão como você diz.*)

Capítulo 8: Ligando Frases com Conjunções e Pronomes Relativos 145

18 **Prima di sposarsi, Laura aveva una carriera brillante.** (*Antes de casar-se, Laura tinha uma carreira brilhante.*)

19 **Ho fatto un sogno in cui/nei qualle volavo sopra il Polo Nord.**(*Eu tive um sonho em que eu estava voando sobre o Polo Norte.*)

20 **Il professore che darà la conferenza è famoso.** (*O professor que fará a conferência é famoso.*)

21 **Puoi portare tu quei libri di cui siamo dimenticati?** (*Você pode trazer aqueles livros que esquecemos?*)

22 **L'amica [a] cui/alla quake volevo regalare un CD di Pavarotti, ce l'ha già.** (*A amiga a quem quero dar o CD do Pavarotti já o tem.*)

23 **Siamo passati dall'aeroporto di Oslo, che è molto bello.**(*Passamos pelo aeroporto de Oslo, que é muito bonito.*)

24 **L'aeroporto da cui/dal quale siamo passati ci ha fatto perdere la coincidenza.** (*O aeroporto em que passamos nos fez perder nossa conexão.*)

25 **Chi studia sodo è promosso.** (*Quem estuda bastante é promovido.*)

26 **C'è chi crede ancora a Babbo Natale.** (*Ainda existem aqueles que acreditam em Papai Noel.*)

27 **Pagheremo quanto dobbiamo pagare.** (*Pagaremos o que devemos pagar.*)

28 **C'è molto di vero in quanto dici.** (*Há muita verdade no que você diz.*)

29 **Dalle a chi ne ha più bisogno.** (*Dê aos que mais precisam.*)

146 Parte II: Uma Olhada de Perto nas Categorias Gramaticais

Parte III
O Que Você Faria sem Verbos e Tempos Verbais?

A 5ª Onda — Por Rich Tennant

"Passato remoto?
Parece um controle remoto japonês."

Nesta Parte...

Aqui estão os verbos! Verbos são o coração tanto do português quanto do italiano, porque expressam muito significado. Se você falar *Vá!*, é tudo de que precisa para expressar o que tem em mente. O italiano adora verbos, e cada verbo varia muito de pessoa para pessoa e de tempo verbal para tempo verbal.

Nesta parte, explicarei como distinguir o núcleo de um verbo (o radical) das terminações que você acrescenta para cada pessoa, nos diversos modos e tempos. Introduzirei conjugações, verbos regulares e muitos verbos irregulares (que você pacientemente precisa memorizar). Falarei sobre o presente e as diversas maneiras de expressar o passado. Mostrarei como coordenar particípio passado com o sujeito da frase ou seu objeto, quando usar **essere** (*ser*) e **avere** (*ter*), onde colocar os pronomes e como acrescentar verbos como **potere** (*poder*), **dovere** (*dever*) e **volere** (*desejar*), que são chamados de verbos modais. Finalmente, introduzirei o tempo futuro, que é usado no italiano mais ou menos como no português.

Capítulo 9

Escrevendo no Presente

Neste Capítulo

▶ Conjugando verbos regulares e irregulares

▶ Gerenciando o presente progressivo

▶ Lidando com gerúndio, infinitivo e pronomes pessoais

O tempo presente do *modo indicativo*, que permite expressar declarações de fato ou descrever sentimentos e emoções, permite que você fale sobre o presente (obviamente!) e o futuro (não tão óbvio assim). (Cobrirei mais o futuro no Capítulo 12.) O tempo presente leva duas formas:

✔ O presente (também chamado *presente simples*), que você usa para descrever situações, ações recorrentes e hábitos:

Noi viviamo in Italia. (*Moramos na Itália*)

Io leggo il giornale ogni mattina. (*Leio o jornal todas as manhãs.*)

✔ O presente progressivo, com o qual você fala sobre o que esta acontecendo ou o que está fazendo, em um determinado momento:

Lia sta parlando al telefono. (*Lia está falando ao telefone.*)

Neste capítulo, mostrarei como formar o presente simples acrescentando terminações ao verbo (como você faz no português). Também mostrarei como formar o presente progressivo, que você cria usando o verbo **stare** (*estar*) no presente e acrescentando o verbo principal no gerúndio. Finalmente, falarei sobre quando usar o presente ou o presente progressivo e como acrescentar verbos no infinitivo aos verbos modais como **potere** (*poder*) ou **dovere** (*dever*). Também falarei sobre verbos que não têm sujeito e como acrescentar pronomes aos verbos no infinitivo e no gerúndio.

Os Caras Confiáveis: Verbos Regulares

Verbos conjugados são formados com um radical e uma terminação. A forma padrão de um verbo que você encontra nos dicionários é o *infinitivo*, como em *trabalhar*. No italiano, a maioria dos infinitivos terminam em -**are,**

-ere ou **-ire**. Quando tira estas terminações resta o radical do verbo. Aqui estão as três opções, ilustradas por três verbos irregulares:

- **-are: guardare** (*olhar, analisar, observar, assistir*)
- **-ere: temere** (*temer*)
- **-ire: sentire** (*sentir*)

Verbos regulares formam o presente acrescentando terminações ao radical, de acordo com um padrão fixo, que muda dependendo se o verbo termina em **-are, -ere** ou **-ire**. Tudo que tem que fazer é descobrir o padrão de conjugação e aplicá-lo a cada verbo daquele tipo. A Tabela 9-1 mostra as terminações dos verbos regulares. E, após, uma tabela com exemplos de conjugações de um verbo regular.

Tabela 9-1   Terminações para o Presente do Indicativo

Pessoa	Verbos terminando em -are	Verbos terminando em -ere	Verbos terminando em -ire
io	-o	-o	-o
tu	-i	-i	-i
lui/lei/Lei/esso	-a	-e	-e
noi	-iamo	-iamo	-iamo
voi	-ate	-ite	-ite
loro/Loro/essi/esse	-ano	-ono	-ono

A tabela a seguir conjuga o presente do indicativo do verbo **guardare** (*olhar, analisar, observar, assistir*).

guardare (*olhar, analisar, assistir*)	
io guard**o**	noi guard**iamo**
tu guard**i**	voi guard**ate**
lui/lei/Lei/esso guard**a**	loro/Loro/essi/esse guard**ano**
Guardiamo sempre la TV. (*Sempre assistimos à TV.*)	

A fim de preservar o som forte do infinitivo, os verbos terminando em **–care** e **–gare**, como **giocare** (*jogar*) e **pagare** (*pagar*), acrescentam um **h** antes dos sufixos começando em **–e** ou **–i**. Os verbos terminando em **–iare**, como **studiare** (*estudar*) e **consigliare** (*aconselhar*), mantenha somente um **i** quando a terminação começar com **i**. Porém, aqueles acentuados no **i**, como **sciare** (*esquiar*), **inviare** (*enviar*) e **spiare** (*espionar*), mantém o **i** da raiz, o que significa que em algumas pessoas terão dois.

Capítulo 9: Escrevendo no Presente

PRÁTICA

Conjugue os verbos listados em parênteses para combinar com o sujeito.

P. io _____ (*giocare*)

R. **io gioco** (*eu jogo*)

1. noi _____ (arrivare)
2. tu _____ (leggere)
3. tu _____ (sciare)
4. noi _____ (dormire)
5. tu _____ (cadere)
6. loro _____ (insegnare)
7. lei _____ (consigliare)
8. lui _____ (partire)
9. io _____ (mangiare)
10. noi _____ (conoscere)

Encontrando Surpresas em Cada Volta: Verbos Irregulares

Os verbos são classificados como regulares ou irregulares, dependendo de como se comportam por toda a conjugação, em todos os modos e tempos verbais. Assim, os comentários que seguem explicam por que um verbo que pode ser regular no presente do indicativo – como **vedere** (*ver*) – é considerado irregular: muda o radical no pretérito perfeito, de **ved-** para **vid-**. Os verbos podem ser irregulares quando.

- Mudam o radical em algumas pessoas dentro de um tempo verbal: por exemplo, **essere** (*ser*), fica **io sono** (*eu sou*), **noi siamo** (*nós somos*).

- Usam um radical em um tempo verbal e um radical diferente em outro: Por exemplo, o presente do indicativo de **vivere** é regular, porém seu passado simples (ver Capítulo 10) é irregular, mudando o radical de **viv-** para **vis-** em algumas pessoas.

- Tomam terminações diferentes das regulares: por exemplo, o passado simples de **cadere** (*cair*) é **io caddi** (*eu caí*) em vez de **cadei**, que é a forma que os verbos regulares tomam na primeira pessoa do singular.

Verbos auxiliares e modais

Os verbos auxiliares fazem o que o adjetivo diz: eles auxiliam o verbo principal. Os verbos-chave auxiliares no italiano são **essere** (*ser*) e **avere** (*ter*), que as pessoas usam para construir tempos compostos, como em **Noi eravamo andati** (*Nós tínhamos ido embora*).

152 Parte III: O Que Você Faria sem Verbos E Tempos Verbais?

Os verbos modais, que apresentam diferentes nuances ao que você está dizendo, também atuam como auxiliares; eles são seguidos pelo infinitivo do verbo principal. Os modais incluem **dovere** (*dever*), **potere** (*poder*), e **volere** (*desejar*). O italiano também usa **sapere** como auxiliar modal, significando *saber como*.

Usando essere (ser) e avere (ter)

As tabelas a seguir mostram a conjugação dos verbos **essere** e **avere**.

essere (*ser*)	
io **sono**	noi **siamo**
tu **sei**	voi **siete**
lui/lei/Lei/esso **è**	loro/Loro/essi/esse **sono**
Sono stanca. (*Estou cansada.*)	

avere (*ter*)	
io **ho**	noi **abbiamo**
tu **hai**	voi **avete**
lui/lei/Lei/esso/essa **ha**	loro/Loro/essi/esse **hanno**
Abbiamo tre bambole. (*Temos três bonecas.*)	

Expressando modo com auxiliares modais

Os verbos **dovere** (*dever*), **potere** (*poder*) e **volere** (*desejar*) são *auxiliares modais*, geralmente seguidos por outro verbo no infinitivo. **Sapere** (*saber como*) pode ser usado da mesma maneira como os outros modais.

Os significados de **dovere** e **potere** são próximos aos do português, com as seguintes exceções:

- ✓ **Dovere** também é traduzido para *ter que*, como em **devo parlargli** (*Tenho que falar com ele*). E você pode usar **dovere** sozinho, significando *Eu devo*: **Le devo la mia gratitudine** (*Devo a ela minha gratidão*).

- ✓ **Potere** significa *poder*. Por exemplo: **Posso entrare?** (*Posso entrar?*) ou **Puoi fare tu la spesa?** (*Você pode fazer as compras?*). No italiano, quando precisa superar um obstáculo para fazer algo, usa-se **potere** (*poder*) ou **riuscire a** (*conseguir, ser bem sucedido*), como nos exemplos: **Riesci a passare/Puoi passare dal salumiere?** (*Você pode passar pela delicatessen?*) e **Ugo riesce a riparare la TV?** (*Ugo conseguirá consertar a TV?*).

Capítulo 9: Escrevendo no Presente

> ✔ **Volere** pode ser traduzido literalmente como *desejar*, como em *Ele faz como ele desejar*. E corresponde a *querer* seguido pelo infinitivo, como em **Voglio parlare con lei** (*Quero falar com ela*).

As tabelas a seguir mostram as conjugações de cada um dos verbos modais auxiliares.

dovere (*dever*)	
io **devo**	noi **dobbiamo**
tu **devi**	voi **dovete**
lui/lei/Lei/esso/essa **deve**	loro/Loro/essi/esse **devono**
Devono andare a casa. (*Eles devem ir para casa.*)	

potere (*poder*)	
io **posso**	noi **possiamo**
tu **puoi**	voi **potete**
lui/lei/Lei/esso/essa **può**	loro/Loro/essi/esse **possono**
Può giocare con noi. (*Ele/ela pode jogar conosco.*)	

volere (*desejar, querer*)	
io **voglio**	noi **vogliamo**
tu **vuoi**	voi **volete**
lui/lei/Lei/esso/essa **vuole**	loro/Loro/essi/esse **vogliono**
Vogliono vederti. (*Eles querem ver você.*)	

sapere (*saber como*)	
io **so**	noi **sappiamo**
tu **sai**	voi **sapete**
lui/lei/Lei/esso/essa **sa**	loro/Loro/essi/esse **sanno**
Sai giocare a scacchi? (*Sabe jogar xadrez?*)	

Substitua as palavras sublinhadas em cada frase com a forma adequada. Escolha dentre estes verbos auxiliares e modais: **avere, essere, dovere, potere, sapere, volere.**

154 Parte III: O Que Você Faria sem Verbos E Tempos Verbais?

P. Luciano <u>rimane</u> _____ l'unico che va a trovare la nonna.

R. Luciano **è** l'unico che va a trovare la nonna. (*Luciano é o único que visita a avó.*)

11. Federico <u>possiede</u> _____ più case di Angelo.

12. Lei <u>ha tutte le conoscenze necessarie per</u> _____ riparare la televisione.

13. Bianca <u>ha il permesso di</u> _____ andare in India.

14. <u>Sono obbligati a</u> _____ denunciare quel funzionario corrotto.

15. <u>Ti fa piacere</u> _____ andare a cena con me?

Verbos irregulares da primeira conjugação: -are

Andare (*ir*), **dare** (*dar*), **fare** (*fazer*) e **stare** (*estar*) são os únicos verbos irregulares desta primeira conjugação, porém, são muito importantes. As tabelas a seguir mostram as conjugações de todos estes quatro verbos.

andare (*ir*)	
io **vado**	noi **andiamo**
tu **vai**	voi **andate**
lui/lei/Lei/esso/essa **va**	loro/Loro/essi/esse **vanno**
Andiamo sempre nello stesso ristorante. (*Sempre vamos ao mesmo restaurante.*)	

dare (*dar*)	
io **do**	noi **diamo**
tu **dai**	voi **date**
lui/lei/Lei/esso/essa **dà**	loro/Loro/essi/esse **danno**
Gli **dà** un libro. (*Ele/ela dá um livro a ele.*)	

fare (*fazer*)	
io **faccio**	noi **facciamo**
tu **fai**	voi **fate**
lui/lei/Lei/esso **fa**	loro/Loro/essi/esse **fanno**
Faccio una torta. (*Estou fazendo uma torta.*)	

Capítulo 9: Escrevendo no Presente 155

stare (estar)	
io **sto**	noi **stiamo**
tu **stai**	voi **state**
lui/lei/Lei/esso **sta**	loro/Loro/essi/esse **stanno**
Stiamo bene. (*Estamos bem.*)	

Acrescente a forma verbal apropriada, escolhendo entre **andare, dare, fare** e **stare**.

P. Tu _____ male?

R. Tu **stai** male? (*Você está mal?*)

16. _____ noi qualcosa da mangiare al gatto.

17. _____ tu all'ufficio postale?

18. I miei genitori _____ bene.

19. Aldo _____ in panetteria.

20. I miei amici _____ una partita a carte.

Verbos irregulares da segunda conjugação: -ere

A maioria dos verbos irregulares pertence à segunda conjugação, portanto, é impossível listá-los todos aqui. Apresentarei os padrões de mudança de modo que, se souber que **cogliere** muda o radical para **colgo-** na primeira pessoa do singular do presente do indicativo, pode tentar o mesmo com **togliere** e ver se funciona igual (e funciona).

Entre os verbos terminando em **–cere**, alguns que são usados todo o tempo são irregulares. Eles incluem **piacere** (*gostar*), **dispiacere** (*desculpar-se*), **tacere** (*calar-se*) e **giacere** (*deitar-se*). Para estes verbos, você duplica o **c** na primeira pessoa do singular e a primeira e terceira do plural. **Nota: Piacere** é usado primeiramente na terceira pessoa do singular e do plural.

piacere (*agradar-se, gostar*)	
io pia**ccio**	noi pia**cciamo**
tu pia**ci**	voi pia**cete**
lui/lei/Lei/esso/essa pia**ce**	loro/Loro/essi/esse pia**cciono**
Mi **piacciono** le pesche. (*Gosto de pêssegos.*)	

Parte III: O Que Você Faria sem Verbos E Tempos Verbais?

Bere (*beber*) e **serdere/sedersi** (*sentar, sentar-se*) são ainda mais irregulares. **Bere** muda o radical para **bev-** em todas as pessoas.

bere (*beber*)	
io **bevo**	noi **beviamo**
tu **bevi**	voi **bevete**
lui/lei/Lei/esso/essa **beve**	loro/Loro/essi/esse **bevono**
Bevono solo acqua. (*Eles bebem somente água.*)	

Sedere/sedersi usa o radical **sied-** em todas as pessoas, com exceção da primeira e segunda pessoas do plural. **Sedersi** é um verbo reflexivo, portanto, inclui os pronomes reflexivos entre parênteses. (Ilustrarei como formar e usar os verbos reflexivos no Capítulo 17.)

sedere/sedersi (*sentar-se*)	
io (mi) **siedo**	noi (ci) **sediamo**
tu (ti) **siedi**	voi (vi) **sedete**
lui/lei/Lei/esso/essa (si) **siede**	loro/Loro/essi/esse (si) **siedono**
Anna **siede** a capotavola. (*Anna senta-se à cabeceira da mesa.*)	

Rimanere (*permanecer*) muda o radical na primeira pessoa do singular e na terceira pessoa do plural, que perde o **–ere** ficando **rimang-**. Os verbos que se comportam como **rimanere** incluem **dolere** (*machucar-se, lamentar*) e **valere** (*valer*).

rimanere (*permanecer*)	
io **rimango**	noi **rimaniamo**
tu **rimani**	voi **rimanete**
lui/lei/Lei/esso **rimane**	loro/Loro/essi/esse **rimangono**
Rimanete a Parigi? (*Vocês permanecerão em Paris?*)	

O verbo **tenere** (*manter, guardar*) muda o radical para **teng-** na primeira pessoa do singular e terceira pessoa do plural e para **tien-** na segunda e terceira pessoas do singular. Com todos os verbos formados pelo acréscimo de prefixos à **tenere** acontece o mesmo, incluindo **appartenere** (*pertencer*), **mantenere** (*manter*), **ottenere** (*obter*) e **ritenere** (*pensar*).

Capítulo 9: Escrevendo no Presente

tenere (*manter, guardar*)	
io **tengo**	noi **teniamo**
tu **tieni**	voi **tenete**
lui/lei/Lei/esso/essa **tiene**	loro/Loro/essi/esse **tengono**
Tengono i nostri documenti. (*Eles estão guardando nossos documentos.*)	

Spegnere (*desligar*) também leva a forma **spengere**, trocando o **g** pelo **n**. A primeira pessoa do singular e do plural vêm do **spengere**, e as outras pessoas do **spegnere**.

spengere/spegnere (*desligar*)	
io **spengo**	noi **spegniamo**
tu **spegni**	voi **spegnete**
lui **spegne**	loro **spengono**
Spegniamo la luce. (*Apagamos a luz.*)	

Alguns verbos mudam o **gl** para **lg** para o radical da primeira pessoa do singular e terceira pessoa do plural. Por exemplo, o radical de **scegliere** (*escolher*) fica **scelg-** para estas pessoas, porém, usa como padrão o radical **scegl-**, tirando a terminação do infinitivo. Os verbos **cogliere** (*pegar*) e **togliere** (*remover, tirar*) comportam-se da mesma maneira.

scegliere (*escolher*)	
io **scelgo**	noi **scegliamo**
tu **scegli**	voi **scegliete**
lui/lei/Lei/esso/essa **sceglie**	loro/Loro/essi/esse **scelgono**
Scegliamo la tua proposta. (*Escolhemos a tua proposta.*)	

Verbos irregulares da terceira conjugação: -ire

A terceira conjugação em **–ire** tem menos verbos irregulares. Ilustrarei alguns padrões básicos nesta seção.

Salire (*subir*) muda o radical para **salg-** na primeira pessoa do singular e na terceira pessoa do plural.

salire (*subir*)	
io **salgo**	noi **saliamo**
tu **sali**	voi **salite**

lui/lei/Lei/esso/essa **sale**	loro/Loro/essi/esse **salgono**
Salgono sull'autobus. (*Eles estão subindo no ônibus.*)	

Muitos verbos que terminam em **–ire** acrescentam **–isc-** ao radical na primeira pessoa do singular e na terceira do plural, antes de acrescentar as terminações regulares. A tabela a seguir mostra a conjugação de **agire** (*agir, comportar-se*) como exemplo.

agire (*agir, comportar-se*)	
io **agisco**	noi **agiamo**
tu **agisci**	voi **agite**
lui/lei/Lei/esso/essa **agisce**	loro/Loro/essi/esse **agiscono**
Anna **agisce** onestamente. (*Anna age com honestidade.*)	

Aqui estão outros verbos comuns incluídos neste grupo. Consulte um dicionário se encontrar um verbo que não conhece e acha que pode comportar-se como estes.

- **capire** (*entender*)
- **colpire** (*atingir, acertar*)
- **costruire** (*construir*)
- **finire** (*terminar, finalizar*)
- **guarire** (*recuperar-se, curar*)
- **gestire** (*gerenciar*)
- **preferire** (*preferir*)
- **restituire** (*retornar, restituir*)
- **spedire** (*enviar*)
- **tossire** (*tossir*)
- **tradire** (*trair*)
- **unire** (*unir*)

Apparire (*aparecer*) não acrescenta **–isc-,** mas perde o **r** e acrescenta um **–i-** na primeira pessoa do singular e na terceira pessoa do plural: io **appaio,** tu **appari,** lui/lei/Lei/esso/essa **appare,** noi **appariamo,** noi **apparite,** loro/Loro/essi/esse **appaiono. Riapparire** (*reaparecer*) e **scomparire** (*desaparecer*) seguem o mesmo padrão.

Ainda mais irregulares são os verbos **dire** (*dizer, falar*), **morire** (*morrer*), **uscire** (*sair*) e **venire** (*vir*). Consulte um dicionário ou o livro *Verbos Italianos Para Leigos*, de Teresa L. Picarazzi (Wiley), para as conjugações.

Capítulo 9: Escrevendo no Presente **159**

Modifique os verbos listados entre parênteses para combinar com os sujeitos.

P. lei _____ (chiarire)

R. lei **chiarisce** (*ela esclarece*)

21. lui _____ (colpire)

22. noi _____ (agire)

23. io _____ (preferire)

24. voi _____ (conoscere)

25. loro _____ (proibire)

26. tu _____ (gestire)

27. noi _____ (dormire)

Mais verbos irregulares: aqueles que terminam em -arre, -urre e -orre

Alguns verbos no italiano não apresentam terminações regulares no infinitivo. Esses verbos terminam em -arre, -urre, ou -orre.

Alguns verbos italianos, como **trarre** (*desenhar*), mudam suas letras finais para **-agg-** na primeira pessoa do singular e na terceira pessoa do plural. Eles se comportam como se fossem verbos regulares em **-are-** na segunda pessoa do singular e na primeira e segunda pessoas do plural. Outros verbos que seguem este padrão incluem **attrarre** (*atrair*), **contrarre** (*contrair, estreitar*) e **distrarre** (*distrair*).

trarre (*trazer, traçar*)	
io **traggo**	noi **traiamo**
tu **trai**	voi **traete**
lui/lei/Lei/esso/essa **trae**	loro/Loro/essi/esse **traggono**
Traggono le loro conclusioni. (*Eles estão traçando suas próprias conclusões.*)	

Os verbos terminando em **-orre-**, como **porre** (*colocar*), acrescente **-ong-** ao radical na primeira pessoa do singular e terceira do plural. Eles levam **pon-** na segunda pessoa do singular e a primeira e segunda do plural.

porre (*colocar*)	
io **pongo**	noi **poniamo**
tu **poni**	voi **ponete**
lui/lei/Lei/esso/essa **pone**	loro/Loro/essi/esse **pongono**
Pongono la prima pietra. (*Eles estão colocando a pedra fundamental.*)	

Os verbos a seguir terminam em **–orre** e comportam-se como **porre:**

- **deporre** (*descartar, depor*)
- **imporre** (*impor*)
- **opporre** (*opor-se*)
- **proporre** (*propor*)
- **supporre** (*supor*)

E com os verbos terminando em **-urre**, como **produrre** (*produzir*), acrescenta-se **-uc-** ao radical antes de acrescentar as terminações padrões.

produrre (*produzir*)	
io **produco**	noi produciamo
tu produci	voi **producete**
lui/lei/Lei/esso/essa **produce**	loro/Loro/essi/esse **producono**
L'Italia **produce** molto vino. (*A Itália produz muito vinho.*)	

Os verbos a seguir comportam-se como **produrre:**

- **condurre** (*conduzir*)
- **introdurre** (*introduzir*)
- **ridurre** (*reduzir*)
- **sedurre** (*seduzir*)

Ter que Fazer sem Sujeito: Verbos Impessoais

Você pode ter pessoas fazendo coisas ou ter coisas acontecendo sem qualquer pessoa em particular as fazendo. O italiano tem diversos verbos chamados de *verbos impessoais*, que não precisam de nenhum sujeito.

Estes verbos impessoais são usados somente na terceira pessoa do singular nas formas finitas como o presente do indicativo ou o pretérito perfeito; são usados no infinitivo, particípio passado e gerúndio. Vários verbos que se referem ao clima são impessoais, incluindo:

- **lampeggiare** (*relampejar*) → **lampeggia** (*relampeja*)
- **nevicare** (*nevar*) → **nevica** (*neva*)
- **piovere** (*chover*) → **piove** (*chove*)
- **tirare vento** (*ventar*) → **tira vento** (*venta*)
- **tuonare** (*trovejar*) → **tuona** (*troveja*)

Outros verbos relacionados ao clima são formados com **fare** (*fazer*) + um adjetivo ou substantivo, como:

- **fare freddo** (*fazer frio*) → **fa freddo** (*faz frio*)
- **fare caldo** (*fazer calor*) → **fa caldo** (*faz calor*)

Aqui estão alguns outros verbos impessoais que não têm nada a ver com o tempo, porém são usados com frequência:

- **bisognare** (*necessitar, ter que*) → **bisogna**, como em **Bisogna partire.** (*É preciso partir.*)

- **bastare** (*bastar, ser suficiente*) → **basta**, como em **Basta parlarle.** (*Basta falar com ela.*)

- **cominciare** (*começar*) → **comincia**, como em **Comincia a piovere.** (*Está começando a chover.*)

- **importare** (*importar*) → **importa**, como em **Importa che cosa pensano loro.** (*Importa o que eles pensam.*)

   Não confunda os dois significados de **importare**, *importar no sentido de ser importante* e *importar no sentido de importação* (como no português), como em **Importano mele dal Giappone** (*Eles importam maçãs do Japão*).

- **sembrare** (*parecer*) conjuga para **sembra**, como em **Mi sembra giusto.** (*Parece correto para mim.*)

Você pode usar **essere** seguido por um adjetivo, um advérbio ou um substantivo, como um verbo impessoal, como em **È ora di andare** (*É hora de ir*). No português, é similar a *É bonito/importante/uma vergonha*.

Fora da lista de verbos impessoais, **bastare, cominciare, importare** (*importar*) e **sembrare** podem ser usados de modo impessoal ou pessoal, como nos exemplos a seguir:

Le miele bastano. (*As maçãs que temos são suficientes.*)

Cominciamo il lavoro domani. (*Começaremos o trabalho amanhã.*)

Le loro opinioni importano molto. (*Suas opiniões importam muito.*)

Sembrano contenti. (*Eles parecem felizes.*)

O Que Está Acontecendo Agora: Presente Progressivo

No italiano, você pode expressar que está perto de fazer algo com o presente *ou* com o presente progressivo. Por exemplo, se alguém perguntar **Che cosa stai facendo?** (*O que estás fazendo?*), você pode responder **Sto**

lavando la macchina (*Estou lavando o carro*) ou **Lavo la macchina** (*Eu lavo o carro*). As duas frases estão corretas e são idiomáticas. Porém, deve usar o presente progressivo quando quiser enfatizar o que está acontecendo naquele momento específico: **Abbassa la TV. Non vedi che sto parlando al telefono?** (*Abaixe a TV. Não vê que estou falando ao telefone?*); **Sta cominciando a piovere** (*Está começando a chover*).

No italiano, use somente o presente simples, não o presente progressivo, com **essere** (*ser*) ou **stare** (*estar*) para falar sobre condições em geral, como em **Pietro è gentile con te** (*Pietro está sendo gentil contigo*); **Indossa um vestito blu** (*Ela está usando um vestido azul*).

Você forma o presente progressivo acrescentando o gerúndio ao verbo **stare**, como em **Stiamo mangiando** (*Estamos comendo*). O gerúndio é invariável em gênero e número, portanto, não precisa combiná-lo com qualquer outra palavra. Para formá-lo, acrescente **-ando** ao radical de um verbo **–are**, ou **–endo** ao radical de um verbo **–ere** ou **–ire**. A Tabela 9-2 ilustra os padrões para verbos com amostra das três conjugações.

Tabela 9-2		Criando Gerúndios	
Tipo de Verbo	Infinitivo	Terminação Gerúndio	Gerúndio
-are	**guardare** (*olhar, analisar, assistir*) **andare** (*ir*)	-ando	**guardando** (*olhando, analisando, assistindo*)
-ere	**temere** (*temer*) **vedere** (*ver*)	-endo	**temendo** (*temendo*) **vedendo** (*vendo*)
-ire	**sentire** (*ouvir*) **finire** (*terminar*)	-endo	**sentendo** (*ouvindo*) **finendo** (*terminando*)

A maioria dos verbos forma o gerúndio regularmente. Mesmo aqueles com terminação em **–ire**, que acrescentam **-isc-** às mesmas pessoas, seguem um padrão regular. Por exemplo, você forma o gerúndio como **finendo** (*terminando*), do infinitivo **finire** (*terminar*).

A maioria dos verbos que formam o gerúndio irregular são verbos que acrescentam algumas letras ao radical, como **bere** (*beber*), que se torna **bev-** e tem o gerúndio **bevendo** (*bebendo*). A seguir os principais verbos irregulares; apresento o infinitivo, seguido pelo gerúndio:

- **condurre** (*conduzir*) → **conducendo** (*conduzindo*)
- **bere** (*beber*) → **bevendo** (*bebendo*)
- **dire** (*dizer*) → **dicendo** (*dizendo*)
- **fare** (*fazer*) → **facendo** (*fazendo*)
- **porre** (*colocar*) → **ponendo** (*colocando*)

Capítulo 9: Escrevendo no Presente 163

✔ **produrre** (*produzir*) → **producendo** (*produzindo*)

✔ **trarre** (*traçar*) → **traendo** (*traçando*)

Complete as lacunas nas frases a seguir com a forma adequada do verbo sugerido nas frases.

P. A noi _____ spesso di incontrarci in centro. (capitare)

R. A noi **capita** spesso di incontrarci in centro. (*Geralmente acontece de nos encontrarmo no centro da cidade.*)

28. _____ chiamare un tecnico per fare aggiustare la lavapiatti. (bisognare)

29. _____ a grandinare. (cominciare)

30. Guarda! _____. (nevicare)

31. In negozio _____ ad arrivare gli abiti della stagione autunnale. (incominciare)

32. Non _____ di andare al supermercato. (esserci bisogno)

33. Per arrivare all'aeroporto in tempo, _____ partire alle quattro del pomeriggio. (bastare)

34. _____ da ieri sera. (piovere)

Usando Pronomes com Verbos no Infinitivo e no Gerúndio

Com uma forma verbal composta de um auxiliar modal e um verbo no infinitivo ou um presente progressivo (com o gerúndio) *e* com um pronome átono que expressa objeto direto (como **mi** [*me*] ou **la** [*a*]) ou um objeto indireto significando *à/ao* ou *para* (como **gli** [*para ele*]; consulte o Capítulo 4 em pronomes para mais informações), você pode colocar estes pronomes em duas posições diferentes sem qualquer mudança no significado. É apenas uma questão de gosto e estilo. Aqui estão suas opções:

✔ Coloque o pronome antes do auxiliar modal e antes da forma do presente progressivo: **Lo posso fare** (*Posso fazer isso*); **Vi sto parlando** (*Estou falando com vocês*).

✔ Junte o pronome ao verbo no infinitivo ou o verbo no gerúndio: **Posso farlo** (*Posso fazê-lo*); **Sto parlandovi** (*Estou falando com vocês*).

Parte III: O Que Você Faria sem Verbos E Tempos Verbais?

O infinitivo perde o final **–e** para facilitar a pronúncia, como em **Dobbiamo venderglielo** (*Temos que vender isso a ela/ele*).

Na Tabela 9-3, estão listados os pronomes pessoais que você pode substituir naquelas preposições (consulte o Capítulo 4 para uma lista completa e para revisar suas funções). Para cada tipo de pronome, a tabela mostra as duas colocações do pronome, em um exemplo de frase, com um auxiliar modal e uma no presente progressivo. (Os pronomes estão sublinhados nos exemplos.) Como pode ver, você tem um auxiliar modal seguido por um infinitivo, pode colocar qualquer pronome átono antes da forma verbal, como em **Lo posso aiutare**; ou unido ao infinitivo, como em **Posso aiurtalo** (*Posso ajudá-lo*). Quando você tem o presente progressivo, pode acrescentar qualquer pronome átono antes da forma verbal, como em **Lo sto aiutando**; ou unido ao gerúndio, como em **Sto aiutandolo** (*Estou ajudando-o*).

Tabela 9-3 Colocação do Pronome com Auxiliares Modais e o Presente Progressivo

Tipo de Pronome	Pronomes	Pronome antes do Verbo	Pronome Unido ao Verbo	Tradução
Pronomes oblíquos diretos	**mi, ti, lo/la, ci, vi, li/le** (*me, te, o/a, lo/la, nos, vos, os/as, los/las*)	**Lo** posso aiutare. **La** sto aiutando.	Posso aiutar**lo**. Sto aiutando**la**.	Posso ajudá-lo. Estou ajudando-a.
Pronomes oblíquos indiretos	**mi, ti, gli, le, ci, vi, gli** (*para/a mim, para/a ti, para/a ele, para/a ela, para/a nós, para/a vos, para/a eles*)	**Le** voglio dire una cosa. **Le** sto raccontando una storia.	Voglio dir**le** una cosa. Sto raccontando**le** una storia.	Quero dizer algo a ela. Estou contando uma história a ela.
Os pronomes **ci** e **ne**	**ci** (*aqui, ali, lá, aí, sobre isso, sobre aquilo, sobre ele/ela/ eles/elas*) **ne** (*daqui, dali, de lá, sobre isso, sobre aquilo, sobre ele/ela/ eles/elas*)	**Ci** stanno pensando. **Ne** posso parlare.	Stanno pensando**ci**. Posso parlar**ne**.	Eles estão pensando sobre isso. Posso falar sobre isso.

(continua)

Capítulo 9: Escrevendo no Presente 165

Tabela 9-3 *(continuação)*

Tipo de Pronome	Pronomes	Pronome antes do Verbo	Pronome Unido ao Verbo	Tradução
Pronomes combinados	ve ne, me lo, te lo, ce le, gliene (*sobre isso para você, eles para nós, aobre isso para ele/ela*)	Non <u>ve ne</u> posso parlare. **Me lo** stanno portando.	Non posso parlar<u>vene</u>. Stanno portando<u>melo</u>.	Não posso falar com você sobre isso. Eles estão trazendo isso para mim.

Nas frases a seguir, junte o pronome adequado ou partícula de advérbio **ci** ao infinitivo ou o gerúndio, e reescreva a frase.

P. Umberto le vuole regalare *un paio di* orecchini.

R. Umberto vuale **regalarle** un paio di orecchini. (*Umberto quer dar a ela um par de brincos.*)

35. Ci possono imprestare la loro macchina.

_____

36. Gli dobbiamo restituire i soldi.

_____

37. "Insomma, chi viene alla festa? Me lo volete dire?!"

_____

38. Li dovete pagare?

_____

39. "Puoi comprare tre CD?" "Ne posso comprare due."

_____

40. "State andando dal macellaio?" "Ci stiamo andando."

_____

Parte III: O Que Você Faria sem Verbos E Tempos Verbais?

Respostas

1 noi **arriviamo** (*nós chegamos*)

2 tu **leggi** (*você lê*)

3 tu **scii** (*você esquia*)

4 noi **dormiarno** (*dormimos*)

5 io **cado** (*eu caio*)

6 loro **insegnano** (*eles ensinam*)

7 lei **consiglia** (*ela aconselha*)

8 lui **parte** (*ele parte*)

9 io **mangio** (*eu como*)

10 noi **conosciamo** (*nós conhecemos*)

11 Federico **ha** più case di Angelo. (*Federico tem mais casas que Angelo.*)

12 Lei **sa** riparare la televisione. (*Ela sabe como consertar a TV.*)

13 Bianca **può** andare in India. (*Bianca pode ir à India.*)

14 **Devono** denunciare quel funzionario corrotto. (*Eles devem denunciar aquele funcionário corrupto.*)

15 **Vuoi** andare a cena con me? (*Quer ir jantar comigo?*)

16 **Diamo** noi qualcosa da mangiare al gatto. (*Daremos comida ao gato.*)

17 **Vai** tu all'ufficio postale? (*Você vai ao correio?*)

18 I miei genitori **stanno** bene. (*Meus pais estão bem.*)

19 Aldo **va** in panetteria. (*Aldo vai à padaria.*)

20 I miei amici **fanno** una partita a carte. (*Meus amigos estão jogando cartas.*)

21 lui **colpisce** (*ele golpeia*)

22 noi **agiamo** (*nós agimos*)

23 io **preferisco** (*eu prefiro*)

24 voi **conoscete** (*você sabe*)

25 loro **proibiscono** (*eles proíbem*)

26 tu **gestisci** (*você gerencia*)

Capítulo 9: Escrevendo no Presente *167*

27 noi **dormiamo** (*nós dormimos*)

28 **Bisogna** chiamare un tecnico per fare aggiustare la lavapiatti. (*Precisamos chamar um técnico para consertar a lava-louças.*)

29 **Comincia/Sta cominciando** a grandinare. (*Está começando a cair granizo.*)

30 Guarda! **Nevica./Sta nevicando.** (*Olha! Está nevando.*)

31 In negozio **incominciano** ad arrivare gli abiti della stagione autunnale. (*As roupas de outono estão começando a chegar às lojas.*)

32 Non **c'è bisogno** di andare al supermercato. (*Não há necessidade de ir ao supermercado.*)

33 Per arrivare all'aeroporto in tempo, **basta** partire alle quattro del pomeriggio. (*Para chegar ao aeroporto em tempo, basta sair às 4 da tarde.*)

34 **Piove** da ieri sera. (*Está chovendo desde a noite passada.*)

35 Possono **imprestarci** la loro macchina. (*Eles podem nos emprestar o carro deles.*)

36 Dobbiamo **restituirgli** i soldi. (*Temos que devolver o dinheiro a ele.*)

37 "Insomma, chi viene alla festa? Volete **dirmelo**?!" (*Então, quem vem à festa? Vocês poderiam me falar?*)

38 Dovete **pagarli**? (*Voce precisa falar comigo?*)

39 "Puoi comprare tre CD?" "Posso **comprarne** due." (*"Pode comprar dois CDs?" "Posso comprar dois [deles].*)

40 "State andando dal macellaio?" "Stiamo **andandoci**." (*Vocês estão indo ao açougueiro?" "Estamos indo lá.*")

168 Parte III: O Que Você Faria sem Verbos E Tempos Verbais?

Capítulo 10

Voltando ao Passado: O Pretérito Perfeito Composto e o Pretérito Perfeito Simples

Neste Capítulo

▶ Formando particípios passados

▶ Escolhendo o auxiliar certo

▶ Assegurando-se de que o particípio passado se coordena com o sujeito ou objeto

▶ Usando o Pretérito Perfeito Composto com auxiliares modais

▶ Reconhecendo o pretérito

*Q*uando você fala ou escreve o passado em português, geralmente usa o pretérito perfeito simples. Você diz *Fui para casa* independente de ter ido dois minutos atrás ou dois meses atrás. No italiano, geralmente usa o *pretérito perfeito composto* ou **passato prossimo** (literalmente, *passado próximo*). Por exemplo, **Sono andato a casa** (*Fui para casa*). O italiano tem ainda duas outras formas: o **imperfetto** (*pretérito imperfeito*) e o **pretérito perfeito simples** (conhecido pelos italianos como **passato remoto**). Neste capítulo concentro-me no pretérito perfeito composto, que é a forma mais comum do tempo passado, e no final do capítulo falarei sobre o pretérito perfeito simples, que é usado primeiramente em narrativas históricas e contos de fadas. No Capítulo 11, cobrirei o tempo pretérito imperfeito.

O pretérito perfeito composto é um *tempo composto* porque compreende um auxiliar e o verbo que expressa a ação da qual você está falando. No italiano, o pretérito perfeito composto é feito do presente do indicativo do **avere** (*ter*) ou **essere** (*ser*) e o particípio passado do verbo principal, como em **Ho mangiato il gelato** (*Tomei o sorvete*).

Parte III: O Que Você Faria Sem Verbos E Tempos Verbais?

A fim de formar o pretérito perfeito composto de um verbo específico, você precisa seguir estes passos:

1. Escolher entre **essere** (*ser*) e **avere** (*ter*) como verbo auxiliar.
2. Modificar o infinitivo do verbo a fim de transformá-lo em particípio.
3. Escolher a terminação do particípio que pode tomar a forma padrão em **-o** ou pode precisar ser coordenado com o sujeito ou o objeto da frase.

Mais adiante neste capítulo, explicarei como você pode acrescentar um auxiliar modal (*poder, dever*) a uma forma verbal no presente, como em **Ho potuto vederlo** (*Eu pude de vê-lo*).

Passo 1: Transformando um Verbo em Particípio Passado

Palavras como **amato** (*amado*), **andato** (*ido*), **tenuto** (*tendo*), **visto** (*visto*) e **studiato** (*estudado*) são particípios passados. Eles são formas dos verbos usados em diversos tempos compostos (para uma lista completa, consulte a tabela sobre os modos e tempos verbais na Folha de Cola). No italiano, os particípios passados comportam-se como adjetivos (consulte o Capítulo 5), variando no gênero e número, porque na maioria dos casos eles devem ser coordenados com as palavras a que se referem.

Falarei sobre coordenar o particípio e o sujeito ou o objeto da frase da seção "Passo 3: Coordenando o Particípio Passado com o Sujeito ou Objeto," mais adiante neste capítulo. Começarei falando como formar os particípios.

Formando o particípio passado dos verbos regulares

No Capítulo 9, falei sobre verbos regulares e irregulares e alertei sobre o fato de que um verbo pode ser regular no presente e irregular em outro tempo verbal, como no pretérito. Quando falamos de particípio passado, a maioria dos verbos, mesmo aqueles que são irregulares em outros tempos verbais, forma o particípio passado de acordo com as regras que menciono nesta seção. A Tabela 10-1 inicia você nos verbos regulares.

Capítulo 10: Voltando ao Passado: O Pretérito Perfeito Composto... 171

Tabela 10-1		Formando os Particípios Passados de Verbos Regulares	
Infinitivo	Particípio Passado Singular (M,F)	Particípio Passado Plural (M,F)	Tradução
guardare (*ver, analisar, assistir*)	guard**ato**, guard**ata**	guard**ati**, guard**ate**	visto, vista, analisado, analisada, assistido, assistida
temere (*temer*)	tem**uto**, tem**uta**	tem**uti**, tem**ute**	temido, temida
sentire (*sentir, ouvir*)	sent**ito**, sent**ita**	sent**iti**, sent**ite**	sentido, sentida, ouvido, ouvida

O verbo **fare** mantém somente o **f-** do infinitivo e duplica o **-t-** para tornar-se **fatto, fatta, fatte; dare** mantém o **d-** e torna-se **dato, data, dati, date**.

Os verbos da segunda conjugação em **-cere** e **-scere** acrescentam um **-i** antes dos sufixos do particípio passado a fim de preservar o som suave do infinitivo. Por exemplo, **conoscere** (*saber*) → **conosciuto, conosciuta, conosciuti, conosciute** (*conhecido, conhecida, conhecidos, conhecidas*).

Formando o particípio passado dos verbos irregulares

Mesmo com verbos irregulares, as terminações dos particípios nunca mudam. O que muda é o radical do verbo, que, na maioria dos casos, perde algumas letras – realmente, ele contrai. Lembre-se de que os verbos formados pelo acréscimo de prefixos ao verbo principal levam a mesma terminação do verbo básico, no particípio passado. Portanto, **rompere** (*romper, quebrar*) → **rotto** (*rompido, quebrado*) e **corrompere** (*corromper*) → **corrotto** (*corrompido*).

Verbos irregulares da segunda conjugação

Você encontra muitos verbos irregulares na segunda conjugação em **-ere**. A maioria deles forma o particípio passado pela contração do infinitivo antes de acrescentar as terminações. Por exemplo, **rimanere** (*permanecer*) perde **-nere** e fica **rimasto, rimasta, rimasti, rimaste; dipingere** (*pintar*) perde o **-gere** e fica **dipinto**. Como os padrões são instáveis, minha sugestão é esta: memorize-os, conforme você os encontra e consulte um dicionário quando usar um novo verbo.

A Tabela 10-2 lista os verbos irregulares mais comuns terminando em **-ere**.

172 Parte III: O Que Você Faria Sem Verbos E Tempos Verbais?

Tabela 10-2	O Particípio Passado de Verbos Terminando em -ere		
Infinitivo	*Particípio Passado*	*Infinitivo*	*Particípio Passado*
accendere (*acender, ligar*)	acceso (*aceso, ligado*)	nascere (*nascer*)	nato (*nascido*)
appendere (*pendurar*)	appeso (*pendurado*)	nascondere (*esconder*)	nascosto (*escondido*)
bere (*beber*)	bevuto (*bebido*)	perdere (*perder*)	perso (*perdido*)
chiedere (*perguntar*)	chiesto (*perguntado*)	piangere (*chorar*)	pianto (*chorado*)
chiudere (*fechar*)	chiuso (*fechado*)	rispondere (*responder*)	risposto (*respondido*)
cogliere (*pegar*)	colto (*pegado*)	rispondere (*responder*)	risposto (*respondido*)
correre (*correr*)	corso (*corrido*)	scegliere (*escolher*)	scelto (*escolhido*)
cuocere (*cozinhar*)	cotto (*cozido*)	scendere (*descer*)	sceso (*descido*)
discutere (*discutir*)	discusso (*discutido*)	scrivere (*escrever*)	scritto (*escrito*)
dissuadere (*dissuadir*)	dissuaso (*dissuadido*)	sorgere (*surgir*)	sorto (*surgido*)
dividere (*dividir*)	diviso (*dividido*)	spegnere (*extinguir*)	spento (*extinto*)
fingere (*fingir*)	finto (*fingido*)	spingere (*empurrar*)	spinto (*empurrado*)
giungere (*chegar*)	giunto (*chegado*)	togliere (*tirar*)	tolto (*tirado*)
leggere (*ler*)	letto (*lido*)	vedere (*ver*)	veduto, visto (*visto*)
mettere (*colocar*)	messo (*colocado*)	vincere (*vencer*)	vinto (*ganho*)
muovere (*mover*)	mosso (*movido*)	vivere (*viver*)	vissuto (*vivido*)

Verbos irregulares da terceira conjugação

Alguns verbos da terceira conjugação em **-ire** são irregulares. Eles se comportam similarmente aos verbos da segunda conjugação que perdem partes do infinitivo, antes de acrescentar as terminações do particípio passado. A Tabela 10-3 lista os verbos **-ire** irregulares mais importantes.

Capítulo 10: Voltando ao Passado: O Pretérito Perfeito Composto... 173

Alguns verbos começam suas vidas com um infinitivo contraído. Seus particípios passados são instáveis, portanto, aqui está mais uma pequena lista para você estudar. Os básicos são **trarre** (*traçar*) → **trato** (*traçado*); **porre** (*colocar*) → **posto** (*colocado*) e **produrre** (*produzir*) → **prodotto** (*produzido*).

Tabela 10-3　　Verbos Irregulares Terminando em -ire

Infinitivo	Particípio Passado
apparire (*aparecer*)	**apparso** (*aparecido*)
aprire (*abrir*)	**aperto** (*aberto*)
dire (*dizer*)	**detto** (*dito*)
morire (*morrer*)	**morto** (*morto, morrido*)
offrire (*oferecer*)	**offerto** (*oferecido*)
venire (*vir*)	**venuto** (*vindo*)

Forme o particípio passado dos verbos a seguir na forma padrão masculina singular.

P. risorgere

R. **risorto** (*ressurgido, ressuscitado*)

1. apparire: _____

2. comporre: _____

3. congiungere: _____

4. convincere: _____

5. percorrere: _____

6. promuovere: _____

7. riprendere: _____

8. riprodurre: _____

9. ritrarre: _____

10. rivedere: _____

11. rinvenire: _____

Reconstruir o infinitivo dos seguintes particípios passados.

P. distratti

R. **distrarre** (*distrair*)

12. aggiunte: _____

13. ammessa: _____

14. assolti: _____

15. bevuto: _____

16. concesse: _____

17. piaciuta: _____

18. cresciuti: _____   **21.** morse: _____

19. discusse: _____   **22.** sorretta: _____

20. disposto: _____

Passo 2: Descobrindo Qual Auxiliar Usar

Quando você quiser formar qualquer tempo composto que exija o particípio passado, precisa escolher entre os auxiliares **avere** e **essere**. Para fazer essa escolha, precisa saber

- Independente de o verbo ser ativo (**Io vado** [*Estou indo*]), passivo (**Il film è girato** [*O filme está rodado.*]), ou reflexivo (**Io mi guardo** [*Estou me olhando*]).

- Independente de o verbo ser transitivo (**Luigi ama Suzanna** [*Luigi ama Suzanna*]) ou intransitivo (**Bruno corre** [*Bruno está correndo*]).

Neste capítulo, falarei somente sobre a forma ativa dos verbos transitivos e intransitivos.

A distinção entre os verbos transitivos e intransitivos é bem clara no italiano. Quando um verbo pode ser seguido diretamente por um objeto (chamado, na verdade, de *objeto direto*), é transitivo, como em **Suono il pianoforte** (*Eu toco piano*). Portanto, *transitivo* significa que a ação do verbo é transferida diretamente a um objeto, sem adicionar qualquer parte do discurso (em particular uma preposição). Quando você tem uma preposição mais uma pessoa, o substantivo é um objeto indireto, que toma um verbo transitivo – por exemplo, **Ho scritto a Mirko** (*Escrevi a Mirko*). Os verbos intransitivos levam uma preposição, mas a preposição geralmente vem junto com um lugar, como em **Vado in ufficio** (*Estou indo para o escritório*).

Não estou dizendo que, na vida real, sempre encontra verbos seguidos por objetos, direto ou indireto. Estou dizendo que um verbo transitivo *pode* ser seguido por um objeto direto, ao passo que um verbo intransitivo *não pode*. Mas, você pode usar um verbo transitivo sozinho, sem expressar o objeto, como em **Le scrivo** (*Estou escrevendo a ela*). E pode usar um verbo intransitivo sozinho, por exemplo, quando diz **Vengo** (*Estou indo*). Mas **scrivere** é transitivo porque você *pode* acrescentar um objeto direto a ele: **Le scrivo una cartolina** (*Estou escrevendo um cartão postal a ela*); e **venire** não é transitivo porque se acrescentar um objeto, você precisa de uma preposição: **Lui arriva da Mosca** (*Ele está vindo de Moscou*). Qualquer dicionário italiano especifica se o verbo é transitivo (**v. tr.**) ou intransitivo (**v. intr.**).

Capítulo 10: Voltando ao Passado: O Pretérito Perfeito Composto... *175*

Você precisa do auxiliar **avere** (*ter*) com os seguintes verbos:

- ✔ **Avere**, que é transitivo e regular no seu particípio passado, **avuto** (*teve*)

    Donatella ha avuto fortuna. (*Donatella teve boa sorte.*)

- ✔ Verbos transitivos na forma ativa, como **amare** (*amar*), **leggere** (*ler*) e **mandare** (*enviar*)

    Ho cercato tuo fratello. (*Procurei pelo teu irmão.*)

- ✔ Alguns verbos intransitivos que expressam uma ação realizada pelo sujeito (com exceção de verbos de movimento), como **dormire** (*dormir*), **pranzare** (*jantar*), **parlare** (*falar*) e **gridare** (*gritar*)

    Ho dormito poco. (*Dormi pouco.*)

Você precisa do auxiliar **essere** (*ser*) com os seguintes verbos transitivos:

- ✔ **Essere**, que fica **stato, stata, stati, state** (sido)

    Sei stato in Cina? (*Você esteve na China?*)

- ✔ **Stare** (*estar* em expressões como **stare bene/male** [*estar bem/mal*]), que leva o mesmo particípio passado como **essere: stato, stata, stati, state** (*estado, ficado*)

    Lucio è stato male. (*Lucio ficou mal.*)

- ✔ A maioria dos verbos de movimento, usado literalmente ou metaforicamente

    Siamo arrivati a Hong Kong. (*Chegamos a Hong Kong.*)

    Il dollaro è sceso rispetto all'euro. (*O dólar caiu com relação ao euro.*)

- ✔ A maioria dos verbos intransitivos expressando uma mudança de estado no sujeito, como **invecchiare** (*envelhecer*), **nascere** (*nascer*), **crescere** (*crescer*) e **morire** (*morrer*)

    Mio padre è invecchiato molto. (*Meu pai envelheceu bastante.*)

- ✔ Verbos reflexivos, como **lavarsi** (*lavar-se*) e **addormentarsi** (*adormecer*)

    Mi sono svegliato. (*Acordei.*)

    Mi sono tagliato um dito. (*Cortei meu dedo.*)

- ✔ A voz passiva, como em **essere amato** (*ser amado*) e **essere mangiato** (*ser comido*)

    La casa è stata venduta. (*A casa foi vendida*)

Consulte o Capítulo 17 sobre mais construções reflexivas e passivas.

Parte III: O Que Você Faria Sem Verbos E Tempos Verbais?

Use **avere** ou **essere** com os seguintes verbos:

- Aqueles que expressam condições do tempo, como **piovere** (*chover*), **nevicare** (*nevar*) e **grandinare** (*cair granizo*). Por exemplo, **È/Ha piovuto** (*Choveu*). Você os usa somente na terceira pessoa do singular sem qualquer sujeito. (Consulte o Capítulo 9 para mais detalhes.)

- Alguns verbos de movimento, como **correre** (*correr*), **passare** (*passar [tempo], passar por*), **finire** (*terminar, finalizar*) e **volare** (*voar*). Estes verbos levam **essere** quando usados sem um objeto direto e **avere** com um objeto direto. Por exemplo, **Sono corsi a casa** (*Eles correram para casa*); porém, **Hanno corso la Maratona di New York** (*Eles correram a Maratona de Nova Iorque*). Também incluído nesta categoria está o verbo **cominciare** (*começar*), que leva **essere** quando você o usa sem qualquer sujeito, como em **È cominciato a piovere** (*Começou a chover*) e leva **avere** (*ter*) quando é usado com um sujeito, como em **Abbiamo cominciato le vacanze** (*Começamos nossas férias*).

O verbo intransitivo **vivere** (*viver, residir*) pode levar tanto **avere** e **essere** sem qualquer mudança no significado, como em **Hanno vissuto dieci anni a Barcellona/Sono vissutti dieci anni a Barcellona** (*Eles moraram dez anos em Barcelona*).

Usando as palavras entre parênteses, acrescente os auxiliares adequados às seguintes frases.

P. Sono _____ dieci anni in Argentina. (vivere)

R. Sono **vissuti** dieci anni in Argentina. (*Eles moraram dez anos na Argentina.*)

23. Con chi _____ tu? (parlare)

24. Dopo quella gita, loro _____ dieci ore filate! (dormire)

25. I miei colleghi _____ in Marocco. (essere)

26. Mio figlio _____ di dieci centimetri in un anno! (crescere)

27. I miei figli _____ *Il signore degli anelli*. (vedere)

28. Voi _____ allo stadio? (andare)

Capítulo 10: Voltando ao Passado: O Pretérito Perfeito Composto... *177*

Passo 3: Coordenando o Particípio Passado com o Sujeito ou Objeto

Como o particípio passado possui quatro terminações, você precisa decidir com quais palavras combiná-las, como faz com os adjetivos. Aqui estão três possibilidades:

➤ Você escolhe a terminação **-o** do particípio passado quando o auxiliar for **avere** seguido por

- Um verbo transitivo usado sozinho ou seguido por um objeto direto; por exemplo, **Mia sorella ha già mangiato** (*Minha irmã já comeu*); **Mia sorella ha mangiato la carne** (*Minha irmã comeu a carne*).

- Um verbo intransitivo que leva **avere**, incluindo **correre** (*correr*), **vivere** (*viver*) e **agire** (*comportar-se*). Por exemplo, **Ida e Gianna non hanno dormito** (*Ida e Gianni não dormiram*).

➤ Você precisa coordenar o particípio passado com o sujeito (ver Capítulo 2 sobre coordenação), quando o auxiliar for **essere** e

- O verbo for intransitivo (a ação é também realizada pelo sujeito e o verbo fica sozinho ou não leva nenhum objeto direto). Por exemplo, **Pietro e Gianni sono andati via** (*Pietro e Gianni já foram*).

- O verbo for reflexivo (o sujeito é também o recipiente da ação). Por exemplo, **I due ragazzi si sono lavati** (*Os dois garotos lavaram-se*). (Cobrirei o reflexivo a fundo no Capítulo 17.)

- O verbo estiver na voz passiva (a ação é realizada sobre o sujeito por outra pessoa). Por exemplo, **L'attrice è stata premiata con l'Oscar dalla giuria** (*A atriz ganhou um Oscar do júri*). (Cobrirei a voz passiva a fundo no Capítulo 17.)

➤ Você precisa coordenar o particípio passado com o objeto direto de uma frase quando o auxiliar for **avere** e o objeto precede o verbo, o que acontece quando

- Forem usados os pronomes oblíquos diretos **mi, ti, lo, la, ci, vi, li, le** (*me, te, o, a, lo, la, nos, vos, os, as, los, las*), que são colocados antes do verbo. Por exemplo, "**Hai visto i miei fratelli?**" "**Sì, li ho visti andare via**" (*"Viste meus irmãos?" "Vi-os sair."*).

- For usado o pronome **ne** (*deste, desta, disto, daquele, daquela, daquilo, destes, destas, daqueles, daquelas*), que se refere a algo já mencionado (consulte o Capítulo 4 para mais informações sobre pronomes e **ne** em particular). Como **ne** é invariável, você precisa procurar pela palavra que ele substitui para apurar seu gênero e número. Por exemplo, **"Quanti libri hai letto?" "Ne ho letti sei"** (*"Quantos livros você leu?" "Li seis deles"*).

Use as palavras entre parênteses para acrescentar os particípios passados adequados às frases a seguir, combinando-os às palavras adequadas, se necessário.

P. Abbiamo _____ bene in quel ristorante. (cenare)

R. Abbiamo **cenato** bene in quel ristorante. (*Jantamos bem naquele restaurante.*)

29. "Avete pagato le mele?" "Le abbiamo _____" (pagare)

30. "Avete trovato delle albicocche?" Non ne abbiamo _____" (trovare)

31. "Hai visto Elena?" "Non l'ho _____" (vedere)

32. I miei genitori sono _____ a Parigi per Pasqua. (essere)

33. Mirella è _____ molti anni in Australia. (vivere)

34. Mirella ha _____ a lungo da sola. (vivere)

35. Nell'incidente aereo sono _____ centocinquante persone, (morire)

Adicionando um Auxiliar Modal a Uma Forma Verbal no Pretérito Perfeito Composto

No italiano, você pode formar o pretérito perfeito composto com os próprios verbos auxiliares modais: **dovere** (*dever, ter que*), **potere** (*poder, ser capaz de, conseguir*) ou **volere** (*querer, desejar*) e acrescentar o infinitivo do verbo que expressa a ação principal. Por exemplo, **Ho potuto aiutare mio fratello** (*Eu consegui ajudar meu irmão*). É claro que ainda precisa escolher um auxiliar: normalmente, adota-se um dos infinitivos a seguir. Assim, você tem três casos:

▶ Se for usado um auxiliar, por exemplo, **potere** (*poder, ser capaz de, conseguir*) e você quiser formar o pretérito perfeito composto seguido pelo verbo **leggere,** que é transitivo e leva o **avere,** diz-se **Ho potuto leggere la tua lettera** (*Eu consegui/pude ler tua carta.*)

▶ Se for usado um auxiliar modal, por exemplo, **dovere** (*dever, ter que*) e este for usado com o verbo **camminare,** que é intransitivo, mas leva o **avere,** diz-se **Hanno dovuto camminare per tre ore** (*Eles tiveram que caminhar por três horas*).

Capítulo 10: Voltando ao Passado: O Pretérito Perfeito Composto...

> ✔ Se for usado um modal auxiliar, por exemplo, **volere** (*querer, desejar*) e este for usado com o verbo **tornare**, que é intransitivo e leva **essere**, diz-se **Sono voluti tornare** (*Eles queriam voltar*).

Usa-se o auxiliar **avere** quando o auxiliar modal introduzir o verbo **essere** (*ser*). Por exemplo, **Ho potuto essere generoso** (*Consegui/Pude ser generoso*).

Com base nos depoimentos listados na agenda abaixo, escreva frases descrevendo o que você fez entre 13 de maio e 20 de maio de 2007. Acrescente os auxiliares modais listados entre parênteses para cada uma das frases e escreva todas elas no pretérito perfeito composto. Como as frases estão na primeira pessoa no singular, você precisa decidir se as escreve no masculino ou no feminino. Darei as duas opções nas respostas.

P. Lunedì 4, 14:00 (dovere)

R. **Lunedì 14 alle 14, ho dovuto prenotare un appuntamento con il medico.** (*Segunda-feira, 14, às 14h, tenho hora marcada com o médico.*)

\	MAGGIO 2007		
giorno	data	ora	attività
lunedì	14	9:00	prenotare un appuntamento dal medico
martedì	15	18:00	andare in palestra
mercoledì	16	20:30	andare al cinema con Paola
giovedì	17	17:45	andare a yoga
venerdì	18	14:00	parlare del libro con il curatore
sabato	19	09:00	stampare la carta d'imbarco
domenica	20	07:00 10:00	svegliarsi alle 7 partire per Parigi con Michael

36. Martedì 15, 18:00 (potere)

Parte III: O Que Você Faria Sem Verbos E Tempos Verbais?

37. Mercoledì 16, 20:30 (volere)

38. Giovedì 17, 17:45 (potere)

39. Venerdì 18, 14:00 (dovere)

40. Sabato 19, 09:00 (dovere)

41. Domenica 20, 07:00 (dovere)

42. Domenica 20, 10:00 (dovere)

Escrevendo e Lendo sobre Passado Distante: O Pretérito

O pretérito perfeito simples (ou, no italiano, o **passato remoto**) é usado para expressar eventos que acontecem no passado distante e não têm nenhuma relação com o presente. É usado frequentemente na escrita, especialmente em narrativas. Hoje em dia, no italiano falado, o tempo verbal mais usado para falar sobre o passado é o pretérito perfeito composto, porém, em algumas regiões centrais e sulistas da Itália, as pessoas usam o pretérito perfeito simples. Aqui estão dois exemplos do pretérito em ação:

Dante nacque nel 1265. (*Dante nasceu em 1265.*)

Manzoni scrisse I Promessi Sposi. (*Manzoni escreveu Promessi Sposi.*)

Apesar de a maioria dos italianos usarem o pretérito perfeito composto para falar e escrever, o pretérito perfeito simples é usado em contos de fadas, histórias curtas e romances, assim como em descrição de eventos históricos em biografias e histórias de não ficção e artigos enciclopédicos; portanto, você precisa reconhecê-lo. Infelizmente, é a mais irregular de todas as formas verbais no italiano.

Capítulo 10: Voltando ao Passado: O Pretérito Perfeito Composto... 181

O pretérito perfeito simples dos verbos regulares

Como com todos os verbos regulares, os regulares do pretérito perfeito simples variam suas terminações dependendo da conjugação verbal. Vou listá-los na Tabela 10-4, seguido por um exemplo para as três conjugações.

Tabela 10-4	Sufixos para Verbos Regulares no Pretérito Perfeito Simples		
Pessoa	Sufixo para Verbos -are	Sufixo para Verbos -ere	Sufixo para Verbos -ire
io	-ai	-ei (ou -etti)	-ii
tu	-asti	-esti	-isti
lui/lei/Lei/esso/essa	-ò	-é (ou -ette)	-ì
noi	-ammo	-emmo	-immo
voi	-aste	-este	-iste
loro/Loro/essi/esse	-arono	-erono (ou -ettero)	-irono

Note que vários verbos **–ere** têm duas formas alternativas na primeira e segunda pessoas do singular e terceira pessoa do plural.

As tabelas a seguir mostram como conjugar o pretérito perfeito simples dos verbos regulares **guardare** (*olhar, analisar, assistir*), **temere** (*temer*) e **sentire** (*sentir*).

guardare (*olhar, analisar, assistir*)	
io guard**ai**	noi guard**ammo**
tu guard**asti**	voi guard**aste**
lui/lei/Lei/esso/essa guard**ò**	loro/Loro/essi/esse guard**arono**
Guardarono il Titanic che affondava. (*Eles olharam o Titanic afundar.*)	

temere (*temer*)	
io tem**ei** (ou tem**etti**)	noi tem**emmo**
tu tem**esti**	voi tem**este**
lui/lei/Lei/esso/essa tem**é** (ou tem**ette**)	loro/Loro/essi/esse tem**erono** (tem**ettero**)
Tememmo il peggio. (*Tememos o pior.*)	

Parte III: O Que Você Faria Sem Verbos E Tempos Verbais?

sentire (sentir, ouvir)	
io sent**ii**	noi sent**immo**
tu sent**isti**	voi sent**iste**
lui/lei/Lei/esso/essa sent**ì**	loro/Loro/essi/esse sent**irono**
La giovane donna **sentì** il gallo cantare. (*A jovem mulher ouviu o galo cantar.*)	

Complete cada frase com o verbo no pretérito perfeito simples; use o verbo apresentado entre parênteses, que conjuga regularmente no pretérito perfeito simples. Para verbos no qual a pessoa tem mais do que uma conjugação possível, use a versão comum.

P. Noi _____ a lungo. (dormire)

R. Noi **dormimmo** a lungo. (*Dormimos muito.*)

43. Tu _____ a scuola. (andare)

44. Voi _____ per la Polonia. (partire)

45. Mia sorella _____ di perdere il bambino. (temere)

46. Suo marito _____ il garage. (pulire)

47. Tu ed io _____ la sua posizione. (capire)

Pretérito Perfeito Simples dos Verbos Irregulares

Muitos verbos têm somente a primeira pessoa do singular e a terceira pessoa singular e plural irregular (padrão 1, 3, 3). As formas do **tu, noi** e **voi** são regulares; por exemplo, os verbos **scrivere** (*escrever*), **piacere** (*gostar*), **mettere** (*colocar*), **conoscere** (*conhecer*). Analise a amostra da conjugação de **scrivere**; quando você sabe o infinitivo e a primeira pessoa do singular (**scrissi**), pode facilmente formar as outras duas pessoas (**scrisse** e **scrissero**). A forma **tu** é a terminação regular **-esti**; a forma **noi** leva **-emmo** e a forma **voi** usa **-este** (as terminações da segunda conjugação). Você pode encontrar as várias conjugações para outros verbos no Apêndice A.

scrivere (*escrever*)	
io **scrissi**	noi scrivemmo
tu scrivesti	voi scriveste
lui/lei/Lei/esso/essa **scrisse**	loro/Loro/essi/esse **scrissero**
Scrissero molto durante le vacanze. (*Eles escreveram muito durante as férias.*)	

Capítulo 10: Voltando ao Passado: O Pretérito Perfeito Composto...

Encontre a conjugação dos verbos a seguir a partir da sua forma no infinitivo e na primeira pessoa do singular:

P. Chiedere (*perguntar*), chiesi

R. **Chiedesti, chiese, chiedemmo, chiedeste, chiesero**

48. decidere (*decidir*), decisi, _____, _____, _____, _____, _____

49. leggere (*ler*), lessi, _____, _____, _____, _____,

50. prendere (*obter*), presi, _____, _____, _____, _____, _____

51. venire (*vir*), venni, _____, _____, _____, _____, _____

52. vivere, (*viver*), vissi, _____, _____, _____, _____, _____

Alguns verbos, entretanto, não derivam diretamente do infinitivo e não seguem o padrão 1, 3, 3. Por exemplo, **dare** (*dar*), **dire** (*dizer*), **bere** (*beber*), **stare** (*estar*) e **fare** (*fazer*) são totalmente irregulares no pretérito perfeito simples. Porque o pretérito perfeito simples tem muitas variações e porque você não o usará bastante de modo a justificar memorizar todas as conjugações neste tempo verbal instável, sua melhor aposta é simplesmente pesquisar as conjugações para verbos neste tempo, quando precisar dele. Apresentarei as conjugações dos verbos mais usados no Apêndice A, porém, qualquer dicionário de português-italiano vai apresentá-las também.

Preencha as lacunas com o pretérito perfeito simples dos verbos entre parênteses. Use o Apêndice A ou um dicionário para encontrar as conjugações.

P. Tu _____ molto amareggiato. (rimanere)

R. Tu **rimaneri** molto amareggiato. (*Você ficou realmente desapontado.*)

53. A Bianca _____ lo spettacolo. (piacere)

54. Carlo _____ un passagio a Elisa. (dare)

55. I ragazzi _____ una corsa. (fare)

56. Lui _____ un quesito. (porre)

57. Loro _____ le trattative. (aprire)

Apesar de o pretérito perfeito simples ser o tempo verbal da escrita histórica e de ficção, os escritores podem escrever em qualquer tempo verbal – tudo depende do que eles querem expressar. Como escritor, você pode praticar qualquer tempo verbal que melhor adequar-se à situação. A passagem que encontrar neste exercício está no presente, que expressa proximidade. É como se estivesse bem ali, onde a ação está acontecendo. O pretérito perfeito simples, por outro lado, cria mais distância entre você e o que está narrando. É definitivo; as coisas aconteceram de uma determinada maneira e não podem ser modificadas. Você quer proximidade ou distância? Talvez no pretérito perfeito simples a história a seguir seja mais pungente e triste. Transponha todos os verbos que estão no presente para o pretérito perfeito simples, com exceção daqueles que sublinhei e para os quais darei o tempo correto nos parênteses. Fornecerei as revisões corretas para aqueles verbos porque o primeiro, **riporta**, deverá ser modificado para o imperfeito (Capítulo 11) e o segundo, **poteva essere**, deverá ser modificado para o passado condicional (Capítulos 14 e 15).

P. Quell'inverno la temperatura **raggiunge** i venti gradi sotto zero.

R. Quell'inverno la temperatura **raggiunse** i venti gradi sotto zero.

(58) Guarda la ragazza senza nascondere la sua ammirazione. Lei (59) restituisce il suo sguardo, ma non (60) dimostra nessun interesse per lui. Seduti sulla panchina nel parco, ognuno dei due (61) continua a fare quello che stava facendo prima di notare la presenza dell'altro: lei (62) continua a leggere il suo libro, lui a far giocare il cane con un bastone, che il cane <u>riporta</u> (riportava) dieci, venti volte. Dopo cinque minuti, lui si (63) alza e si (64) mette a passeggiare avanti e indietro. Lei gli (65) lancia un'occhiata distratta, poi si (66) rimette a leggere. (67) Vanno avanti per un mese senza dire una parola. Poi, un giorno, lei al parco non (68) viene più. Lui si (69) domanda per mesi e mesi, dopo, se lei <u>poteva essere</u> (avrebbe potuto essere) il grande amore della sua vita.

_____ **Capítulo 10: Voltando ao Passado: O Pretérito Perfeito Composto...** *185*

Resposta

1 apparire: **apparso** (*apareceu*)

2 comporre: **composto** (*composto*)

3 congiungere: **congiunto** (*unido*)

4 convincere: **convinto** (*convencido*)

5 percorrere: **percorso** (*percorrido*)

6 promuovere: **promosso** (*promovido*)

7 riprendere: **ripreso** (*repreendido*)

8 riprodurre: **riprodotto** (*reproduzido*)

9 ritrarre: **ritratto** (*retratado*)

10 rivedere: **rivisto/riveduto** (*revisto*)

11 rinvenire: **rinvenuto** (*recoberto [os sentidos]*)

12 aggiunte: **aggiungere** (*adicionar*)

13 ammessa: **ammettere** (*admitir*)

14 assolti: **assolvere** (*absolver*)

15 bevuto: **bere** (*beber*)

16 concesse: **concedere** (*conceder*)

17 piaciuta: **piacere** (*gostar*)

18 cresciuti: **crescere** (*crescer*)

19 discusse: **discutere** (*discutir*)

20 disposto: **disporre** (*dispor, colocar*)

21 morse: **mordere** (*moder*)

22 sorretta: **sorreggere** (*apoiar*)

23 Con chi **hai parlato** tu? (*Com quem você falou?*)

24 Dopo quella gita, loro **hanno dormito** dieci ore filate! (*Após esta excursão, eles dormiram dez horas direto.*)

25 I miei colleghi **sono stati** in Marocco. (*Meus colegas estavam no Marrocos.*)

26 Mio figlio **è cresciuto** di dieci centimetri in un anno! (*Meu filho cresceu dez centimetros em um ano!*)

Parte III: O Que Você Faria Sem Verbos E Tempos Verbais?

27 I miei figli **hanno visto/veduto** *Il signore degli anelli*. (*Meus filhos viram O Senhor dos Anéis.*)

28 Voi **siete andati** allo stadio? (*Vocês foram ao estádio?*)

29 "Avete pagato le mele?" "Le abbiamo **pagate**." ("*Vocês pagaram pelas maçãs?*" "*Pagamos por elas.*")

30 "Avete trovato delle albicocche?" "Non ne abbiamo **trovate**" ("*Vocês encontraram os damascos?*" "*Não encontramos nenhum.*")

31 "Hai visto Elena?" "Non l'ho **vista**" ("*Você viu Elena?*" "*Não a vi.*")

32 I miei genitori sono **stati** a Parigi per Pasqua. (*Meus pais estiveram em Paris na Páscoa.*)

33 Mirella è **vissuta** molti anni in Australia. (*Mirella viveu muitos anos na Austrália.*)

34 Mirella ha **vissuto** a lungo da sola. (*Mirella morou sozinha por muito tempo.*)

35 Nell'incidente aereo sono **morte** centocinquante persone. (*Cento e cinquenta pessoas morreram no acidente aéreo.*)

36 **Martedì 15, alle 18:00, sono potuta/potuto andare in palestra.** *Terça-feira, 15, às 18h, eu consegui ir à academia.*)

37 **Mercoledì 16, alle 20:30 sono voluta/voluto andare al cinema con Paola.** (*Quarta-feira, 16, às 20h30, queria ir ao cinema com Paola.*)

38 **Giovedì 17, alle 17:45, sono potuta/potuto andare a yoga.** (*Quinta-feira, 17, às 17h45, eu consegui ir à ioga.*)

39 **Venerdì 18, alle 14:00, ho dovuto parlare del libro con il curatore.** (*Sexta-feira, 18, às 14h, tive que falar sobre o livro com meu editor.*)

40 **Sabato 19, alle 09:00, ho dovuto stampare la carta d'imbarco.** (*Sábado, 19, às 9h, tive que imprimir o cartão de embarque.*)

41 **Domenica 20, mi sono dovuta svegliare alle 7.** (*Domingo, 20, tive que acordar às 7h.*)

42 **Alle 10 Michael ed io siamo dovuti partire per Parigi.** (*Às 10h, Michael e eu tivemos que partir para Paris.*)

43 Tu **andasti** a scuola. (*Você foi à escola.*)

44 Voi **partiste** per la Polonia. (*Vocês partiram para a Polônia.*)

45 Mia sorella **temé/temette** di perdere il bambino. (*Minha irmã temeu que perdesse o bebê.*)

46 Suo marito **pulì** il garage. (*Seu marido limpou a garagem.*)

47 Tu ed io **capimmo** la sua posizione. (*Você e eu entendemos a posição dele/dela.*)

Capítulo 10: Voltando ao Passado: O Pretérito Perfeito Composto... 187

48 **decidesti, decise, decidemmo, decideste, decisero**

49 **leggesti, lesse, leggemmo, leggeste, lessero**

50 **prendesti, prese, prendemmo, prendeste, presero**

51 **venisti, venne, venimmo, veniste, vennero**

52 **vivesti, visse, vivemmo, viveste, vissero**

53 A Bianca **piacque** lo spettacolo. (*Bianca gostou do espetáculo.*)

54 Carlo **diede** un passagio a Elisa. (*Carlo deu uma carona a Elisa.*)

55 I ragazzi **fecero** una corsa. (*Os garotos apostaram uma corrida.*)

56 Lui **pose** un quesito. (*Ele fez uma pergunta.*)

57 **Aprirono** le trattative. (*Else abriram as negociações.*)

58–69

(58) **Guardò** la ragazza senza nascondere la sua ammirazione. (*Olhou para a garota sem esconder sua admiração.*) Lei (59) **restituì** il suo sguardo, ma non (60) **dimostrò** nessun interesse per lui. (*Ela retribuiu o olhar, mas, não demonstrou interesse algum.*) Seduti sulla panchina nel parco, ognuno dei due (61) **continuò** a fare quello che stava facendo prima di notare la presenza dell'altro: lei (62) **continuò** a leggere il suo libro, lui a far giocare il cane con un bastone, che il cane riportava dieci, venti volte. (*Sentados no banco do parque, cada um dos dois continuou a fazer aquilo que estava fazendo, antes de notar a presença do outro: ela continuou a ler o seu livro, ele a brincar com o cachorro e um bastão, que o cão devolvia dez, vinte vezes.*) Dopo cinque minuti, lui si (63) **alzò** e si (64) **mise** a passeggiare avanti e indietro. (*Após cinco minutos, ele se levantou e se pôs a caminhar para um lado e para o outro.*) Lei gli (65) **lanciò** un'occhiata distratta, poi si (66) **rimise** a leggere. (*Ela lançou um olhar distraído, depois retornou à ler.*) (67) **Andarono** avanti per un mese senza dire una parola. (*Andaram assim por um mês, sem dizer uma palavra.*) Poi, un giorno, lei al parco non (68) **venne** più. (*Então, um dia, ela não veio mais ao parque.*) Lui si (69) **domandò** per mesi e mesi, dopo, se lei poteva essere il grande amore della sua vita. (*Ele se perguntou, por meses e meses depois, se ela poderia ser o grande amor da sua vida.*)

Parte III: O Que Você Faria Sem Verbos E Tempos Verbais?

Capítulo 11

Quando as Coisas Duravam (no Passado): O Pretérito Imperfeito

- -

Neste Capítulo

▶ Conjugando o pretérito imperfeito

▶ Sabendo quando usar o pretérito imperfeito

▶ Aproximando-se do pretérito imperfeito progressivo

▶ Comparando o pretérito imperfeito e o pretérito perfeito composto

▶ Voltando mais no tempo com o pretérito passado

- -

O pretérito imperfeito é fiel ao seu nome porque quando usado, você não se concentra em se a ação da qual está falando foi concluída em algum momento do passado ou não, mas sim no fato de que durou por um momento. Por exemplo, **Quando era giovane, andava ogni weekend a ballare** (*Quando ela era jovem, saía para dançar todo final de semana*). Nesta frase, você não sabe se ela ainda dança ou como; tudo o que está interessado é que ela costumava fazê-lo no passado.

Como o pretérito imperfeito permite falar sobre coisas que duraram no passado, é também muito útil quando você quer falar sobre sentimentos, emoções, estados de relações e hábitos. Aqui estão algumas situações que pode usar como diretriz para escolher o pretérito imperfeito em vez de outro tempo passado. Você o emprega para falar de

- ✔ Condições e estados de relacionamentos: **Quando ero bambino andavo a scuola vicino a casa.** (*Quando era criança, ia à escola perto de casa.*)

- ✔ Ações que possam ter ou não finalizado no passado, mas que estavam acontecendo no momento: **Quando suo fratello ha telefonato, Ada scriveva uma lettera.** (*Quando seu irmão telefonou, Ada escrevia uma carta.*)

Parte III: O Que Você Faria Sem Verbos e Tempos Verbais?

> ✔ Atividades habituais: **Quando ero bambino, passavo sempre l'estate in montagna.** (*Quando era criança, sempre passava o verão nas montanhas.*)

Nota: Você encontrará o pretérito imperfeito muito usado no jornalismo porque é ideal para narrativas, mesmo se a ação estiver terminada. Por exemplo, **Ieri tre operai morivano in una fonderia, uccisi da un tubo di metallo che cadeva dal soffitto.** (*Ontem, três operários morreram em uma fundição, mortos por um tubo de metal que caiu do telhado*).

O pretérito imperfeito é um tempo simples. Como sempre, encontrará verbos regulares e irregulares, mas, felizmente, o pretérito imperfeito não tem muitas irregularidades; descreverei as principais neste capítulo. Além de mostrar como formar o pretérito imperfeito dos verbos regulares e irregulares, neste capítulo darei algumas orientações sobre como escolher entre o pretérito perfeito composto e o pretérito imperfeito, e quando usar o pretérito imperfeito progressivo em vez do pretérito imperfeito. Também mencionarei o **trapassato prossimo** (*pretérito passado*), que é usado quando duas coisas ocorreram no passado, porém uma está mais próxima em tempo do que a outra.

Formando o Pretérito Imperfeito

Felizmente para você, o pretérito imperfeito é um tempo verbal muito re-gular, mesmo para verbos que sejam irregulares em outros tempos verbais. E mesmo com alguns verbos que sejam irregulares no pretérito imperfeito, o que muda é o radical do verbo; as terminações são sempre as mesmas. Nesta seção, começarei dizendo o que as terminações são e, então, seguirei adiante para as poucas irregularidades que você encontrará.

Acrescentando terminações aos verbos regulares

O italiano tem três conjugações, para as quais as terminações são **-are, -ere** e **-ire**. Para formar o pretérito imperfeito, acrescente as terminações ao radical do verbo, que você obtém ao retirar a terminação do infiniti-vo. Portanto, o radical de **guardare** (*analisar, assistir, olhar*) é **guar-**, de **temere** (*temer*) é **tem-** e de **sentire** (*sentir, perceber*) é **sent-**. As termina-ções que aplica para o pretérito imperfeito variam dependendo da conju-gação do verbo. Listarei as terminações na Tabela 11-1 e então apresento uma conjugação de amostra.

Capítulo 11: Quando as Coisas Duraram (no Passado): O Pretérito Imperfeito

Tabela 11-1 — Terminações do Sufixo

Pessoa	Sufixo para Verbos –are	Sufixo para Verbos –ere	Sufixo para Verbos –ire
io	-avo	-evo	-ivo
tu	-avi	-evi	-ivi
lui/lei/Lei/esso/essa	-ava	-eva	-iva
noi	-avamo	-evamo	-ivamo
voi	-avate	-evate	-ivate
loro/Loro/essi/esse	-avano	-evano	-ivano

guardare (*olhar, analisar, assistir*)	
io guard**avo**	noi guard**avamo**
tu guard**avi**	voi guard**avate**
lui/lei/Lei/esso/essa guard**ava**	loro/Loro/essi/esse guard**avano**
Loro **guardavano** un film. (Eles assistiam a um filme.)	

O verbo auxiliar **avere** – assim como os auxiliares modais **dovere** (*dever*), **potere** (*poder*), **volere** (*querer, desejar*) e **sapere** (*saber como*), que normalmente são seguidos por um verbo no infinitivo – formam o pretérito imperfeito regular, porém, em outros tempos verbais, são irregulares. A lista a seguir mostra os significados dos auxiliares modais no tempo pretérito imperfeito. Eu os apresentarei na primeira pessoa do singular, porém, você precisa escolher a pessoa apropriada (primeira, segunda ou terceira pessoa, singular ou plural) quando usá-los.

- **Potevo** (*podia, conseguia, era capaz de*): Expressa capacidade, poder ou permissão. Por exemplo, **Poteva lavorare solo due ore al giorno** (*Ele/Ela podia trabalhar somente duas horas diárias*).

- **Dovevo** (*tinha que*): Expressa necessidade e obrigação. Por exemplo, **Dovevano parlargli prima di partire** (*Eles tinham que falar com ele antes de sair.*)

- **Volevo** (*queria que*): Expressa intenção ou desejo. Por exemplo, **I bambini volevano giocare a calcio** (*As crianças queriam jogar futebol.*)

- **Sapevo** (*sabia como*): Expressa habilidade e competência. Por exemplo, **Sapeva giocare a golf** (*Ele/Ela sabia (como) jogar golfe*).

Alguns vilões: Verbos irregulares

Como digo ao longo deste livro, na maioria dos casos é difícil dar um critério para reconhecer os verbos irregulares. Tudo o que posso fazer é listá-los, e tudo o que você pode fazer é memorizá-los (ou consultar um dicionário). Esta seção cobre verbos irregulares no pretérito imperfeito.

Essere (ser): Sempre irregular

O verbo **essere** (*ser*) é irregular em todos os modos e tempos verbais. O pretérito imperfeito, ganha um radical especial, **er-** e acrescenta as terminações da primeira conjugação em **-are** (mesmo que no infinitivo seja um verbo da segunda conjugação em **-ere**), porém, depois de perder as letras **-av-**, com exceção da primeira e segunda pessoas do plural. Aqui está a conjugação (honestamente, é mais fácil mostrar a você do que explicar!):

essere (*ser*)	
io **ero**	noi **eravamo**
tu **eri**	voi **eravate**
lui/lei/Lei/esso/essa **era**	loro/Loro/essi/esse **erano**
Io **ero** stanca. (*Estava cansada.*)	

Verbos regulares que ganham um radical expandido

Devido às limitações de espaço, não posso listar todos os verbos regulares que ganham um radical expandido no pretérito imperfeito, portanto, apresentarei os mais comuns na Tabela 11-2, juntamente com seus radicais modificados. Estes poucos verbos perdem o **–re** do infinitivo, ganham **–ere** e, então, são acrescidas as terminações regulares do pretérito imperfeito da segunda conjugação em **–ere**.

Os verbos formados pelo acréscimo de um prefixo a um verbo básico, como com o acréscimo de **ri** ao **fare** (*fazer*) para ficar **rifare** (*refazer*), seguem o padrão do verbo básico. Por exemplo, acrescente **dis-** a **porre** (*colocar*) e obtenha **disporre** (*dispor*). No caso de **condurre**, que é um verbo com um prefixo, você pode trocar o prefixo, usando **tra-** por exemplo, para obter **tradurre** (*traduzir*).

Tabela 11-2	Verbos com um Radical Expandido
Infinitivo	Radical Expandido para o Pretérito Imperfeito
bere (*beber*)	**bevev-**
condurre (*conduzir, levar*)	**conducev-**
dire (*dizer*)	**dicev-**

(continua)

Capítulo 11: Quando as Coisas Duraram (no Passado): O Pretérito Imperfeito

Tabela 11-2 *(continuação)*

Infinitivo	Radical Expandido para o Pretérito Imperfeito
fare (*fazer*)	fac**ev**-
porre (*colocar*)	pon**ev**-
trarre (*traçar*)	tra**ev**-

condurre (*conduzir, levar*)	
io conduc**evo**	noi conduc**evamo**
tu conduc**evi**	voi conduc**evate**
lui/lei/Lei/esso/essa conduc**eva**	loro/Loro/essi/esse conduc**evano**
Lei **conduceva** una vita semplice. (*Ela levava uma vida simples.*)	

fare (*fazer*)	
io fac**evo**	noi fac**evamo**
tu fac**evi**	voi fac**evate**
lui/lei/Lei/esso/essa fac**evi**	loro/Loro/essi/esse fac**evano**
Noi **facevamo** alpinismo da giovani. (*Praticávamos aplinismo quando éramos jovens.*)	

Conjugue os verbos a seguir no pretérito imperfeito na pessoa sugerida para cada entrada.

P. noi _____ (agire)

R. noi **agivamo** (*nós agíamos*)

1. tu _____ (andare)

2. lei _____ (bere)

3. lui _____ (supporre)

4. lei _____ (dire)

5. loro _____ (essere)

6. noi _____ (fare)

7. io _____ (produrre)

8. voi _____ (trarre)

Esculpindo o Pretérito Imperfeito Progressivo

O pretérito imperfeito progressivo é formado pela conjugação do verbo regular **stare** (*estar*) e com o acréscimo do gerúndio do verbo principal. Por exemplo, **Io stavo leggendo** (*Eu estava lendo*). O gerúndio é invariável (só tem uma forma), assim, você não precisa preocupar-se em combiná-lo com outra palavra na frase. O gerúndio é formado com o acréscimo de **–ando** aos radicais dos verbos terminando em **–are** e com o acréscimo de **–endo** aos radicais terminando em **ere** ou **–ire**. Falo mais sobre isso no decorrer do Capítulo 9, onde você também pode consultar os gerúndios de verbos irregulares. Aqui está um exemplo de um verbo do pretérito imperfeito progressivo:

guardare (*olhar, analisar, assistir*)	
io **stavo guardando**	noi **stavamo guardando**
tu **stavi guardando**	voi **stavate guardando**
lui/lei/Lei/esso/essa **stava guardando**	loro/Loro/essi/esse **stavano guardando**

Voi **stavete guardando** la partita di calcio.
(*Vocês estavam assistindo a uma partida de futebol.*)

No italiano, usa-se o pretérito imperfeito progressivo da mesma maneira que se usa no português: para enfatizar o que estava sendo feito (ou o que estava acontecendo) em um determinado momento. Se fizer a pergunta **Che cosa stavano facendo?** (*O que eles estavam fazendo?*), o que fica implícito é *naquele momento* ou *da hora em que se está falando*. E você pode responder **Stavano guardando la TV** (*Estavam assistindo à TV*).

No italiano, a forma progressiva pode ser usada para falar sobre estados emocionais e mentais. Por exemplo, **Stavo pensando di licenziarmi** (*Eu estava pensando em me demitir*). Porém, não é usado para falar sobre condições, como em **Indossava un vestido blu** (*Ela usava um vestido azul*), ou com o verbo **essere** (*ser*), como em **Era carino con te** (*Ele estava sendo gentil contigo*).

Nas frases a seguir, complete as lacunas com a forma apropriada do verbo sugerido entre parênteses. Use o pretérito imperfeito ou o pretérito imperfeito progressivo.

P. Quando ho visto quell'incidente, _____ dal negozio. (uscire)

R. Quando ho visto quell'incidente, **stavo uscendo** dal negozio. (*Quando eu vi o acidente, estava saindo da loja.*)

Capítulo 11: Quando as Coisas Duraram (no Passado): O Pretérito Imperfeito 195

9. Durante la stagione delle piogge, non _____ mai di piovere. (smettere)

10. Quando l'ho incontrato, Sandro _____ in palestra. (andare)

11. Sandro _____ in palestra tutti i giorni. (andare)

12. Quando mi hai chiamato io _____ la pasta. (cucinare)

13. Da bambino al mare lui _____ sempre i castelli di sabbia. (fare)

14. Anni fa noi _____ sempre a scacchi. (giocare)

15. La moto è arrivata a velocità fortissima proprio mentre Ida _____ la strada. (attraversare)

Quando o Andamento Fica Complicado: Comparando o Pretérito Imperfeito com o Pretérito Perfeito Composto

Nesta seção apresentarei orientações sobre

✔ Como escolher entre o pretérito imperfeito (ou o pretérito imperfeito progressivo) e o pretérito perfeito composto

- Pretérito imperfeito/pretérito imperfeito progressivo: **Guardavo/Stavo guardando la TV con i miei amici.** (*Assistia/Estava assistindo à TV com meus amigos.*)

- Pretérito Perfeito Composto: **Ho guardato la TV fino a mezzanotte**. (*Assisti à TV até meia-noite.*)

✔ O que acontece quando você une as frases usando o pretérito perfeito composto e o pretérito imperfeito um ao outro, como em **Guardavo** [pretérito imperfeito] **la TV quando è mancata** [pretérito perfeito composto] **la luce** (*Eu assistia à TV quando faltou luz*); ou quer enfatizar um determinado momento, como em **Stavo guardando** [pretérito imperfeito progressivo] **la TV quando è mancata** [pretérito perfeito composto] **la luce** (*Estava assistindo à TV quando faltou luz*).

Escolhendo um sobre o outro: Pretérito imperfeito ou pretérito perfeito composto

O pretérito perfeito composto é empregado para falar sobre situações que começaram no passado e ainda afetam o presente, como em **Il grande**

direttore d'orchestra è morto nella sua casa di famiglia (*O grande maestro morreu na casa de sua família*).

Compare os exemplos a seguir:

> **Mia figlia era una bambina vivace.** (*Minha filha era uma criança enérgica.*)

> **Mia figlia è stata in Spagna l'estate scorsa.** (*Minha filha esteve na Espanha no verão passado.*)

Na primeira frase, o verbo *estar* precisou ser no imperfeito no italiano porque a frase expressa uma condição que durou por um período. Na segunda frase, a viagem para a Espanha é um evento que estava concluído no passado. Você precisa acostumar-se a fazer as seguintes perguntas para decidir se usa o pretérito imperfeito ou o pretérito perfeito composto:

- ✔ Estou falando sobre um evento? Se sim, use o pretérito perfeito composto.

- ✔ Estou falando sobre uma situação, uma condição ou algo duradouro? Se sim, use o pretérito imperfeito.

Usando tempos diferentes em frases diferentes

Às vezes, você se verá em uma situação em que, quando olhar para uma frase isolada, terá dificuldades em decidir se está falando sobre uma condição duradoura do passado ou um evento que aconteceu e terminou. Se no português você usa *Meu filho era um garoto quieto*, que tempo verbal usa no italiano? O pretérito perfeito composto? **Mio figlio è stato un bambino tranquillo**? Ou o pretérito imperfeito? **Mio figlio era un bambino tranquillo**? Nenhum deles está certo ou errado. O tempo verbal que você usa depende do contexto, e o contexto mais simples que possa pensar pode ser outra frase.

Suponha que está falando sobre seu filho, que agora tem 20 anos, e está voltando ao tempo em que ele era criança. Você tem três situações possíveis; pode pensar em

- ✔ Duas situações que aconteceram no passado e para as quais usa o pretérito imperfeito: **Quando mio figlio era bambino, era molto tranquillo.** (*Quando meu filho era criança, ele era muito quieto.*)

- ✔ Uma condição que aconteceu no passado, comparada com um evento (neste caso, o início da adolescência) que mudou aquela situação e para a qual você usa o pretérito perfeito composto: **Mio figlio era un bambino tranquillo, ma con l'adolescenza è diventato molto vivace.** (*Meu filho era uma criança quieta, mas com a adolescência ele ficou muito enérgico.*)

Capítulo 11: Quando as Coisas Duraram (no Passado): O Pretérito Imperfeito

✔ Duas situações que tenham um começo e um fim, independente da duração e para as quais você usa o pretérito perfeito composto: **Mio figlio è stato un bambino tranquillo fino ai quattordici anni, ma poi è diventato molto vivace.** (*Meu filho foi uma criança quieta até seus 14 anos; mas depois dessa idade, ficou muito enérgico.*)

Como os exemplos mostram, precisa apreciar as nuances a fim de tomar a melhor decisão. As pessoas entenderão se você usar o tempo verbal errado em situações como os exemplos ilustrados acima, mas se quiser escrever bem, precisa desenvolver sensibilidade para estas nuances.

Para cada uma das frases a seguir, escolha o verbo correto dentre as opções entre parênteses.

P. (Hai giocato/Giocavi/Stavi giocando) a carte tutta la sera?

R. **Hai giocato** a carte tutta la sera? (*Você jogou cartas a noite inteira?*)

16. Alla festa (ha indossato/indossava/stava indossando) un vestito rosso.

17. Da bambino (ha giocato/giocava) sempre con il lego, e infatti da grande (ha fatto/faceva) l'architetto.

18. Da Giovane, mia nonna (ha messo/metteva) sempre il cappello quando (usciva/è uscita).

19. (Sono andata/Stavo andando/Andavo) al mare quando (ha cominciato/cominciava/stava cominciando) a piovere.

20. (Ha viaggiato/Viaggiava) sull'autobus, (ha letto/leggeva) il giornale e (ha fatto/faceva) la maglia, tutto allo stesso tempo!

Expressando Suas Ações em Sequência no Passado: O Transpassato Prossino

O **trapassato prossimo** é usado quando duas ações ocorreram no passado, e uma ocorreu antes da outra.

Usa-se este tempo verbal

✔ Quando você está falando sobre um evento que aconteceu no passado antes da situação que está descrevendo. Você expressa a situação com o pretérito imperfeito e o evento com o pretérito passado.

Non sapevo [situação durando por um período] **che tu gli avevi telefonato** [evento]. (*Eu não sabia que você tinha ligado para ele.*)

✔ Quando estiver descrevendo uma situação que durou por um período antes de um evento do qual está falando. Você expressa o evento com o pretérito perfeito composto e a situação com o trapassato prossimo.

> **Quando siamo usciti** [evento], **aveva smesso di piovere** [situação que dura por um período]. (*Quando nós saímos, já havia parado de chover.*)

O trapassato prossimo é formado pela conjugação do verbo auxiliar **essere** ou **avere** no pretérito imperfeito. Depois, acrescenta-se o particípio passado ao verbo principal, como **detto** (*dito*) ou **andato** (*ido*), para obter **avevo detto** (*eu tinha dito*) ou **ero andato** (*eu tinha ido*). Volte ao Capítulo 10 para informações sobre o seguinte:

✔ Como formar o particípio passado (**amato**) [*amado*], **fatto** [*feito*], e assim por diante)

✔ Como escolher entre **essere** e **avere** como o auxiliar

✔ Quais das quatro terminações do particípio passado você precisa: **-o, -a, -i** ou **-e**

Complete as frases a seguir acrescentando o trapassato prossimo na pessoa sugerida entre parênteses. Escolha o auxiliar adequado e preste atenção à terminação do particípio passado.

P. Ieri Anna ci ha portato il libro che le _____ (chiedere, noi)

R. Ieri Anna ci ha portato il libro che le **avevamo chiesto**. (*Ontem, Anna trouxe-nos o livro que pedimos.*)

21. Non sembrate sorpresi. _____ già _____ la notizia della sua promozione? (sapere, voi)

22. _____ sempre _____ un marito modello, ma un bel giorno è sparito. (essere, lui)

23. Mariella non sapeva che Anna e Luisa _____ in Olanda. (nascere, loro)

24. Me le _____? Ma io non le trovo più. (dare, tu)

25. Gliel' _____, ma non ci hanno creduti. (dire, noi)

Praticando Sua Navegação Entre os Três Tempos Verbais

Nos exercícios a seguir, você praticará usando os três tempos verbais, dois dos quais estão cobertos no Capítulo 10 (o pretérito perfeito composto e o pretérito perfeito simples) e o pretérito imperfeito, que está coberto neste capítulo.

Pense em férias hipotéticas que passou na praia quando tinha 7 anos. Algumas coisas que fez começaram e terminaram enquanto estava de férias – aprendeu a nadar, por exemplo – outras ocorreram em um tempo maior – as férias propriamente ditas, por exemplo, ou seus 7 anos de idade, que foram, é claro, durante um ano inteiro de sua vida. Quando você traduzir as frases abaixo, decida quando é apropriado usar o pretérito imperfeito ou o pretérito perfeito composto. Pode também precisar do pretérito passado quando dois eventos aconteceram naquela época, mas um precedeu o outro.

Traduza as frases a seguir do português para o italiano, usando o tempo passado adequado.

P. Esta fotografia representa um lugar parecido ao que eu conhecia.

R. **Questa fotografia rappresenta un posto simile a un posto che io conoscevo.**

26. Quando criança, eu costumava ir à praia todo ano.

27. Eu costumava sair de férias com meus pais e irmãos.

28. Eu aprendi a nadar quando eu tinha 7 anos.

29. Meu pai ensinou-me a nadar.

30. Eu costumava construir castelos de areia.

31. Eu tinha muitos amigos na praia.

32. Na praia, sempre jogávamos bocha na areia.

33. Minha mãe tinha me trazido a máscara e pés de pato, assim eu podia olhar os peixes debaixo da água.

34. Eu nunca mais vi os amigos que eu tinha conhecido na praia.

Parte III: O Que Você Faria Sem Verbos e Tempos Verbais?

A passagem a seguir é a biografia de uma escritora italiana, Lalla Romano, escrita, a maior parte, no presente. Responda as perguntas que seguem em um dos três tempos passados. Seu nascimento, datas de publicação, e assim por diante, são melhores expressos no pretérito perfeito simples. Quando uma atividade cobrir um período de tempo ou um estado emocional ou existencial, você deve falar sobre isso no pretérito passado. E na avaliação de seu papel na literatura italiana, deve usar o pretérito perfeito composto (Capítulo 10).

Lalla (Graziella) Romano nasce l'11 novembre, 1906, a Demonte (Cuneo). Nel 1924 Lalla Romano si iscrive alla Facoltà di Lettere e Filosofia dell'Università di Torino, dove frequenta soprattutto le lezioni di Filosofia, di Letteratura francese e di Storia dell'arte. Mentre frequenta l'università incomincia a dipingere i primi autoritratti. Tra il 1938 e il 1940 scrive dei racconti sulla vita del mondo dell'arte a Torino e continua ad esporre quadri. Tra il 1944 e il 1951 avviene il passaggio definitivo dalla pittura alla letteratura. Tra il 1953 e il 1969 pubblica numerosi romanzi, tra cui *La penombra che abbiamo attraversato*, nel 1964 e *Le parole tra noi leggere*, nel 1969. Nel 1982 incomincia la collaborazione al *Corriere della Sera*. Lalla Romano continua a pubblicare saggi e romanzi fino alla sua morte, avvenuta nel 2001. Le sue opere vengono tradotte in molte lingue, incluso il giapponese. Lalla Romano è uno degli scrittori italiani più importanti del XX secolo.

P. Quando nasce Lalla Romano?

R. **Lalla Romano nacque l'11 novembre 1906.** (*Lalla Romano nasceu em 11 de novembro de 1906.*)

Capítulo 11: Quando as Coisas Duraram (no Passado): O Pretérito Imperfeito **201**

35. Quando si iscrive all'Università?

36. Che corsi frequenta?

37. Che attività artistica inizia negli anni dell'Università?

38. Che cosa fa tra il 1938 e il 1940?

39. Che cosa pubblica nel 1969?

40. Quando inizia a collaborare al *Corriere della Sera?*

41. A che cosa si dedica negli anni fino alla sua morte?

42. I suoi romanzi vengono tradotti?

43. Lalla Romano è uno scrittore importante?

202 Parte III: O Que Você Faria Sem Verbos e Tempos Verbais?

Respostas

1 tu **andavi** (*você ia*)

2 lei **beveva** (*ela bebia*)

3 lui **supponeva** (*ele supunha*)

4 lei **diceva** (*ela dizia*)

5 loro **erano** (*eles/elas eram*)

6 noi **facevamo** (*nós fazíamos*)

7 io **producevo** (*eu produzia*)

8 voi **traevate** (*vocês traçavam*)

9 Durante la stagione delle piogge, non **smetteva** mai di piovere. (*Durante a estação das chuvas, não parava mais de chover.*)

10 Quando l'ho incontrato, Sandro **stava andando/andava** in palestra. (*Quando o encontrei, Sandro estava indo/se encaminhava para a academia.*)

11 Sandro **andava** in palestra tutti i giorni. (*Sandro ia à academia todos os dias.*)

12 Quando mi hai chiamato io **stavo cucinando** la pasta. (*Quando você me chamou, eu estava cozinhando a massa.*)

13 Da bambino al mare lui **lui faceva** sempre i castelli di sabbia. (*Quando criança, na praia, ele sempre construía castelos de areia.*)

14 Anni fa **noi giocavamo** sempre a scacchi. (*Anos atrás, sempre costumávamos jogar xadrez.*)

15 La moto è arrivata a velocità fortissima proprio mentre Ida **stava attraversando** la strada. (*A moto chegou em alta velocidade exatamente quando Ida estava atravessando a rua.*)

16 Alla festa **indossava** un vestito rosso. (*Na festa ela estava usando um vestido vermelho.*)

17 Da bambino **giocava** sempre con il lego, e infatti da grande **ha fatto** l'architetto. (*Quando criança, ele sempre brincava com Lego e, de fato, quando cresceu, tornou-se arquiteto.*)

18 Da giovane, mia nonna **metteva** sempre il cappello quando **usciva**. (*Quando jovem, minha avó sempre colocava o chapéu quando saía.*)

19 **Stavo andando** al mare quando **ha cominciato** a piovere. (*Estava indo à praia, quando começou a chover.*)

Capítulo 11: Quando as Coisas Duraram (no Passado): O Pretérito Imperfeito

20 **Viaggiava** sull'autobus, **leggeva** il giornale e **faceva** la maglia, tutto allo stesso tempo! (*Ela/Ele estava viajando no ônibus, lendo o jornal e fazendo tricô, tudo ao mesmo tempo.*)

21 Non sembrate sorpresi. **Avevate** già **saputo** la notizia della sua promozione? (*Você não parece surpreso/a. Ja tinha ouvido falar da promoção dele/dela?*)

22 **Lui era** sempre **stato** un marito modello, ma un bel giorno è sparito. (*Ele tinha sido sempre um marido-modelo, mas um belo dia desapareceu.*)

23 Mariella non sapeva che Anna e Luisa **erano nate** in Olanda. (*Mariella não sabia que Anna e Luisa haviam nascido na Holanda.*)

24 Me le **avevi date?** Ma io non le trovo più. (*Você os deu para mim? Não consigo mais encontrá-los.*)

25 Gliel'**avevamo detto**, ma non ci hanno creduti. (*Falamos a eles, mas não acreditaram em nós.*)

26 **Da bambino/bambina andavo in vancanza al mare ogni anno.**

27 **Andavo in vacanza con i miei genitori e i miei fratelli.**

28 **Ho imparato a nuotare a/quando avevo sette anni.**

29 **Mio padre mi ha insegnato a nuotare.**

30 **Costruivo i castelli di sabbia.**

31 **Avevo molti amici al mare.**

32 **Al mare giocavamo sempre a bocce sulla sabbia.**

33 **Mia madre mi aveva comprato la maschera e le pinne, cosí io potevo guardare i pesci sott'acqua.**

34 **Non ho mai più incontrato/visto/veduto gli amici che avevo conosciuto al mare.**

35 **Si iscrisse all'Università nel 1924.** (*Ela se matriculou na universidade em 1924.*)

36 **Frequentò i corsi di Filosofia, Letteratura francese e Storia dell'arte.** (*Frequentou os cursos de filosofia, literatura francesa e história da arte.*)

37 **Incominciò a dipingere i primi autoritratti.** (*Ela começou a pintar seus primeiros autorretratos.*)

38 **Scrisse dei racconti sulla vita del mondo dell'arte a Torino e continuò ad esporre quadri.** (*Ela escreveu histórias curtas sobre o cenário da arte em Turim e continuou a expor seus quadros.*)

39 **Nel 1969, pubblicò *Le parole tra noi leggere*.** (*Em 1969, ela publicou Le parole tra noi leggere.*)

Parte III: O Que Você Faria Sem Verbos e Tempos Verbais?

40 **Nel 1982 incominciò la collaborazione al *Corriere della Sera*.** (*Em 1982, ela começou sua colaboração no* Corriere della Sera.)

41 **Continuava a pubblicare saggi e romanzi.** (*Ela continuou a publicar ensaios e romances.*)

42 **I suoi romanzi sono stati tradotti in molti lingue, incluso il giapponese.** (*Seus romances foram traduzidos para muitos idiomas, inclusive japonês.*)

43 **Lalla Romano è stata uno degli scrittori/una della scrittrici più importanti del XX secolo.** (*Lalla Romano foi uma das escritoras italianas mais importantes do século 20.*)

Capítulo 12

O Futuro

Neste Capítulo

▶ Conjugando o futuro dos verbos regulares e irregulares

▶ Formando e usando o futuro do presente composto

*E*ste é o capítulo do futuro. O futuro é o tempo verbal que você emprega para falar sobre um evento que ainda não aconteceu ou ainda não está concluído. Ele tem uma forma simples (**futuro semplice**): **Andrò** (*Irei*); e uma forma composta chamada de **futuro anteriore** (*futuro do presente composto*): **Sarò andato** (*Terei ido*). O futuro do presente composto é usado quando um evento futuro precede outro evento futuro: **Quando tornerai a casa, Ugo sarà già partito** (*Quando você voltar para casa, Ugo já terá ido embora*). Aqui está quando usar o futuro do presente composto.

✔ Para descrever eventos acontecendo no futuro (normalmente um futuro longínquo e não específico): **Un giorno sarò ricco e famoso**. (*Um dia serei rico e famoso.*)

✔ Para expressar a intenção de fazer algo no futuro: **Penso che andrò in California il prossimo anno.** (*Acho que irei à Califórnia no ano que vem.*)

✔ Para expressar uma possibilidade ou probabilidade: **Hanno bussato alla porta, sarà l'UPS che consegna il pacco.** (*Alguém bateu na porta, pode ser a UPS entregando o pacote.*)

✔ Quando o primeiro verbo de uma frase (oração subordinativa ou principal) estiver no futuro: **Quando finirai il liceo, andrai all'università.** (*Quando terminar o ensino médio, você irá para a faculdade.*)

Em geral, o futuro do presente é usado quando falamos de eventos não específicos no tempo ou eventos que são prováveis de ocorrer em um futuro distante. Ao descrever eventos que acontecerão em um futuro próximo, use o presente.

Sabendo Quando Usar o Presente para Falar sobre o Futuro

Todas as línguas têm regras e mesmo as conjugações básicas podem, ser um desafio a princípio. O italiano toma algumas liberdades ao usar o presente simples para descrever futuro.

Fale sobre o futuro com o presente nos seguintes casos:

- Para mencionar um evento que acontecerá em breve, como em **La vedo domenica** (*Vê-la-ei domingo.*)
- Para anunciar uma *decisão* que está mais ou menos próxima. Por exemplo, **Quest'estate vado alle Maldive!** (*Neste verão, vou às Maldivas!*)
- Para referir-se a um evento que faça parte de um calendário. Por exemplo, **Il semestre autunnale incomincia il 10 ottobre** (*O semestre de outono começa em 10 de outubro.*)
- Para dar instruções, como **Quando arrivi a Londra, va' direttamente alla Stazione Vittoria** (*Quando você chegar a Londres, vá direto à Victoria Station*).

Formando o Futuro do Presente

O futuro do presente é formado pelo acréscimo das terminações correspondentes ao infinitivo do verbo menos o final **-e**. Nos verbos **-are**, as mudanças do infinitivo altera para **e**. Veja adiante as conjugações dos verbos regulares e irregulares no futuro do presente.

Muitos verbos, como **vivere** (*viver*), são precedidos por um prefixo, como **sopra-** em **sopravvivere** (*sobreviver*). Tanto os verbos regulares quanto os irregulares formados com prefixos comportam-se como o verbo básico sem o prefixo. Conjugue o verbo com o prefixo como você conjugaria o verbo simples:

I miei nonni **vivranno** a lungo. (*Meus avós viverão por muito tempo.*)

Queste piante **sopravvivranno** al freddo. (*Estas plantas sobreviverão ao frio.*)

Verbos regulares

O futuro do presente no italiano é uma coisa bela: para os verbos regulares, a conjugação tanto dos verbos **-are** quanto dos verbos **-ere** (independente de onde esteja a silaba tônica) é exatamente a mesma. E o verbo **-ire** segue o mesmo padrão, com um **i** no lugar do **e** no início. Na Tabela 12-1, listo as três conjugações, seguidas por uma tabela com uma amostra da conjugação. Lembre-se de que todos os verbos – regulares e irregulares – colocam a tônica nas mesmas vogais.

Tabela 12-1	Terminações para Verbos Regulares no Futuro do Presente	
Pessoas	*Terminação para verbos -are/-ere*	*Terminação para verbos -ire*
io	-erò	-irò
tu	-erai	-irai
lui/lei/Lei/esso/essa	-erà	-irà
noi	-eremo	-iremo
voi	-erete	-irete
loro/Loro/essi/esse	-eranno	-iranno

guardare (*olhar, analisar, assistir*)	
io guard**erò**	noi guard**eremo**
tu guard**erai**	voi guard**erete**
lui/lei/Lei/esso/essa guard**erà**	loro/Loro/essi/esse guard**eranno**
Massimo non mi **guarderà** mai! (*Massimo nunca olhará para mim!*)	

O verbo **spengere/spegnere** (*apagar, desligar*) forma o futuro do presente regular, mas usa somente o radical **spegn-**. Isto acontece porque o infinitivo tem duas formas – **spengere** e **spegnere** – cujos significados não mudam. Mas lembre-se: você ouve somente **spengere** na Toscana, ao passo que no resto da Itália usa-se **spegnere.**

Os verbos que terminam em **-ciare** e **-giare**, como **lanciare** (*jogar, lançar*) e **mangiare** (*comer*) perdem o **i** antes de acrescentar as terminações porque o **-e** da terminação do futuro preserva o som suave do infinitivo. Os verbos que terminam em **-care** e **-gare**, como **cercare** (procurar) e **pagare** (*pagar*), ganham um **ch** e um **gh** antes das terminações para preservar o som forte do infinitivo.

Acrescente o verbo das frases a seguir, escolhendo as opções entre parênteses.

P. (Pagheremo/Prenderanno/Servirete) noi il conto.

R. **Pagheremo** noi il conto. (*Pagaremos a conta.*)

1. Gianni e Piero (balleranno/correranno/visiteranno) la Maratona di New York.

2. Io e i miei fratelli (prenderai/serviranno/daremo) una grande festa.

Parte III: O Que Você Faria Sem Verbos e Tempos Verbais?

3. "Marco, (lascerò/partirai/salirai) per Mosca fra un mese?"

4. "Signora, (cambierà/cancelleranno/ricorderò) il suo numero di telefono?"

5. "Signori, (passerà/uscirete/entrerai) dalla porta numero 4."

6. Tu e i tuoi colleghi (finirete/annulleranno/darete) le dimissioni?

Verbos Irregulares

Como sempre, alguns verbos não seguem as regras do futuro do presente. Eles se conjugam começando de diferentes radicais futuros, dependendo das terminações dos infinitivos (**-are, -ere, -ire**) e de onde está a sílaba tônica no verbo.

Auxiliares e auxiliares modais

O verbo **essere** (*ser*) é completamente irregular com relação à conjugação, significando que as formas conjugadas não se parecem nada com a forma infinitiva. **Avere** (*ter*) é muito menos irregular; para usar **avere** no futuro do presente, apenas tire a terminação **-ere**. As tabelas a seguir mostram suas conjugações.

essere (*ser*)	
io **sarò**	noi **saremo**
tu **sarai**	voi **sarete**
lui/lei/Lei/esso/essa **sarà**	loro/Loro/essi/esse **saranno**
Dove **sarai** tra vent'anni? (*Onde você estará em vinte anos?*)	

avere (*ter*)	
io **avrò**	noi **avremo**
tu **avrai**	voi **avrete**
lui/lei/Lei/esso/essa **avrà**	loro/Loro/essi/esse **avranno**
Guarda quei ragazzi: **avranno** vent'anni al massimo. (*Olhe aqueles garotos: não têm mais de vinte anos.*)	

Ao conjugar o futuro do presente, os auxiliares modais **dovere** (*dever, ter que*), **potere** (*poder*) e **sapere** (*saber como*) perdem o **-ere** do infinitivo e acrescentam um **r** mais as terminações futuras. **Volere** (*querer, desejar*) conjuga similarmente, mas também muda o **i** do radical para **r.** As tabelas a seguir apresentam as conjugações destes verbos no futuro do presente.

Capítulo 12: O Futuro **209**

dovere _(dever, ter que)_	
io **dovrò**	noi **dovremo**
tu **dovrai**	voi **dovrete**
lui/lei/Lei/esso/essa **dovrà**	loro/Loro/essi/esse **dovranno**
Dovrò ridare questo esame. (_Terei que refazer este exame._)	

potere _(poder)_	
io **potrò**	noi **potremo**
tu **potrai**	voi **potrete**
lui/lei/Lei/esso/essa **potrà**	loro/Loro/essi/esse **potranno**
Non so quando **potrò** vederti. (_Não sei quando poderei te ver._)	

sapere _(saber como)_	
io **saprò**	noi **sapremo**
tu **saprai**	voi **saprete**
lui/lei/Lei/esso/essa **saprà**	loro/Loro/essi/esse **sapranno**
Non **saprò** mai sciare come te. (_Nunca saberei esquiar como você._)	

volere _(desejar, querer)_	
io **vorrò**	noi **vorremo**
tu **vorrai**	voi **vorrete**
lui/lei/Lei/esso/essa **vorrà**	loro/Loro/essi/esse **vorranno**
Vorranno conoscerti prima o poi. (_Eles desejarão te conhecer, mais cedo ou mais tarde._)	

Verbos irregulares da primeira conjugação: -are

Alguns verbos de duas sílabas terminado em **-are** mantêm o **a** do infinitivo. Estes verbos são **dare** (_dar_), **fare** (_fazer_) e **stare** (_estar_). Eles perdem o **e** nas suas terminações. A seguir suas conjugações:

andare _(ir)_	
io **andrò**	noi **andremo**
tu **andrai**	voi **andrete**
lui/lei/Lei/esso/essa **andrá**	loro/Loro/essi/esse **adranno**
Andrete mai in Africa? (_Você irá à Africa algum dia?_)	

Parte III: O Que Você Faria Sem Verbos e Tempos Verbais?

fare (*fazer*)	
io **farò**	noi **faremo**
tu **farai**	voi **farete**
lui/lei/Lei/esso/essa **farà**	loro/Loro/essi/esse **faranno**
Cosa **farai** per il tuo compleanno? (*O que você fará para seu aniversário?*)	

stare (*estar*)	
io **starò**	noi **staremo**
tu **starai**	voi **starete**
lui/lei/Lei/esso/essa **starà**	loro/Loro/essi/esse **staranno**
Stanno imbarcando l'aereo a quest'ora. (*Eles devem estar embarcando no avião agora.*)	

Acrescente o verbo às frases a seguir, escolhendo as opções entre parênteses.

P. "(Vorrai/Farai/Avrà) una torta, tu?"

R. "**Farai** una torta, tu?" ("*Você fará um bolo?*")

7. Io (uscirò/sarà/starò) a casa sabato sera.

8. Mamma e papà (staranno/faranno/avrete) le nozze d'oro a dicembre.

9. Noi (potremo/dovremo/vorrete) vendere la barca, purtroppo.

10. "Signore e Signori, (vorremo/potrà/dovrete) lasciare la stanza."

11. "Signore, (andrà/sarai/lascerà) a Mosca il mese prossimo?"

12. Stai tranquillo, domani (starà/farà/saremo) bello.

13. "Tu e tua moglie (farete/saremo/andrete) in vacanza in Messico?"

Verbos irregulares da segunda conjugação: -ere

Para formar o futuro do presente, os verbos irregulares -**ere** seguem um dos quatro padrões:

 ✔ Perdem o -**ere** e ganham **r** mais a terminação. Os verbos comuns nesta categoria incluem **cadere** (*cair*), **accadere** (*acontecer*), **godere** (*apreciar*) e **vedere** (*ver*).

Capítulo 12: O Futuro **211**

✔ Perderm o **-ere** e substituem o **m, n,** ou **l** do radical com um **r,** como em **rimanere** (_permanecer_), **tenere** (_manter_) e **valere** (_valer_).

✔ Duplicam a consoante **r,** como em **bere** (_beber_).

✔ Acrescentam o sufixo sem o **e** aos verbos que têm um **r** duplo no radical, como em **condurre** (_conduzir, levar_), **trarre** (_trazer_) e **porre** (_colocar_).

A seguir as tabelas de conjugação do futuro do presente para **cadere, rimanere, bere** e **condurre.**

cadere (_cair_)	
io cad**rò**	noi cad**remo**
tu cad**rai**	voi cad**rete**
lui/lei/Lei/esso/essa cad**rà**	loro/Loro/essi/esse cad**ranno**
Se sarai prudente, non **cadrai**. (_Se você for cauteloso/a, não cairá._)	

rimanere (_permanecer_)	
io rima**rrò**	noi rima**rremo**
tu rima**rrai**	voi rima**rrete**
lui/lei/Lei/esso/essa rima**rrà**	loro/Loro/essi/esse rima**rranno**
Rimarrò qui finché non avrai finito. (_Permanecerei aqui até que você termine._)	

bere (_beber_)	
io be**rrò**	noi be**rremo**
tu be**rrai**	voi be**rrete**
lui/lei/Lei/esso/essa be**rrà**	loro/Loro/essi/esse be**rranno**
Berremo alla tua salute! (_Beberemos à tua saúde!_)	

condurre (_conduzir_)	
io condu**rrò**	noi condu**rremo**
tu condu**rrai**	voi condu**rrete**
lui/lei/Lei/esso/essa condu**rrà**	loro/Loro/essi/esse condu**rranno**
Non ti preoccupare, ci **condurranno** a destinazione. (_Não se preocupe, eles nos levarão ao nosso destino._)	

Verbos irregulares da terceira conjugação: -ire

Somente um dos verbos **-ire** é irregular e importante de conhecer: **Venire** perde o **-ire** da terminação e troca o **n** do radical para **rr** mais a terminação.

venire (*vir*)	
io ve**rrò**	noi ve**rremo**
tu ve**rrai**	voi ve**rrete**
lui/lei/Lei/esso/essa ve**rrà**	loro/Loro/essi/esse ve**rranno**
Verrai alla mia festa di compleanno? (*Você virá à minha festa de aniversário?*)	

Acrescente o verbo às frases a seguir, escolhendo as opções entre parênteses.

P. State attenti, (resteranno/rimarrete/rischierete) senza benzina!

R. State attenti, **rimarrete** senza benzina! (*Cuidado, vocês ficarão sem gasolina!*)

14. (Accadrà/Accadranno/Verranno) cose terribili il giorno dell'Apocalisse.

15. Al matrimonio io (godrò/berrà/berrò) alla salute degli sposi.

16. Noi (rimarremo/verrete/andranno) in campagna per l'estate.

17. "State attente voi due, (cadrete/terrete/verrete) dalla scala!"

18. Voi (vedrete/vedremo/rimarrete) la partita a casa sua.

19. (Porrà/Condurrà/Trarrà) lui le conclusioni dal tuo rapporto.

20. "(Andrai/Verrai/Andrà) da noi a cena, Luciano?"

Pratique a escrita no futuro do presente respondendo um questionário da Universidade de Utrecht, na Holanda, onde você irá para um programa de estudos no exterior. Siga as dicas na pergunta para decidir qual tempo verbal usar nas suas respostas. Use frases completas, mesmo quando for possível responder *sim* ou *não*. Responda no afirmativo; a ordem das palavras é a mesma que o português.

P. In che Facoltà si iscriverà?

R. **Sono iscritto/a alla Facoltà di Economia e Commercio con indirizzo "Marketing."**

21. Avrà completato la preparazione in Microeconomia e Macroeconomia prima del periodo di studi all'estero?

Capítulo 12: O Futuro **213**

22. Quando si laureerà?

23. Nella nostra università, si iscriverà ai corsi "Commercio globale" e "Marketing?"

24. Dopo che avrà finito i corsi universitari, fará domanda per uno *stage* per fare un'esperienza di lavoro?

25. Parteciperà ad attività sportive o ricreative organizzate dall'Università?

26. Diventerà membro del "Club degli studenti stranieri"?

27. Quando arriverà a Utrecht, avrà fatto domanda per una borsa di studio Erasmus?

28. Riceverà la risposta alla domanda per la borsa di studio entro il 31 luglio 2008?

29. Avrà bisogno di una sistemazione nel collegio universitario?

Formando o Futuro do Presente Composto

O futuro do presente composto que descreve um evento futuro acontecendo *antes* de outro evento futuro. Você o forma com o acréscimo do futuro do presente do verbo auxiliar **essere** (*ser*) ou **avere** (*ter*) ao particípio passado do verbo. (Anteriormente neste capítulo, na seção dos "verbos irregulares", expliquei como formar o futuro do presente de **essere** e **avere**. O Capítulo 10 mostra qual auxiliar escolher, como formar o particípio passado e como coordenar o particípio passado com sujeitos e objetos.) Aqui estão **mangiare** (*comer*), que usa **avere**, e **tornare** (*retornar, voltar*), que usa **essere**, no futuro do presente composto.

mangiare (*comer*)	
io **avrò mangiato**	noi **avremo mangiato**
tu **avrai mangiato**	voi **avrete mangiato**
lui/lei/Lei/esso/essa **avrà mangiato**	loro/Loro/essi/esse **avranno mangiato**
Il gatto **avrà mangiato** la bistecca. (*O gato terá comido o bife.*)	

Parte III: O Que Você Faria Sem Verbos e Tempos Verbais?

tornare (*retornar, voltar*)	
io **sarò tornato/tornata**	noi **saremo tornati/tornate**
tu **sarai tornato/tornata**	voi **sarete tornati/tornate**
lui/lei/Lei/esso/essa **sarà tornato/tornata**	loro/Loro/essi/esse **saranno tornati/tornate**
Sarà tornato in ufficio. (*Ele terá voltado para o trabalho.*)	

Para entender como usar o futuro do presente composto, compare os tempos verbais nas frases de exemplo a seguir:

- **Presente simples:** Quando **arriva** in ufficio, gli telefono. (*Quando chegar ao escritório, ligo para ele.*)
- **Futuro do presente:** Quando **arriverà** in ufficio, gli telefonerò. (*Quando chegar ao escritório, telefonarei para ele.*)
- **Futuro do presente composto:** Quando **sarà arrivato** in ufficio, gli telefonerò. (*Telefonarei a ele quando tiver chegado ao escritório.*)

Usando as dicas entre parênteses decida se usa o presente simples, o futuro do presente ou o futuro do presente composto para completar as frases a seguir. Como o italiano usa o presente para descrever eventos que acontecem no futuro próximo, tanto o futuro do presente quanto o presente simples podem estar corretos em alguns casos.

P. Guarda che pozzanghere! _____ tutta la notte. (piovere)

R. Guarda che pozzanghere! **Avrà/Sarà piovuto** tutta la notte.

30. Noi _____ alla partita sabato. (andare)

31. Ha detto con tono deciso: "_____ a lavorare in Australia tra due anni!" (andare)

32. L'aereo per Tokyo _____ alle 12.30. (partire)

33. Carlo, quando _____ a Roma, prendi un taxi per venire da noi. (arrivare)

34. Ragazzi miei, _____ in ordine la vostra stanza prima di cena! (mettere)

35. Dopo che tu _____ di lamentarti, noi _____ della tua richiesta. (smettere; parlare)

36. Io vi _____ al mio ritorno dalla Cina. (vedere)

37. "Chi ha suonato alla porta?" "_____ la nostra vicina di casa." (essere)

Capítulo 12: O Futuro *215*

Respostas

1 Gianni e Piero **correranno** la Maratona di New York. (*Gianni e Piero correrão a Maratona de Nova Iorque.*)

2 Io e i miei fratelli **daremo** una grande festa. (*Meus irmãos e eu teremos uma grande festa.*)

3 "Marco, **partirai** per Mosca fra un mese?" (*Marco, você partirá para Moscou em um mês?*)

4 "Signora, **cambierà** il suo numero di telefono?" (*A senhora trocará seu número de telefone?*)

5 "Signori, **uscirete** dalla porta numero 4." (*[Senhoras e] Senhores, o desembarque será pelo portão 4.*)

6 Tu e i tuoi colleghi **darete** le dimissioni? (*Você e seus colegas pedirão demissão?*)

7 Io **starò** a casa sabato sera. (*Estarei em casa sábado à noite.*)

8 Mamma e papà **faranno** le nozze d'oro a dicembre. (*Mamãe e papai celebrarão bodas de ouro em dezembro.*)

9 Noi **dovremo** vendere la barca, purtroppo. (*Infelizmente, teremos que vender o barco.*)

10 "Signore e Signori, **dovrete** lasciare la stanza." (*Senhoras e Senhores, terão que deixar a sala.*)

11 "Signore, **andrà** a Mosca il mese prossimo?" (*Senhor, irá a Moscou no próximo mês?*)

12 Stai tranquillo, domani **farà** bello. (*Não se preocupe, amanhã o tempo estará bom.*)

13 "Tu e tua moglie **andrete** in vacanza in Messico?" (*Tu e tua mulher irão ao México nas férias?*)

14 **Accadranno** cose terribili il giorno dell'Apocalisse. (*Coisas terríveis acontecerão no dia do Apocalipse.*)

15 Al matrimonio io **berrò** alla salute degli sposi. (*No casamento, beberei à saúde dos noivos.*)

16 Noi **rimarremo** in campagna per l'estate. (*Permaneceremos no campo no verão.*)

17 "State attente voi due, **cadrete** dalla scala!" (*"Tenham cuidado, vocês dois; vocês cairão da escada!"*)

18 Voi **vedrete** la partita a casa sua. (*Vocês assistirão ao jogo na casa dele/dela.*)

216 Parte III: O Que Você Faria Sem Verbos e Tempos Verbais?

19 **Trarrà** lui le conclusioni dal tuo rapporto. (*Ele traçará suas conclusões sobre o teu relatório.*)

20 "**Verrai** da noi a cena, Luciano?" ("*Você virá ao jantar em nossa casa, Luciano?*")

21 **L'avrò completata.** (*A terei completada.*)

22 **Mi laureerò nel ...** (*Me formarei em ....*)

23 **Sì, mi iscriverò ai corsi "Commercio globale" e "Marketing."** (*Sim, me inscreverei nos cursos de "Comércio Global" e "Marketing".*)

24 **Farò domanda per uno *stage*.** (*Eu me canditarei a um estágio.*)

25 **Parteciperò ad attività sportive e ricreative.** (*Participarei de atividades esportivas e recreativas.*)

26 **Diventerò membro del Club.** (*Me tornarei membro do clube.*)

27 **Avrò fatto domanda per una borsa di studio Erasmus.** (*Terei me candidatado a uma bolsa de estudos na Erasmus.*)

28 **Riceverò una risposta entro il 31 luglio 2008.** (*Receberei uma resposta até 31 de julho de 2008.*)

29 **Avrò bisogno di una sistemazione.** (*Precisarei de uma acomodação.*)

30 Noi **andiamo/andremo** alla partita sabato. (*Iremos ao jogo no sábado.*)

31 Ha detto con tono deciso: "**Andrò** a lavorare in Australia tra due anni!" (*Ele/ela disse com voz firme: "Irei trabalharei na Austrália em dois anos!"*)

32 L'aereo per Tokyo **parte/partirà** alle 12.30. (*O voo para Tóquio parte às 12h30.*)

33 Carlo, quando **arrivi** a Roma, prendi un taxi per venire da noi. (*Carlo, quando você chegar a Roma, pegue um táxi para vir à nossa casa.*)

34 Ragazzi miei, **metterete** in ordine la vostra stanza prima di cena! (*Meninos, limpem seu quarto antes do jantar!*)

35 Dopo che tu **avrai smesso** di lamentarti, noi **parleremo** della tua richiesta. (*Quando você tiver parado de reclamar, falaremos sobre o seu pedido.*)

36 Io vi **vedrò** al mio ritorno dalla Cina. (*Vejo/Verei vocês no meu retorno da China.*)

37 "Chi ha suonato alla porta?" "**Sarà** la nostra vicina di casa." ("*Quem tocou a campainha?" "Pode ser nossa vizinha."*)

Parte IV
Acrescentando Nuances aos Modos e Tempos Verbais

"Dizzzzz, Tenho uma ideia. Por que não apagamos as luzes e revisamos alguns capítulos sobre a resolução do conflito do meu último romance italiano?"

Nesta Parte...

Na Parte IV, discutirei como o italiano, como qualquer outra língua, é um bem público compartilhado com outras pessoas. Para comunicar-se, você precisa de algumas palavras para fazer perguntas, e saber como construir respostas. Você também usa diferentes construções para dizer que está agindo no mundo, ou que é o objeto de suas próprias ações, ou que está sendo o objeto da ação de outra pessoa.

Capítulo 13

O Imperativo

Neste Capítulo

▶ Formando o imperativo formal e informal dos verbos regulares e irregulares

▶ Dando comandos afirmativos e negativos

▶ Acrescentando pronomes aos comandos

Com o imperativo, você encontrará mais um modo – diferente do indicativo, subjuntivo, condicional e assim por diante. O imperativo é o modo dos comandos e encorajamentos, como **Abbi fiducia!** (*Tenha fé!*) ou o menos inspirador **Non tirare la coda al gatto!** (*Não puxe o rabo do gato!*).

O imperativo sempre implica um comando brusco e é principalmente usado em conversações. Para dar ordens genéricas, ou em sinais, anúncios, receitas e instruções, o italiano usa o infinitivo.

Sonia, mescola la farina! (*Sonia, misture a farinha!*) (Imperativo)

La ricetta dice: "Mescolare la farina e aggiungere tre uova." (*A receita diz: "Misture a farinha e acrescente três ovos."*) (Infinitivo)

Uma frase como **Andiamo! È tardi!** (*Vamos! Está tarde!*) fica entre ordem e estímulo. Você usa o imperativo quando se dirigir diretamente para a pessoa, como em **Passi prima Lei, Signora!** (*[Passe] a senhora primeiro!*); ou **Prendano l'ascensore sulla destra!** (*Peguem o elevador da direita!*). E o imperativo é mais empregado (mas não exclusivamente) na segunda pessoa do singular e do plural.

O futuro do imperativo é idêntico ao futuro do presente do indicativo. O que diferencia os dois é a colocação após o verbo da pessoa a quem você dá o comando (se expressado), o ponto de exclamação e, na fala, o tom de voz. Por exemplo, **Andrete voi in banca a spiegare perchè mancano i soldi!** (*Vocês vão ao banco explicar o desaparecimento do dinheiro!*).

Neste capítulo, você descobrirá como formar o imperativo no presente e no futuro e como dar comandos afirmativos e negativos.

A Forma Imperativa dos Verbos Regulares

Quando você forma um imperativo no italiano, tem uma espécie de regra reversa para as formas **tu** e **Lei** – as conjugações **-are** são um reverso das conjugações **-ere** e **-ire**. Por exemplo, o imperativo do verbo **cantare** (*cantar*) é **Canta!** (informal) e **Canti!** (formal). Em contraste, as formas imperativas de **dormire** (*dormir*), por exemplo, são **Dormi!** (informal) e **Dorma!** (formal).

Uso informal

O modo imperativo é usado para dar ordens, conselhos e encorajamentos. O informal do imperativo é dirigido a pessoas com quem você tenha intimidade ou quando o grau de formalidade for baixo (com colegas de aula e de trabalho, e crianças, por exemplo). As formas do imperativo informal para **tu, noi** e **voi** são idênticas às formas correspondentes do presente simples com uma exceção: na forma do **tu** para os verbos **-are**, o **-i** fica **-a**.

A Tabela 13-1 mostra as diferentes conjugações para uso informal.

Tabela 13-1	Imperativos Informais dos Verbos Regulares	
Verbo	**Informal Singular**	**Informal Plural**
guard**are** (*olhar*)	(tu) guard**a**! (*olha [tu]!*)	(noi) guard**iamo**! (*olhemos [nós]!*) (voi) guard**ate**! (*olhai/olhem [vós] [vocês]!*)
prend**ere** (*pegar*)	(tu) prend**i**! (*pega [tu]!*)	(noi) prend**iamo**! (*peguemos [nós]!*) (voi) prend**ete**! (*pegai/peguem [vós/vocês]!*)
dorm**ire** (*dormir*)	(tu) dorm**i**! (*dorme [tu]!*)	(noi) dorm**iamo**! (*durmamos [nós]!*) (voi) dorm**ite**! (*dormi/durmam [vós/vocês]!*)
fin**ire** (*terminar*)	(tu) fin**isci**! (*termina [tu]!*)	(noi) fin**iamo**! (*terminemos [nós]*) (voi) fin**ite**! (*terminai/terminem [vós/vocês]*)

Uso formal

O imperativo formal é usado com menos frequência do que a forma do comando informal. Usa-se o formal como respeito em situações onde certo grau de formalidade é exigido, quando se dirigindo ao próprio chefe, pessoas mais velhas ou desconhecidas ou que acabou de conhecer.

A melhor maneira de construir um imperativo formal é começar a partir do presente do indicativo para **io**, já que alguns verbos baseiam-se seu imperativo regular formal em uma forma irregular do presente. Estes verbos, cujo radical muda na forma do presente simples, são os seguintes:

- **andare** (*ir*)
- **apparire** (*aparecer*)
- **bere** (*beber*)
- **cogliere** (*pegar, colher*)
- **dire** (*dizer*)
- **fare** (*fazer*)
- **porre** (*colocar*)
- **rimanere** (*permanecer*)
- **salire** (*subir*)
- **scegliere** (*escolher*)
- **sedere** (*sentar*)
- **tradurre** (*traduzir*)
- **trarre** (*traçar, atirar*)
- **udire** (*ouvir*)
- **uscire** (*sair*)
- **venire** (*vir*)

O imperativo formal para **lei** e **loro** é criado com a retirada do final **-o** da forma de **io** do presente simples e com o acréscimo de **-i/-ino** ao radical dos verbos **-are**, e **-a/-ano** ao radical dos verbos **-ere** e **-ire**. A Tabela 13-2 mostra alguns exemplos.

Apesar de você ouvir o imperativo formal de **Loro** em restaurantes e hotéis luxuosos, esta forma é frequentemente substituída no italiano falado do dia a dia pelo imperativo informal de **voi**, como em **Signore e signori, ascoltate con attenzione!** (*Senhoras e senhores, ouçam com atenção!*).

Tabela 13-2	Imperativos Formais dos Verbos Regulares	
Verbo	*Informal Singular*	*Informal Plural*
guard**are** (*olhar*)	(tu) guard**i**! (*olha [tu]!*)	(voi) guard**ino**! (*olhai/olhem [vós/vocês]!*)
prend**ere** (*pegar*)	(tu) prend**a**! (*pega [tu]!*)	(voi) prend**ete**! (*pegai/peguem [vós/vocês]!*)
dorm**ire** (*dormir*)	(tu) dorm**a**! (*dorme [tu]!*)	(voi) dorm**ite**! (*dormi/durmam [vós/vocês]!*)
fin**ire** (*terminar*)	(tu) fin**isca**! (*termina [tu]!*)	(voi) fin**ite**! (*terminai/terminem [vós/vocês]!*)

A Forma Imperativa dos Verbos Irregulares

Alguns verbos italianos possuem uma conjugação irregular no modo imperativo. Esta seção leva você a um passeio nas conjugações desses verbos.

Verbos que são irregulares no imperativo informal

Os verbos **andare** (*ir*), **dare** (*dar*), **fare** (*fazer*) e **stare** (*estar*) possuem imperativos regulares e irregulares de **tu** (tratamento informal): **va'/vai, fa'/fai, da'** e **sta'/stai**. Quando falamos, os usos de imperativos irregulares são mais comuns do que suas formas regulares. Considere este exemplo: **Sta' zitto e fa' quel che dico!** (*Fica quieto e faz o que eu digo!*)

O verbo **dire** (*dizer*) é irregular somente na forma **tu**, como em **Di' la verità!** (*Diga a verdade!*).

Verbos que são irregulares no imperativo formal

Os verbos **avere** (*ter*), **essere** (*ser*), **sapere** (*saber como*), **dare** (*dar*) e **stare** (*estar*) são irregulares no imperativo formal. Os auxiliares modais **dovere** (*dever*) e **potere** (*poder*) não têm o imperativo devido ao seu significado. Porém **volere** (*querer, desejar*) e **sapere** (*saber*) têm, embora você possa não usá-los com frequência. Quebro as conjugações de alguns dos auxiliares e auxiliares modais nas tabelas a seguir.

avere (*ter*)	
	noi **abbiamo** (presente do indicativo)
tu **abbi**	voi **avrete** (presente do subjuntivo)
lui/lei/Lei/esso **abbia** (presente do subjuntivo)	loro/Loro/essi/esse **abbiano** (presente do subjuntivo)
Abbi pazienza con lei. (*Tenha paciência com ela.*)	

essere (*ser*)	
	noi **siamo** (presente do indicativo)
tu **sii**	voi **siate** (presente do subjuntivo)
lui/lei/Lei/esso **sia** (presente do subjuntivo)	loro/Loro/essi/esse **siano** (presente do subjuntivo)
Sii gentile con lei. (*Seja gentil com ela.*)	

sapere (*saber como*)	
	noi **sappiamo** (presente do indicativo)
tu **sappi**	voi **sappiate** (presente do subjuntivo)
lui/lei/Lei/esso **sappia** (presente do subjuntivo)	loro/Loro/essi/esse **sappiano** (presente do subjuntivo)
Sappi che io non vengo. (*Saiba que não venho.*)	

Use as dicas entre parênteses para preencher as lacunas, com os verbos adequados, no imperativo presente.

P. _____ a spasso il cane! (tu, portare)

R. Porta a spasso il cane! (*Leva o cachorro para passear!*)

1. _____ il mio consiglio, Signora! (ascoltare)

2. _____ con tuo fratello, Mara! (giocare)

3. _____ il vostro nome e cognome in stampatello, Signori! (voi, scrivere)

4. _____ a me, è meglio rimandare la partenza! (loro, credere)

5. _____ la passeggiata, anche se non siamo stanchi! (noi, finire)

6. _____ avanti, Signore e Signori! (loro, venire)

Comandos Negativos

O imperativo negativo para **tu** é formado usando a forma infinitiva do verbo precedido por **Non** (*Não*). Por exemplo, **Non spendere troppo!** (*Não gaste muito!*). O imperativo para as formas **noi** e **voi** é formado usando seu imperativo afirmativo precedido por **Non**. Por exemplo, **Non parlate così in fretta!** (*Não falem tão rápido!*). A forma negativa do imperativo formal é construída com o acréscimo de **Non** ao imperativo formal, como em **Non usi quel telefono, non funziona** (*Não use aquele telefone, não funciona!*).

Os imperativos negativos informais dos verbos irregulares seguem as regras dos imperativos regulares.

A única diferença entre as conjugações de um verbo nos comandos afirmativos e negativos é que nos comandos negativos você usa o infinitivo precedido pela partícula **non**, na segunda pessoa do singular. Por exemplo, **Non tornare tardi!** (*Não volte tarde!*) A seguir estão outros exemplos:

224 Parte IV: Acrescentando Nuances aos Modos e Tempos Verbais

✓ **essere: Non essere!** (*Não seja!*)   ✓ **uscire: Non uscire!** (*Não saia!*)
✓ **fare: Non lo fare!** (*Não faça!*)   ✓ **dire: Non lo dire!** (*Não diga!*)
✓ **andare: Non andare!** (*Não vá!*)   ✓ **bere: Non bere!** (*Não beba!*)

Todas as perguntas a seguir contém um sinal de trânsito reproduzido. Use as dicas para dizer ao motorista o que ele ou ela deve ou não fazer, dependendo do sinal. Escreva comandos curtos na segunda pessoa do singular e do plural.

P.  (rallentare)

R. **Rallenta! Rallentate!** (*Vá/Vai devagar! Vão devagar!*)

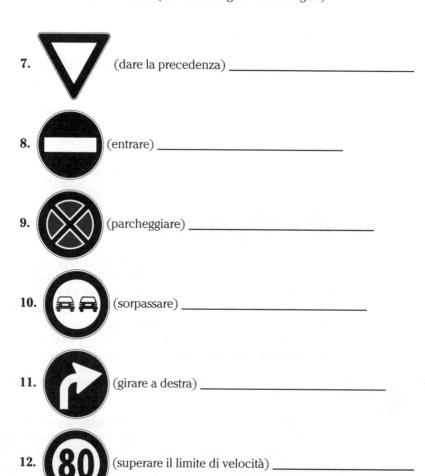

7. (dare la precedenza) _____

8. (entrare) _____

9. (parcheggiare) _____

10. (sorpassare) _____

11. (girare a destra) _____

12. (superare il limite di velocità) _____

Acrescentando Pronomes aos Comandos

Quando você dá um comando, a ênfase cai no verbo, que geralmente vem no início da frase, como em **Andate a casa!** (*Vão para casa!*).

Quando o pronome segue o imperativo

Às vezes um pronome segue o imperativo, como o comando em português *Ouça-me*. Neste caso, o pronome é unido à forma imperativa informal do verbo, como em **Ascoltami bene prima di parlare** (*Ouça-me bem antes de falar*). Aqui estão os pronomes átonos que você pode juntar ao imperativo:

✔ Pronomes oblíquos diretos: **mi** (*me*), **ti** (*te*), **lo/la** (*o/a*), **ci** (*nos*), **vi** (*vos*); também **loro** (*os/as*) colocados depois do verbo, mas não unido a ele

> **Aiutala!** (*Ajude-a!*)

✔ Pronomes oblíquos indiretos: **mi** (*me, a mim*), **ti** (*te, a ti*), **gli/le** (*lhe, a ele, a ela*), **ci** (*nos, a nós*), **vi** (*vos, a vós*); também **loro** (*lhes, a eles*) colocados depois do verbo

> **Compriamogli un paio di guante.** (*Compremos-lhe um par de luvas.*)

✔ **Ci** (*aqui, ali, sobre isso/aquilo*) e **ne** (*sobre ele/ela/eles/elas, disto/deste/desta*)

> **Andateci!** (*Vão lá!*)

> **Paraletene!** (*Falem sobre aquilo!*)

✔ Pronomes duplos: **me lo** (*aquilo para mim*), **te le** (*aquelas para ti*), **glielo** (*aquilo para ele/ela*), **gliene** (*sobre aquilo para ele*), **ce ne** (*aquilo para nós*)

> **Diteglielo.** (*Diga isso para ele/ela.*)

> **Parlarmene.** (*Fala-me tudo sobre isso.*)

Quando um verbo reflexivo ou um pronome oblíquo direto ou indireto for usado, o pronome segue e fica unido ao imperativo. Por exemplo: **Alzati e lavati!** (*Levante-se e lave-se!*)

Nos comandos negativos para **tu**, o pronome pode preceder ou seguir o infinitivo. Quando unido ao infinitivo, o infinitivo perde o final **-e** antes do pronome, como em **Non preoccuparti; Non ti preoccupare** (*Não se preocupe*).

Consulte a Tabela 13-3 para o uso dos pronomes reflexivos com o modo imperativo. Observe que os imperativos informais negativos dos verbos irregulares listados na Tabela 13-3 seguem as regras dos imperativos regulares.

Tabela 13-3		Imperativos Reflexivos	
Comandos Afirmativos		**Comandos Negativos**	
Lavati!	Lava-te/Lave-se!	Non ti lavare!, Non lavarti!	Não te laves/Não se lave!
Si lavi!	Lave-se!/	Non si lavi!	Não se lave!/
Laviamoci!	Lavemo-nos!	Non laviamoci!, Non ci laviamo!	Não nos lavemos!
Lavatevi!	Lavai-vos!	Non lavatevi!, Non vi lavate!	Não vos laveis!
Si lavino!	Lavem-se!(Eles/Elas)	Non si lavino!	Não se lavem! (Eles/Elas)

Quando o pronome precede o imperativo

Quando usado o imperativo formal o pronome precede o imperativo e o verbo, como em **Mi ascolti bene prima di parlare** (*Ouça-me bem, antes de falar.*)

Quando anexar um pronome às formas imperativas irregulares para o **tu** dos verbos **andare, dare, fare, stare** e **dire** (consulte a seção anterior "A Forma Imperativa dos Verbos Irregulares" para mais informações sobre isso), o apóstrofo desaparece, e a primeira consoante do pronome duplica. Por exemplo, **Dimmi che verrai!** (*Diga-me que virá!*).

Uma exceção a esta regra é o pronome do objeto indireto **gli**. Quando unindo com o imperativo, a primeira consoante **g** não duplica após o imperativo. Por exemplo, **Dagli il libro** (*Dê-lhe o livro*).

Para um comando negativo na segunda pessoa do singular, que usa o infinitivo, o final **-e** do verbo é retirado. O pronome é unido ao verbo ou um pronome átono é inserido entre a partícula **non** (*não*) e o verbo. Aqui estão exemplos das duas opções:

> **Non telefonargli!** (*Não telefone para ele!*)
>
> **Non gli telefonare!** (*Não telefone para ele!*)

Em um comando negativo expressado no imperativo formal, o pronome é sempre colocado entre **Non** e o imperativo, como em **Non si preoccupi, signora** (*Não se preocupe, senhora*).

No Capítulo 17, discutirei os verbos reflexivos, como **addormentarsi** (*adormecer*) e **lavarsi** (*lavar-se*), que emprega pronomes reflexivos colocados antes do verbo. No imperativo destes verbos, aplicam-se as mesmas regras dos pronomes. Por exemplo, **Alzati** (*Levante-se*); **Pettinatevi bene** (*Penteiem-se bem*).

Capítulo 13: O Imperativo 227

 Reescreva cada frase, trocando substantivos/nomes por objetos diretos, objetos indiretos e pronomes duplos. Use a forma átona unida diretamente ao verbo quando possível.

P. Mandate una cartolina a Marco!

R. **Mandategliela!** (*Mandem-lhe um cartão postal!*)

13. Porta le sedie in casa!

_____

14. Non mangiare il gelato!

_____

15. Non comprate la frutta!

_____

16. Porta a noi il libro!

_____

17. Saluti Elisa da parte mia, Signora!

_____

18. Non seguano Mario!

_____

19. Invitate Marco e Gianna a cena!

_____

20. Non facciamo la torta!

_____

21. Non regaliamo la radio a Mario!

_____

22. Offrite un bicchiere di vino a loro!

_____

Parte IV: Acrescentando Nuances aos Modos e Tempos Verbais

Respostas

1 **Ascolti** il mio consiglio, Signora! (*Ouça meu conselho, Senhora!*)

2 **Gioca** con tuo fratello, Mara! (*Joga com teu irmão, Mara!*)

3 **Scrivete** il vostro nome e cognome in stampatello, Signori! (*Escrevei vossos nomes e sobrenomes com letras maiúsculas.*)

4 **Credano** a me, è meglio rimandare la partenza! (*Acredita-me, é melhor adiar sua partida!*)

5 **Finiamo** la passeggiata, anche se non siamo stanchi! (*Terminemos o passeio, apesar de estarmos cansados.*)

6 **Vengano** avanti, Signore e Signori! (*Entrem, Senhoras e Senhores!*)

7 **Da' la precedenza! Date la precedenza!** (*Dê a preferência! Deem a preferência!*)

8 **Non entrare! Non entrate!** (*Não entre! Não entrem!*)

9 **Non parcheggiare! Non parcheggiate!** (*Não estacione! Não estacionem!*)

10 **Non sorpassare! Non sorpassate!** (*Não ultrapasse! Não ultrapassem!*)

11 **Gira a destra! Girate a destra!** (*Vire à direita! Virem à direita!*) ou **Non girare a sinistra! Non girate a sinistra!** (*Não vire à esquerda! Não virem à esquerda!*) ou **Non andare dritto! Non andate dritto!** (*Não siga em frente! Não sigam em frente!*)

12 **Non superare il limite di velocità! Non superate il limite di velocità!** (*Não ultrapasse o limite de velocidade! Não ultrapassem o limite de velocidade!*)

13 **Portale in casa.** (*Traga-as para casa.*)

14 **Non mangiarlo!** (*Não coma isso.*)

15 **Non compratela!** (*Não a comprem*)

16 **Portacelo! (***Traga-o para nós!*)

17 **La saluti da parte mia.** (*Dê um "oi" a ela por mim.*)

18 **Non lo seguano!** (*Não o sigam.*)

19 **Invitateli a cena!** (*Convidem-nos para jantar!*)

20 **Non facciamola.** (*Não façamos isso.*)

21 **Non regaliamogliela!** (*Não demos isso a ela!*)

22 **Offriteglielo!** (*Ofereçam-lhes isso!*)

Capítulo 14

Formando Verbos no Condicional e no Subjuntivo

Neste Capítulo

▶ Trabalhando com o condicional no presente e no pretérito

▶ Colocando o presente do subjuntivo em uso

▶ Formando o subjuntivo imperfeito

▶ Entendendo o pretérito perfeito composto e o pretérito passado do subjuntivo

Condicional e Subjuntivo são dois modos; eles diferem do modo indicativo e um do outro. *Modo* representa a atitude do orador sobre se algo é considerado real. Aqui estão explicações de cada modo:

- ✔ O *indicativo* é o modo das afirmações e descrições, onde você está declarando fatos claros. Por exemplo, quando diz **Parlo spagnolo** (*Falo espanhol*), está usando o modo indicativo.

- ✔ O *condicional* é o modo das situações hipotéticas e dos eventos dependentes de algo mais acontecendo, como na frase: **Vorrei studiare medicina** (*Gostaria de estudar medicina*).

- ✔ O *subjuntivo* é o modo da possibilidade, incerteza e de hipóteses quando usadas em frases *se... então* com o modo condicional. No italiano, uma declaração subjuntiva pode ser feita assim **Accetteri quel lavoro se offrissero uno stipendio migliore** (*Eu aceitaria aquele trabalho, se eles oferecessem um salário melhor*).

Neste capítulo, mostrarei como formar o condicional no presente e no passado, e presente, imperfeito, pretérito perfeito composto e pretérito passado do subjuntivo. Também neste capítulo, darei a você a oportunidade de praticar conjugações e descobrir como formar os condicionais e subjuntivos. O Capítulo 15 concentra-se em colocar estes modos em prática, especialmente usando frases do tipo *se.... então*.

Moldando verbos no Presente do Condicional

O *presente do condicional* é um tempo verbal simples que você forma acrescentando sufixos ao radical do verbo, dependendo da terminação do verbo. Usa-se para expressar eventos ocorrendo sob determinadas circunstâncias ou condições. É também usado para acrescentar polidez a ofertas, conselhos e solicitações que do contrário soariam bruscos. Na sequência, teremos as conjugações.

Verbos regulares

A conjugação para verbos regulares no presente do condicional tem um grupo de terminações ligadas ao radical do futuro do verbo. O radical do futuro de verbos regulares é o infinitivo do verbo menos o final **-e**; também, em verbos **-are**, o **a** do infinitivo muda para **e** (ver Capítulo 12 para mais sobre o futuro). As terminações do presente do condicional são as mesmas para as três conjugações (**-are, -ere** e **-ire**). Ver Tabela 14-1.

Tabela 14-1	Terminações para Verbos Regulares no Presente do Condicional
Pessoas	*Terminações do Condicional*
io	-ei
tu	-esti
lui/lei/Lei/esso/essa	-ebbe
noi	-emmo
voi	-este
loro/Loro/essi/esse	-ebbero

Tanto os verbos regulares quanto os irregulares com prefixos comportam-se como o verbo básico. Por exemplo, se acrescentar o prefixo **stra-** a **vincere** (*vencer*) para criar **stravincere** (*vencer com uma margem grande*), você conjuga estes verbos da mesma forma:

Con molta fortuna vincerei un millione di dollari alla lotteria. (*Com muita sorte, eu ganharia um milhão de dólares na loteria.*)

Con un buon allenatore stravincerebbe. (*Com um bom treinador, ele ganharia com uma grande margem.*)

A tabela a seguir mostra como conjugar **guardare** (*olhar, analisar, assistir*).

Capítulo 14: Formando Verbos no Condicional e no Subjuntivo

guardare (olhar, analisar, assistir)	
io guarder**ei**	noi guarder**emmo**
tu guarder**esti**	voi guarder**este**
lui/lei/Lei/esso/essa guarder**ebbe**	loro/Loro/essi/esse guarder**ebbero**
Non **guarderemmo** mai quel programma! (*Nós nunca assistiríamos àquele programa!*)	

Como você pode observar para as várias conjugações por todo este livro, os verbos que terminam em **-ciare** e **-giare**, como **lanciare** (*lançar, atirar, jogar*) e **mangiare** (*comer*), perdem o **i** antes das terminações porque o **-e** e[o] do **-are, -ere** e **-ire** preserva o som suave. Verbos que terminam em **-care** e **-gare**, como **cercare** (*procurar*) e **pagare** (*pagar*), levam **ch** e **gh** antes das terminações para preservar o som forte do infinitivo.

Verbos Irregulares (Bem, algo assim)

Todos os verbos que possuem radicais futuros irregulares usam o mesmo radical para o condicional. Assim, apesar de parecer que o condicional tem verbos irregulares, a situação é meio ilusória; o futuro tem as conjugações irregulares, e o condicional é construído com base no futuro. Tecnicamente, o condicional segue um padrão regular – é formado pelo acréscimo de terminações apropriadas aos radicais futuros do verbo. Como cobri o futuro no Capítulo 12, apresentarei as conjugações somente para os auxiliares e os auxiliares modais aqui; para saber como formar o tempo condicional de todos os outros verbos irregulares no tempo futuro, consulte o Capítulo 12 e aplique o padrão de conjugação, que expliquei na seção anterior.

Você pode usar **essere** (*ser*) e **avere** (*ter*) sozinhos ou como auxiliares em tempos compostos (consulte os Capítulos 9 e 10 para detalhes). No presente do condicional, o radical para **essere** é **sar-**. O **avere** perde os dois **e**'s do infinitivo para obter **avr-**. As tabelas a seguir mostram as conjugações para **essere** e **avere**.

essere (*ser*)	
io sar**ei**	noi sar**emmo**
tu sar**esti**	voi sar**este**
lui/lei/Lei/esso/essa sar**ebbe**	loro/Loro/essi/esse sar**ebbero**
Sarei felice di conoscerlo. (*Ficaria feliz de conhecê-lo*)	

Parte IV: Acrescentando Nuances aos Modos e Tempos Verbais

avere (*ter*)	
io av**rei**	noi av**remmo**
tu av**resti**	voi av**reste**
lui/lei/Lei/esso/essa av**rebbe**	loro/Loro/essi/esse av**rebbero**
Non **avrebbe** della moneta? (*Por acaso você teria troco?*)	

As pessoas frequentemente usam o condicional dos auxiliares modais **dovere** (*dever, ter que*), **potere** (*poder*), **volere** (*querer, desejar*) e **sapere** (*saber*) para suavizar o impacto das solicitações e exigências. **Volere** usa o radical **vorr-**.

dovere (*dever, ter que*)	
io dov**rei**	noi dov**remmo**
tu dov**resti**	voi dov**reste**
lui/lei/Lei/esso/essa dov**rebbe**	loro/Loro/essi/esse dov**rebbero**
Perché **dovremmo** pagare noi? (*Por que teríamos que pagar?*)	

potere (*poder*)	
io pot**rei**	noi pot**remmo**
tu pot**resti**	voi pot**reste**
lui/lei/Lei/esso/essa pot**rebbe**	loro/Loro/essi/esse pot**rebbero**
Potresti richiamarmi? (*Poderia ligar-me de volta?*)	

sapere (*saber como*)	
io sap**rei**	noi sap**remmo**
tu sap**resti**	voi sap**reste**
lui/lei/Lei/esso/essa sap**rebbe**	loro/Loro/essi/esse sap**rebbero**
Saprebbe dirmi dove posso trovare un buon ristorante? (*Você poderia me dizer onde posso encontrar um bom restaurante?*)	

volere (*desejar, querer*)	
io vor**rei**	noi vor**remmo**
tu vor**resti**	voi vor**reste**
lui/lei/Lei/esso/essa vor**rebbe**	loro/Loro/essi/esse vor**rebbero**
Vorrei parlarti prima possibile. (*Gostaria de falar contigo assim que possível.*)	

Capítulo 14: Formando Verbos no Condicional e no Subjuntivo 233

Para cada uma das frases a seguir, escolha o verbo correto nas opções entre parênteses.

P. (Verrei/Correrei/Giocherei) volentieri, ma ho un appuntamento.

R. **Verrei** volentieri, ma ho un appuntamento. (*Viria com prazer, mas tenho um compromisso.*)

1. Elena odia il mare e (potrebbe/dovrebbe/vorrebbe) vendere la barca di suo marito al più presto.

2. Io (vorrei/farei/mangerei) una torta, ma non ho farina.

3. Lei (vorrebbe/accompagneresti/prenderesti) dare le dimissioni.

4. Maria, la nonna non sta bene: la (lasceresti/accompagneresti/prenderesti) tu dal medico, per favore?

5. Mario e Piero (visiterebbero/partirebbero/andrebbero) per Roma, ma c'è sciopero.

6. Noi (berremmo/mangeremmo/godremmo) volentieri una birra.

7. "Signora, (darebbe/offrirebbe/ascolterebbe) alla segretaria il suo numero di telefono?"

8. "Signori, (passereste/potreste/entrereste) uscire dalla porta numero 4?"

9. Tu (vivresti/lasceresti/passeresti) con lei?

10. Voi (pulireste/lavereste/spazzolereste) questa maglia in acqua?

Terminou Agora! Formando o Pretérito do Condicional

Apesar de o presente do condicional descrever uma opção que ainda seja possível, o pretérito do condicional expressa a ideia de que aquela opção não tem mais possibilidade de acontecer; o pretérito do condicional também descreve uma ação que não é mais possível no futuro.

O *pretérito do condicional* é um tempo composto que é feito do presente do condicional dos auxiliares **essere** (*ser*) e **avere** (*ter*) (ver a seção anterior) juntamente com o particípio passado do verbo principal. A decisão sobre qual verbo auxiliar usar depende de qual verbo principal está sendo usado (o Capítulo 10 mostra como decidir qual verbo auxiliar usar, assim como, formar o particípio passado e coordená-lo com sujeitos e objetos).

234 Parte IV: Acrescentando Nuances aos Modos e Tempos Verbais_____

Por exemplo, na frase a seguir, o pretérito do condicional é formado através do uso do auxiliar **essere** e o particípio passado de **venire** (*ir*), que é **venuto**:

Sarei venuto al cinema con te, ma ero troppo stanco. (*Teria ido ao cinema contigo, mas estava muito consado.*)

Aqui estão duas tabelas do pretérito do condicional de **leggere** (*ler*), que leva o auxiliar **avere**, e de **andare** (*ir*), que usa o auxiliar **essere**.

leggere (*ler*)	
io **avrei letto**	noi **avremmo letto**
tu **avresti letto**	voi **avreste letto**
lui/lei/Lei/esso/essa **avrebbe letto**	loro/Loro/essi/esse **avrebbero letto**
Avrei letto il giornale, ma l'hai buttato via. (*Eu teria lido o jornal, mas você o jogou fora.*)	

andare (*ir*)	
io **sarei andato/andata**	noi **saremmo andati/andate**
tu **saresti andato/andata**	voi **sareste andati/andate**
lui/lei/Lei/esso/essa **sarebbe andato/andata**	loro/Loro/essi/esse **sarebbero andati/andate**
I ragazzi non **sarebbero** mai **andati** alla festa senza di te. (*Os garotos jamais teriam ido à festa sem você.*)	

Colocando Verbos no Presente do Subjuntivo

O *modo subjuntivo* expressa dúvida, possibilidade, incerteza ou opiniões pessoais do sujeito em oposição aos fatos claros, que são expressos pelo *indicativo*. O subjuntivo pode também expressar emoção, desejo ou sugestões. É geralmente precedido por uma oração principal e introduzida pela conjunção **che** (*que*). Nesta seção, você descobrirá o presente do subjuntivo, um tempo verbal simples formado pelo acréscimo de sufixos ao radical do verbo, dependendo do tipo de conjugação do verbo.

Verbos regulares

O presente do subjuntivo é formado pela adição dos sufixos correspondentes ao radical do verbo. O radical é simplesmente o infinitivo menos a terminação **-are**, **-ere** ou **-ire**. Listarei os sufixos do subjuntivo na Tabela 14-2.

Tabela 14-2   Terminações para Verbos Regulares no Presente do Subjuntivo

Pessoas	Terminação para verbos -are	Terminação para verbos -ere e -ire
io	-i	-a
tu	-i	-a
lui/lei/Lei/esso/essa	-i	-a
noi	-iamo	-iamo
voi	-iate	-iate
loro/Loro	-ino	-ano

Observe que a primeira pessoa do singular e a terceira pessoa do plural do presente do subjuntivo correspondem à conjugação do modo imperativo formal (ver Capítulo 13). Analise:

- **Imperativo formal:** Signorina Rutelli **venga** avanti! (*Senhorita Rutelli, entre!*)
- **Presente do subjuntivo:** Penso che la signorina Rutelli **venga** da Roma. (*Acho que a senhorita Ruteli vem de Roma.*)

Ainda, verbos terminando em **-ire** que inserem **-isc-** entre o radical e as terminações do verbo no presente do indicativo, como **finire** (*terminar*) seguem a mesma regra no subjuntivo:

Immagino che il film **finisca** bene. (*Imagino que o filme tenha um final feliz.*)

A tabela a seguir mostra como conjugar **sentire** (*ouvir*).

sentire (*ouvir*)	
io sent**a**	noi sent**iamo**
tu sent**a**	voi sent**iate**
lui/lei/Lei/esso/essa sent**a**	loro/Loro/essi/esse sent**ano**
È possibile che non **sentano** perché sono a un concerto. (*É possivel que eles não consigam ouvir porque estão em um concerto.*)	

Como sempre, os verbos terminando em **-care** e **-gare** acrescentam um **h** antes das terminações começando com **i**. Isso acontece para que se retenha o som forte do **c** ou **g**.

Verbos irregulares

Para conjugar verbos irregulares no presente do subjuntivo, normalmente modifica-se o radical do infinitivo e aplicam-se os mesmos sufixos dos verbos regulares (consulte a Tabela 14-2 para saber quais sufixos usar). Alguns verbos usam um radical específico modificado e todas as seis pessoas, mas outros usam o radical regular (ou outro radical modificado) na primeira e segunda pessoa do plural. A Tabela 14-3 mostra como os radicais mudam para os verbos irregulares mais comuns. (Consulte o Capítulo 9 para uma lista mais completa dos verbos que modificam seus radicais.)

No presente do subjuntivo, quando um verbo tem um **i** átono no seu radical, este **i** é retirado se o verbo também tem um **i** no seu sufixo. Por exemplo, **incominciare** (*começar*), cujo radical é normalmente **incominci-**, é conjugado como **loro incomincino; fare** (*fazer*), cujo radical é normalmente **facci-**, é conjugado como **noi facciamo**. Entretanto, se o **i** do radical for tônico, ele é mantido; por exemplo, **sciare** (*esquiar*), cujo radical é **sci-**, é conjugado como **loro sciino**.

Tabela 14-3	Radicais Modificados do Presente do Subjuntivo	
Infinitivo	*Radical Usual do Presente do Subjuntivo*	*Radical Especial na 1ª e 2ª Pessoa do Plural*
andare (*ir*)	vad-	and-
apparire (*aparecer*)	appai-	appar-
avere (*ter*)	abb-	
bere (*beber*)	bev-	
condurre (*conduzir, levar*)	conduc-	
dare (*dar*)	di-	
dire (*dizer*)	dic-	
dovere (*dever, ter que*)	debb-	dobb-
essere (*ser*)	si-	
fare (*fazer*)	facci-	
finire (*terminar*)	finisc-	fin-
piacere (*agradar*)	piacc-	
porre (*colocar*)	pong-	pon-
potere (*poder*)	poss-	
sapere (*saber*)	sappi-	
scegliere (*escolher*)	scelg-	scegl-

(continua)

Capítulo 14: Formando Verbos no Condicional e no Subjuntivo **237**

Tabela 14-3 *(continuação)*

Infinitivo	Radical Usual do Presente do Subjuntivo	Radical Especial na 1ª e 2ª Pessoa do Plural
spegnere (*desligar, apagar*)	**speng-**	**spegn-**
stare (*estar*)	**sti-**	
tenere (*manter*)	**teng-**	**ten-**
trarre (*puxar, traçar*)	**tragg-**	**tra-**
uscire (*sair*)	**esc-**	**usc-**
venire (*vir*)	**veng-**	**ven-**
volere (*querer, desejar*)	**vogli-**	

Criando o Subjuntivo Imperfeito

O pretérito imperfeito do subjuntivo é um tempo simples, formado pela adição de sufixos, ao radical do verbo. Como o presente do subjuntivo, o pretérito imperfeito do subjuntivo expressa dúvida, possibilidade, incerteza, opiniões pessoais, emoção, desejo, ou sugestões. É usado, em vez do presente do subjuntivo, quando a frase estiver em uma das seguintes condições:

- ✔ O verbo na oração principal está em um tempo passado ou no presente do condicional.
- ✔ A ação na oração subordinada ocorreu de modo simultâneo ou após a ação na oração principal.

Verbos regulares

O pretérito imperfeito do subjuntivo usa o mesmo radical que o pretérito imperfeito do indicativo e acrescenta as mesmas terminações do subjuntivo aos verbos de todas as conjugações. Em outras palavras, ele perde o **-re** do infinitivo e acrescenta as terminações da Tabela 14-4.

Tabela 14-4	Terminações para Verbos Regulares no Pretérito Imperfeito do Subjuntivo
Pessoas	*Terminações*
io	**-ssi**
tu	**-ssi**

(continua)

Parte IV: Acrescentando Nuances aos Modos e Tempos Verbais

Tabela 14-4 *(continuação)*

Pessoas	Terminações
lui/lei/Lei/esso/essa	**-sse**
noi	**-ssimo**
voi	**-ste**
loro/Loro	**-ssero**

A tabela a seguir apresenta uma amostra da conjugação de **temere** *(temer)*

temere *(temer)*	
io teme**ssi**	noi teme**ssimo**
tu teme**ssi**	voi teme**ste**
lui/lei/Lei/esso/essa teme**sse**	loro/Loro/essi/esse teme**ssero**
Non sapevo che mi **temessi**. *(Não sabia que você tinha medo de mim.)*	

Verbos irregulares

Os verbos **essere** *(ser)*, **dare** *(dar)* e **stare** *(estar)* usam um radical modificado quando conjugado no pretérito imperfeito do subjuntivo. Aqui estão suas conjugações.

essere *(ser)*	
io **fossi**	noi **fossimo**
tu **fossi**	voi **foste**
lui/lei/Lei/esso **fosse**	loro/Loro/essi/esse **fossero**
Pensavo che **fossi** più simpatico. *(Pensei que você fosse mais simpático.)*	

dare *(dar)*	
io **dessi**	noi **dessimo**
tu **dessi**	voi **deste**
lui/lei/Lei/esso/essa **desse**	loro/Loro/essi/esse/essa **dessero**
Sarebbe meglio che mi **deste** una mano. *(Seria melhor se você me desse uma mão.)*	

Capítulo 14: Formando Verbos no Condicional e no Subjuntivo

stare (estar)	
io **stessi**	noi **stessimo**
tu **stessi**	voi **steste**
lui/lei/Lei/esso/essa **stesse**	loro/Loro/essi/esse/essa **stessero**
Vorrei che **stessero** bene. (*Queria que eles estivessem bem.*)	

Forme o presente e o pretérito imperfeito do subjuntivo dos seguintes verbos.

P. lei _____; lei _____ (fare)

R. lei **faccia**; lei **facesse**

11. tu _____; tu _____ (essere)

12. noi _____; noi _____ (sostenere)

13. voi _____; voi _____ (pagare)

14. io _____; io _____ (bere)

15. noi _____; noi _____ (piangere)

16. lui _____; lui _____ (cercare)

17. noi _____; noi _____ (dovere)

18. io _____; io _____ (finire)

19. voi _____; voi _____ (trarre)

20. loro _____; loro _____ (sapere)

21. tu _____; tu _____ (venire)

22. lei _____; lei _____ (piacere)

23. io _____; io _____ (dire)

24. voi _____; voi _____ (dare)

25. noi _____; noi _____ (essere)

26. tu _____; tu _____ (avere)

Construindo o Modo Subjuntivo do Pretérito Perfeito Composto e Pretérito Perfeito

O *pretérito perfeito composto do subjuntivo* e o *pretérito perfeito do subjuntivo* são tempos compostos. Para colocar o pretérito perfeito composto e o pretérito perfeito no subjuntivo, usa-se uma forma do subjuntivo do auxiliar **essere** ou **avere** juntamente com o particípio passado do verbo principal. (Para regras de como formar o particípio passado, escolher entre **essere** e **avere** e coordenar sujeitos e particípios passados, consulte o Capítulo 10.)

O pretérito perfeito composto do subjuntivo é usado para descrever uma ação passada quando o verbo na oração principal está no presente simples e exige um subjuntivo. O modo subjuntivo deste tempo verbal é formado com:

- O presente do subjuntivo do auxiliar **essere** ou **avere**
- O particípio passado do verbo principal

O pretérito passado do subjuntivo é usado em uma oração subordinativa quando o verbo da oração principal está em qualquer forma do passado ou no condicional e quando a ação na oração subordinativa ocorreu antes da ação na oração principal. O pretérito passado do subjuntivo é formado com

- O pretérito perfeito do subjuntivo do auxiliar **essere** ou **avere**
- O particípio passado do verbo principal

Compare estes exemplos do pretérito perfeito composto do subjuntivo e do pretérito passado do subjuntivo:

- Pretérito perfeito composto do subjuntivo: **Credo che Luisa gli abbia parlato.** (*Creio que Luisa tenha falado com ele.*)

   Pretérito passado do subjuntivo: **Speravo che Luisa gli avesse parlato.** (*Esperava que Luisa tivesse falado com ele.*)

- Pretérito perfeito composto do subjuntivo: **Temo che siano andati via.** (*Receio que eles tenham ido embora.*)

   Pretérito passado do subjuntivo: **Pensavo che fossero andati via.** (*Pensava que eles tivessem ido embora.*)

As formas verbais a seguir estão no presente do subjuntivo e no pretérito imperfeito do subjuntivo. Transforme a primeira em pretérito perfeito composto do subjuntivo e a última em pretérito passado do subjuntivo.

Capítulo 14: Formando Verbos no Condicional e no Subjuntivo **241**

P. lui esca; uscisse

R. **lui sia uscito; fosse uscito**

27. Elena e Giovanna stiano; stessero _____

28. Piero appaia; apparisse _____

29. io dipinga; dipingessi _____

30. lei dia; desse _____

31. loro abbiano; avessero _____

32. voi temiate; temeste _____

33. lui spenga; spegnesse _____

34. noi veniamo; venissimo _____

35. tu, Maria, vada; andassi _____

36. voi siate; foste _____

242 Parte IV: Acrescentando Nuances aos Modos e Tempos Verbais

Respostas

1 Elena odia il mare e **vorrebbe** vendere la barca di suo marito al più presto. (*Elena odeia o mar e gostaria de vender o barco do seu marido o mais rápido possível.*)

2 Io **farei** una torta, ma non ho farina. (*Eu faria um bolo, mas não tenho farinha.*)

3 Lei **vorrebbe** dare le dimissioni. (*Ela gostaria de demitir-se.*)

4 Maria, la nonna non sta bene: la **accompagneresti** tu dal medico, per favore? (*Maria, a vovó não está bem: você acompanharia ao médico, por favor?*)

5 Mario e Piero **partirebbero** per Roma, ma c'è sciopero. (*Mario e Piero partiriam para Roma, mas há uma greve.*)

6 Noi **berremmo** volentieri una birra. (*Beberíamos uma cerveja com prazer.*)

7 "Signora, **darebbe** alla segretaria il suo numero di telefono?" (*Senhora, daria o número de seu telefone para a secretária?*)

8 "Signori, **potreste** uscire dall porta numero 4?" (*Senhoras e senhores, poderiam sair pelo portão 4?*)

9 Tu **vivresti** con lei? (*Você viveria com ela?*)

10 Voi **lavereste** questa maglia in acqua? (*Vocês lavaiam este suéter na água?*)

11 tu **sia** (*você seja*); tu **fossi** (*você foste*)

12 noi **sosteniamo** (*nós sustentemos*); noi **sostenessimo** (*nós sustentássemos*)

13 voi **paghiate** (*vocês pagam*); voi **pagaste** (*vocês pagassem*),

14 io **beva** (*eu beba*); io **bevessi** (*eu bebesse*)

15 noi **piangiamo** (*nós choremos*); noi **piangessimo** (*nós chorássemos*)

16 lui **cerchi** (*ele procure*); lui **cercasse** (*ele procurasse*)

17 noi **dobbiamo** (*nós devamos*); noi **dovessimo** (*nós devêssemos*)

18 io **finisca** (*eu termine*); io **finissi** (*eu terminasse*)

19 voi **traiate** (*vocês tracem/puxem*); voi **traeste** (*vocês traçassem/puxassem*)

20 loro **sappiano** (*eles/elas saibam*); loro **sapessero** (*eles/elas soubessem*)

21 tu **venga** (*você venha*); tu **venissi** (*você viesse*)

22 lei **piaccia** (*ela goste*); lei **piacesse** (*ela gostasse*)

23 io **dica** (*eu diga*); io **dicessi** (*eu dissesse*)

Capítulo 14: Formando Verbos no Condicional e no Subjuntivo 243

24 voi **diate** (*vocês deem*); voi **deste** (*vocês dessem*)

25 noi **siamo** (*nós sejamos*); noi **fossimo** (*nós fôssemos*)

26 tu **abbia** (*você tenha*); tu **avessi** (*você tivesse*)

27 **Elena e Giovanna siano state** (*Elena e Giovanna tenham estado*) **fossero state** (*tinham estado*)

28 **Piero sia apparso** (*Piero tenha aparecido*); **fosse apparso** (*tinha aparecido*)

29 **io abbia dipinto** (*eu tenha pintado*); **avessi dipinto** (*tinha pintado*)

30 **lei abbia dato** (*ela tenha dado*); **avesse dato** (*tinha dado*)

31 **loro abbiano avuto** (*eles tenham tido*); **avessero avuto** (*tinham tido*)

32 **voi abiate temuto** (*vocês tenham temido*); **aveste temuto** (*tenham temido*)

33 **lui abbia spento** (*ele tenha apagado*); **avesse spento** (*tinha apagado*)

34 **noi siamo venuti** (*nós tenhamos vindo*); **fossimo venuti** (*tinhamos vindo*)

35 **tu, Maria, sia andata** (*você, Maria, tenha ido*); **fossi andata** (*tinha ido*)

36 **voi siate stati** (*vocês tenham estado*); **foste stati** (*tnham estado*)

Capítulo 15

O Condicional e o Subjuntivo em Ação

Neste Capítulo

▶ Expressando seus desejos e solicitações com o condicional

▶ Trabalhando com orações dependentes introduzidas por *que*

▶ Formando orações *se... então*

*E*ste capítulo mostra como usar o condicional e o subjuntivo em várias configurações. Se você abriu este livro nesta página e nunca viu condicional, subjuntivo ou suas conjugações em italiano, volte ao Capítulo 14, onde explico os significados básicos desses tempos verbais e como lidar com verbos regulares e irregulares.

O condicional e o subjuntivo podem ser usados de duas maneiras:

✔ Para construir uma frase que se sustente sozinha: por exemplo, com o condicional, você pode dizer **Vorrei comprare un vestito** (*Gostaria de comprar um vestido*). Com o subjuntivo, pode dizer **Viva l'Italia!** (*Viva a Itália!*) ou **Che lui possa tornare sano e salvo!** (*Que ele volte são e salvo!*). Duvido que você saia por aí falando no subjuntivo, mas pode encontrá-lo na escrita; sendo assim, precisa entendê-lo.

✔ Para unir duas frases: por exemplo, **Voglio che tu gli parli** (*Gostaria de que você falasse com ele*) ou **Se mi telefonasse le spiegherei tutto** (*Se ela me telefonasse, explicar-lhe-ia tudo*). Algumas vezes, você precisa do subjuntivo e condicional juntos, em outras eles são usados com o indicativo (consulte os Capítulos 9 até o 11) ou o imperativo (consulte o Capítulo 13).

Para ajudá-lo a lidar com estas opções, neste capítulo explicarei como usar o condicional sozinho para expressar desejos e convites mais formais. Mostrarei como construir a frase principal e, então, acrescentar uma oração dependente que contenha uma declaração, formando uma *oração declarativa dependente*. Também mostrarei como construir uma oração principal e, então, acrescentar uma condição ou hipótese, como em **Se muovi la regina, lui ti dà scacco matto** (*Se você mover sua rainha, ele dá um xeque-mate*).

Finalmente, ajudarei você a decidir qual tempo verbal usar: presente simples, pretérito imperfeito, pretérito perfeito composto... e a lista continua. Consulte as seções dedicadas às sequências temporais para obter um plano geral. As sequências temporais não são fáceis, em parte porque não se pode sempre confiar nos padrões do seu próprio idioma para ajudar a decidir o que fazer no italiano. Tendo isso em mente, apresentarei algumas diretrizes básicas a serem seguidas.

Usando o Condicional Sozinho

Se você quiser algo, pode ser muito assertivo (como as crianças são) e dizer **Voglio un gelato!** (*Quero sorvete!*). Se estiver falando consigo mesmo, este tipo de declaração está ok, porém, se está em uma conversa educada, pode querer ser um pouco menos agressivo. O condicional possibilita moderar as solicitações, como em **Sposteresti la macchina, per favore?** (*Você poderia tirar o carro, por favor?*); e para expressar surpresa e incerteza, como em **Ci crederesti?** (*Acredita nisso?*). Nestes casos, você cria frases independentes com o verbo no condicional.

O condicional tem tempo presente e passado.

- Usa-se o presente do condicional ao falar sobre algo que alguém esteja solicitando ou desejando naquele momento, como em **La Signora Rossi ti vorrebe parlare** (*Sra. Rossi gostaria de falar contigo*).

- Usa-se o pretérito do condicional para expressar algo que teria sido desejável ou apropriado, apesar de ser tarde para fazer qualquer coisa em relação a isso, como em **Avrei visto volentieri quel film una seconda volta** (*Teria assistido àquele filme novamente com prazer*).

Tanto no italiano quanto no português, usamos alguns verbos para modificar o significado de outro verbo. Estes verbos modais são **dovere** (*dever, ter que*), **potere** (*poder*) e **volere** (*querer, desejar*). Eles são chamados de **verbi servili** (*auxiliares modais*) porque oferecem ajuda.

O italiano também usa o verbo **sapere** (*saber*) como auxiliar modal, como em **Sapresti aprire la cassaforte?** (*Poderia abrir o cofre?*)

Reescreva as frases a seguir, acrescentando uma nuance diplomática. Mude somente o verbo.

P. Comprate del pane anche per me.

R. **Comprereste** del pane anche per me? (*Compraria pão para mim também?*)

Capítulo 15: O Condicional e o Subjuntivo e Ação 247

1. Cristina e Mara, portate la valigia del nonno?

2. Signora, mi prepara il pacco per oggi pomeriggio?

3. Signori, giocano a bridge con noi?

4. Devi restituirgli i soldi.

5. Vogliono passare per Madrid.

6. Possiamo comprare quella casa.

7. Lei vuole andarsene, mentre lui vuole rimanere.

Construindo Orações Declarativas

Saindo do mundo das orações autossuficientes, esta seção leva você ao mundo da dependência, onde constrói uma oração independente ou principal e depois constrói outra que não se sustenta sozinha. Se começar uma frase com as palavras **Ti dico...** (*Estou te dizendo...*), a frase que segue, introduzida por **che** (*que*) - **...che lui sta bene** (*...que ele está bem*) é uma oração declarativa dependente, a oração mais dependente e mais comum no italiano. É dependente porque a frase está incompleta sem a introdução apresentada pela oração principal. É declarativa no sentido de que você está declarando ou afirmando algo.

Esta seção diz como unir a oração principal e a oração declarativa dependente no italiano, começando com o caso mais simples em que as duas orações estão no presente (do indicativo, ou do indicativo mais o subjuntivo). Mostrarei, então, como lidar com tempos diferentes.

O pronome relativo **che** significa *quem, a quem, que* e *qual*. Ele introduz as orações relativas, como em **La ragazza che ha telefonato è la zia di Lia** (*A moça que ligou é a tia da Lia*). (O Capítulo 8 cobre os pronomes relativos.)

Para acrescentar uma oração declarativa em italiano, você tem duas possíveis construções:

✔ Para expressar certeza na oração principal, usa-se o presente do indicativo nas duas orações, como em **La UPS ci informa che il pacco è in transito** (*A UPS nos informa que o pacote está em trânsito*).

Parte IV: Acrescentando Nuances aos Modos e Tempos Verbais

> ✔ Para expressar incerteza ou preferência, usa-se o presente do indicativo na oração principal e o presente do subjuntivo na oração dependente, como em **Spero che tua figlia guarisca** (*Espero que tua filha recupere-se*).

Para ajudar a tomar a decisão correta com relação à construção, a Tabela 15-1 apresenta uma lista de verbos que requerem o indicativo, e a Tabela 15-2, uma lista de verbos que requerem o subjuntivo. Estas listas não incluem todos os verbos, porém, elas dão uma boa ideia dos tipos de verbos que podem ser usados.

Tabela 15-1   Verbos na Oração Principal que Precisam do Indicativo na Oração Dependente

Asserções	*Percepções*
affermare (*afirmar*)	**sentire** (*sentir, escutar*)
dimenticare (*esquecer*)	**vedere** (*ver*)
dire (*dizer*)	**udire** (*ouvir*)
essere certo/sicuro (*estar certo*)	
informare (*informar*)	
raccontare (*contar*)	
ricordare/ricordarsi (*recordar*)	
riferire (*relatar, referir-se*)	
rispondere (*responder*)	
scrivere (*escrever*)	
sapere (*saber*)	

Tabela 15-2   Verbos na Oração Principal que Precisam do Subjuntivo na Oração Dependente

Preferências	*Opiniões*	*Sentimentos*
chiedere/domandare (*pedir*)	**credere** (*crer, acreditar*)	**essere contento** (*estar contente*
desiderare (*desejar*)	**dubitare** (*duvidar*)	**essere stupito** (*estar maravilhado*)
ordinare (*ordenar*)	**pensare** (*pensar*)	**lamentarsi** (*reclamar*)
permettere (*permitir*)	**ritenere** (*reter*)	**meravigliarsi** (*maravilhar-se*)
preferire (*preferir*)	**supporre** (*supor*)	**temere/aver paura** (*temer, ter medo*)

(continua)

Capítulo 15: O Condicional e o Subjuntivo e Ação

Tabela 15-2 *(continuação)*

Preferências	Opiniões	Sentimentos
proibire (*proibir*)	**sospettare** (*suspeitar*)	
sperare (*esperar*)		
volere (*querer, desejar*)		

No italiano coloquial, é aceitável o uso do indicativo mesmo após verbos que expressam opiniões. Por exemplo, é possível encontrar a frase **Penso che arriva domani** (*Acho que ele chega amanhã*). Além disso, às vezes, é possível escolher entre o indicativo e o subjuntivo dependendo do que quer dizer. Por exemplo, você pode dizer **Ammetto che hai ragione tu** (*Admito que você tem razão*), e também **Ammette che sia vero, ma non ne è davvero convinto** (*Ele admite que é verdade, mas não está realmente convencido disso*).

Usando o subjuntivo depois de um verbo que expresse certeza, sinaliza que os sentimentos são ambivalentes. Em outras palavras, quando você alcança este nível de proficiência em uma língua estrangeira, regras inflexíveis não fazem muito sentido. Entretanto, não ouvirá as pessoas dizerem **Spero che tu hai ragione** (*Espero que você esteja certo*) porque a condição de **sperare** (*esperança*) é muito subjetiva para ser seguida pelo verbo no indicativo.

Usando os verbos entre parênteses, preencha as lacunas nas frases a seguir com os verbos no presente do indicativo ou subjuntivo, o que for mais apropriado.

P. Temo che Maria _____ scontenta del nostro lavoro. (essere)

R. Temo che Maria **sia** scontenta del nostro lavoro. (*Receio que Maria esteja descontente com nosso desempenho no trabalho.*)

8. Chiedono che loro _____ la data della firma del contratto. (spostare)

9. Credo che lei _____ _____ dal medico. (andare)

10. Il Signor Poretti dichiara che sua moglie _____ il presidente della società. (essere)

11. L'avvocato afferma che il suo cliente _____ la verità. (dire)

12. Pensi che Mario _____ le dimissioni? (dare)

13. Preferiscono che tu _____ domani. (partire)

Administrando o Tempo nas Orações Declarativas

Além das orações declarativas no presente, você também pode construi-las para falar sobre o futuro, passado ou uma combinação de tempos verbais. Por exemplo, pode dizer **So** [presente] **che è partita** [pretérito perfeito composto] (*Sei que ela já partiu*). Portanto, esta seção apresenta algumas diretrizes sobre como mudar do presente para outros tempos verbais e como unir as frases com tempos diferentes. Não tenho como cobrir todas as opções possíveis, portanto, considere esta seção uma introdução para lidar com sequências temporais, em italiano.

O modo e o tempo verbal da oração principal dita sua escolha do modo e tempo na oração declarativa dependente. Assim, precisa considerar mais duas questões:

- Que relação temporal existe entre a oração principal e a dependente? Você pode ter um fato onde a ação na frase dependente

  - Acontece ao mesmo tempo da ação na oração principal, como em **Ti dico che Anna è dal medico** (*Estou dizendo a você que Anna está no médico*)

  - Acontece após a ação na oração principal, como em **So che lui verrà** (*Sei que ele virá*)

  - Acontece antes da ação da oração principal, como em **So che Carlo è arrivato** (*Sei que Carlo chegou*)

- Que tipo de verbo está usando na oração principal? Você tem duas categorias bem amplas:

  - Um verbo que expressa certeza, que requer um verbo no indicativo na oração declarativa, como em **Io dico che lei ha sonno** (*Estou dizendo que ela está com sono*)

  - Um verbo que expressa opinião ou incerteza, que requer um verbo no subjuntivo na oração declarativa, como em **Penso che Mia lasci il lavoro** (*Acho que Mia sairá do seu emprego.*)

As Tabelas 15-3 e 15-4 resumem suas opiniões para orações declarativas em tempos diferentes.

Capítulo 15: O Condicional e o Subjuntivo e Ação **251**

Tabela 15-3 Tempos Verbais em Orações Declarativas com Verbos Expressando Certeza na Oração Principal

Se o tempo verbal da oração independente estiver no...	... e a ação na oração dependente estiver...	... então, usa-se o seguinte tempo verbal na oração dependente
Presente simples: **Dico che...** (*Digo que...*)	Acontecendo ao mesmo tempo	Presente simples ou progressivo: ... **lui arriva/sta arrivando** (...*ele chega/está chegando*)
Presente simples: **Dico che...** (*Digo que...*)	Acontecendo no futuro	Presente simples (futuro próximo): ... **lui arriva** (... *ele chega*) Ou futuro do presente: **lui arriverà** (... *ele chegará*)
Presente simples: **Dico che...** (*Digo que...*)	Acontecendo no passado	Preterito perfeito composto: **...lui è arrivato** (... *ele chegou*)
Pretérito perfeito composto: **Ho detto che...** (*Eu disse que...*) Pretérito imperfeito: **Dicevo che...** (*Eu dizia que...*) Pretérito perfeito simples: **Dissi che...** (*Eu disse que...*)	Acontecendo ao mesmo tempo	Pretérito imperfeito e Pretérito imperfeito progressivo : ... **lui arrivava/stava arrivando** (... *ele chegava/estava chegando*) Pretérito perfeito composto: **...lui è arrivato** (... *ele chegou*)
Pretérito perfeito composto: **Ho detto che...** (*Eu disse que...*) Pretérito imperfeito: **Dicevo che...** (*Eu dizia que...*) Pretérito perfeito simples: **Dissi che...** (*Eu disse que...*)	Acontecendo no futuro	Pretérito do condicional: **...lui sarebbe arrivato** (... *ele chegaria*)
Pretérito perfeito composto: **Ho detto che...** (*Eu disse que...*) Pretérito imperfeito: **Dicevo che...** (*Eu dizia que...*) Pretérito perfeito simples: **Dissi che...** (*Eu disse que...*)	Acontecendo no passado	Pretérito passado: ... **era arrivato** (... *ele tinha chegado*)

Parte IV: Acrescentando Nuances aos Modos e Tempos Verbais

Tabela 15-4 Sequência Temporal em Orações Declarativas: Estado Subjuntivo

Se o tempo verbal da oração independente estiver no...	... e a ação na oração dependente estiver...	... então, usa-se o seguinte tempo verbal na oração dependente
Presente simples: **Penso che...** (*Acho que...*)	Acontecendo ao mesmo tempo	Presente do subjuntivo: ... **lui arrivi/stia arrivando** (... *ele está chegando*)
Presente simples: **Penso che...** (*Acho que...*)	Acontecendo no futuro	Futuro do presente: **lui arriverà** (... *ele chegará*)
Presente simples: **Penso che...** (*Acho que...*)	Acontecendo no passado	Pretérito perfeito composto do subjuntivo: ...**sia arrivato** (...*ele chegou*)
Pretérito perfeito composto: **Ho pensato che...** (*Eu pensei que...*) Pretérito imperfeito: **Pensavo che...** *Eu pensava que*) Pretérito perfeito simples: **Pensai che...** (*Eu pensei que...*)	Acontecendo ao mesmo tempo	Pretérito imperfeito do subjuntivo : ... **lui arrivasse/stesse arrivando** (...*ele chegasse/estivesse chegando*) Coloquial: ...**lui arrivava/stava arrivando** (... *ele estava chegando*)
Pretérito perfeito composto: **Ho pensato che...** (*Eu pensei que...*) Pretérito imperfeito: **Pensavo che...** (*Eu pensava que*) Pretérito perfeito simples: **Pensai che...** (*Eu pensei que...*)	Acontecendo no futuro	Pretérito do condicional: ... **lui sarebbe arrivato** (... *ele chegaria*)
Pretérito perfeito composto: **Ho pensato che...** (*Eu pensei que...*) Pretérito Imperfeito: **Pensavo che...** (*Eu pensava que*) Pretérito perfeito simples: **Pensai che...** (*Eu pensei que...*)	Acontecendo no passado	Pretérito passado do subjuntivo: ... **fosse arrivato** (... *ele tivesse chegado*)

Quando você usa verbos como **desiderare** (*desejar*), **preferire** (*preferir*) e **volere** (*querer*) ao dirigir-se a outras pessoas, usa o presente do condicional na oração principal e o imperfeito do subjuntivo na oração declarativa. Por exemplo, **Vorrei che tu venissi al mercato** (*Gostaria de que você viesse à*

feira). A ação em questão pode acontecer agora e no futuro. Se você estiver falando sobre o passado, pode usar o imperfeito do indicativo ou pretérito do condicional na oração principal e o pretérito passado do subjuntivo na oração declarativa, como em **Preferirei/ Avrei preferito che Sandra fosse partita** (*Preferiria/Teria preferido que Sandra tivesse partido*).

Usando os verbos entre parênteses, acrescente o verbo no indicativo ou subjuntivo às seguintes orações declarativas.

P. Afferma che un anno fa al processo _____ la verità. (dire)

R. Afferma che un anno fa al processo **ha detto** la verità. (*Ele/ela afirma que falou a verdade no julgamento há um ano atrás.*)

14. Laura stava dicendo che Luca _____ da noi domani. (passare)

15. "Signora, desidera che le _____ il pacco a casa?" (consegnare)

16. Lisa temeva che il dottore le _____ brutte notizie. (dare)

17. Speravi che il professore _____ la lezione dopo il tuo ritorno? (ripetere)

18. Nicoletta mi ha scritto che suo marito _____ a Mosca. (arrivare)

19. Mi informano che il senator _____ le dimissioni ieri sera. (dare)

20. Credo che Ugo _____ da noi ieri sera solo per vedere Carla. (venire)

Determinando as Condições: Orações Se... Então

Quando você determina uma condição para um evento acontecer, constrói uma oração *se... então*. Com esta construção, você lida com o tempo em que a ação está acontecendo *e* o sentimento que tem em relação a ela. Aqui estão algumas das possíveis questões que podem surgir:

- É a consequência da condição de algo que vai certamente acontecer?

    Se dai scacco matto all'avversario, vinci la partita. (*Se você der um xeque-mate no adversário, ganha a partida.*)

- Você está meramente considerando a possibilidade?

    Se avessi tanti soldi comprerei una BMW. (*Se eu tivesse bastante dinheiro, compraria um BMW.*)

- Está dizendo que algo é impossível?

    Se avessi studiato, avresti passato l'esame. (*Se você tivesse estudado, teria passado na prova.*)

Quando você constrói esses tipos de frases, escolhe modos e tempos verbais de maneira a expressar quando algo acontece (ou não acontece) e seu aspecto real, possível ou irreal. Assim, para construir orações *se... então*, você precisa conseguir lidar com o modo – ou seja, o sentimento ou impressão que expressa com relação à situação – assim como a sequência temporal.

Nas seções a seguir, começo com dois modos diferentes que você expressa com orações *se... então* e sua sequência temporal básica. Depois, passo para as variações naquela sequência temporal.

Orações se... então reais, possíveis e irreais

Começa-se a orações *se... então* com a oração dependente seguida pela principal, como em **Se vieni anche tu** [oração dependente], **vado a vedere la partita** [oração principal] (*Se você também vier, assistirei à partida*). Você precisa identificar a oração principal corretamente, porque é a oração que dita o modo e o tempo verbal da oração dependente, mesmo se ela vier em segundo na fala ou escrita. (A propósito, é perfeitamente aceitável inverter a ordem das orações.)

Para falar sobre condições e hipóteses em italiano, usa-se quatro modos: indicativo, imperativo, condicional e subjuntivo.

Na oração *se*, nunca use o condicional depois da palavra **se**, como em **se sarei** (*se eu fosse*). Tirando esta regra, você encontrará uma gama de possíveis combinações na lista a seguir. Apresentarei as várias opções com exemplos, porque é mais fácil de explicar o que está acontecendo (e o que é preciso ser feito) se me referir a um caso concreto.

- ✔ Você pode sustentar que, dada determinada condição, haverá uma consequência: **Se prendi la medicina, guarisci/guarirai** (*Se tomar o medicamento, você se recuperará*). Neste caso, usa-se o presente ou futuro do indicativo **guarisci/guarirai** (*se recuperará*) na oração principal e **prendi/prenderai** (*tomar*) na oração dependente. O tempo escolhido depende do fato de estar falando sobre o presente, futuro próximo ou futuro distante.

- ✔ Você pode dizer que algo é meramente possível ou mesmo irreal:
  - Você pode falar sobre o presente: **Se prendessi la medicina, guadiresti** (*Se tomasse o medicamento, você se recuperaria*). Aqui usa o presente do condicional **guariresti** (*se recuperaria*) na oração principal e o imperfeito do subjuntivo **prendessi** (*tomasse*) na oração dependente. Esta pessoa pode tomar o medicamento (situação possível) ou sabe que ela não vai tomar (situação irreal). Você só quer dizer o que aconteceria se fizesse algo. Assim, neste caso, o presente do condicional expressa que está falando sobre o presente, ao passo que o

Capítulo 15: O Condicional e o Subjuntivo e Ação **255**

> imperfeito do subjuntivo não expressa muito nem tempo nem modo – um modo de possibilidade e incerteza.
>
> - Você pode falar sobre o passado: **Se avessi preso la medicina, saresti guarito** (*Se tivesse tomado o medicamento, você teria se recuperado*). Esta é uma situação irreal, porque você sabe o que aconteceu: a pessoa em questão não tomou o medicamento e não se recuperou, porém, acredita que o medicamento teria ajudado. Assim, neste caso, o pretérito passado do subjuntivo **avessi preso** (*tivesse tomado*) e o pretérito do condicional **saresti guarito** (*terias te recuperado*) expressam tanto tempo quanto modo.

Hoje é aceitável usar o pretérito imperfeito do indicativo para expressar impossibilidade: **Se mi avvertivate prima, portavo io la pizza [Se mi aveste avvertito prima, avrei portato io la pizza]** (*Se vocês me avissassem antes, trazia eu a pizza [Se vocês tivessem me avissado antes, eu teria trazido a pizza]*). É também aceitável usar o pretérito imperfeito do indicativo junto com o pretérito do subjuntivo: **Se venivi [fosse venuto] con noi, ti saresti divertito** (*Se viesse [tivesse vindo] conosco, você teria se divertido*).

A Tabela 15-5 resume a sequência dos modos e tempos verbais para os três casos.

Tabela 15-5 Orações Se... Então: Sequência de Modos e Tempos

Tipo de Condição ou Hipótese	Tempo e Modo da Condição (Oração Dependente)	Tempo e Modo da Consequência (Oração Principal)
Certo ou real	**se parto** (*se eu parto*) **se partirò** (*se eu partir*)	**arrivo/arriverò** (*chegarei*)
Possível ou irreal no presente	**se partissi** (*se eu partisse*)	**arriverei** (*chegaria*)
Irreal no passado	**se fossi partito** (*se eu tivesse partido*)	**sarei arrivato** (*teria chegado*)

Usando os verbos entre parenteses, acrescente as formas verbais adequadas para cada oração dependente. Mantenha o mesmo sujeito nas duas frases. Quando a oração *se... então* for do tipo real, use o mesmo modo e tempo da oração principal.

P. Se la _____, le restituisco il suo libro. (vedere)

R. Se la **vedo**, le restituisco il suo libro. (*Se a vir, devolverei o livro dela.*)

256 Parte IV: Acrescentando Nuances aos Modos e Tempos Verbais _____

21. Se _____ una macchina ibrida, risparmieremmo benzina. (comprare)

22. Se Umberto _____ tra due ore, arriva stasera. (partire)

23. Se _____ il corso di latino, avrà mia zia come professore. (prendere)

24. Se _____ in India, farei un corso di yoga. (andare)

25. Se _____ me, avreste risparmiato molti soldi. (ascoltare)

26. Se lo _____, lo avrebbero invitato a cena. (vedere)

Lidando com variações de sequências temporais de orações se... então

É importante observar que quando você tem uma oração *se... então* do tipo possível ou irreal, a sequência de tempos verbais é fixa. Porém, quando constrói orações *se... então* do tipo real, tem mais opções, dependendo do que quer dizer. Aqui está um resumo: se você usa orações *se... então*

- ✔ Para falar sobre regras de um jogo, você usa o presente do indicativo nas duas frases. Por exemplo, **Se vuoi giocare a tennis, hai bisogno di una racchetta e una pallina** (*Se quiser jogar tênis, você precisa de uma raquete e uma bola de tênis*).

- ✔ Para descrever uma situação hipotética no presente ou futuro próximo, você pode usar o presente ou futuro do indicativo. Por exemplo, **Se compri/comprerai una barca, vengo/verrò a fare vela con te** (*Se você compra/comprar um barco, venho/virei navegar com você*). Você escolhe o presente do indicativo quando fala sobre o presente ou o futuro próximo e escolhe o futuro do presente quando se refere a um tempo futuro.

- ✔ Para descrever uma situação hipotética no presente ou no futuro, pode também usar o imperativo (ver Capítulo 12) na oração principal quando quiser fazer um convite ou um alerta. Por exemplo, **Se passi da Roma, vieni a trovarmi** (*Se você passar em Roma, venha visitar-me*); **Se leggi il libro, non dirmi come va a finire!** (*Se você ler o livro, não me conte como vai terminar*).

- ✔ Para falar sobre o passado, use o pretérito perfeito composto. Por exemplo, **Se hai letto il libro, hai visto che è a lieto fine** (*Se você tiver lido [leu] o livro, viu que tem final feliz*)

Tenha em mente que você pode combinar tempos diferentes, porque pode ter uma oração *se* sobre uma situação que precede aquela da oração *então*. Por exemplo, **Se sono partiti ieri, arriveranno fra tre giorni** (*Se eles partiram ontem, chegarão em três dias*).

Capítulo 15: O Condicional e o Subjuntivo e Ação

Você também pode usar o pretérito (ver Capítulo 11) quando escrever ficção ou sobre história. Por exemplo, **Se il generale comprese di aver perso, non lo diede a vedere** (*Se o general entendeu que tinha perdido, pelo menos não demonstrou*).

Escolha as conclusões apropriadas às frases das opções apresentadas e escreva-a nas lacunas.

| andremmo alla Scala | ~~avrei portato Ada~~ | va a correre tutti i giorni | possiamo fare la torta |
| lavorerà per l'ONU | sarebbero morti molti pesci | devi denunciarlo alla polizia | risolveresti quesa equazione |

P. Se avessi saputo che veniva suo figlio, _____.

R. Se avessi saputo che veniva suo figlio, **avrei portato Ada.** (*Se eu tivesse sabido que seu filho estava vindo, teria trazido a Ada.*)

27. Se a mia sorella piacesse l'opera, _____

28. Se Dora ha comprato lo zucchero, _____

29. Se la petroliera fosse affondata, _____

30. Se si laureerà in Legge, _____

31. Se perdi il passaporto, _____

32. Se tu fossi Einstein, _____

33. Se vuoi giocare meglio a tennis, _____

Parte IV: Acrescentando Nuances aos Modos e Tempos Verbais

Respostas

1 Cristina e Mara, **portareste** la valigia del nonno? (*Cristina e Mara, poderiam carregar a mala do vovô?*)

2 Signora, mi **preparerebbe** il pacco per oggi pomeriggio? (*A senhora poderia preparar meu pacote para hoje à tarde?*)

3 Signori, **giocherebbero** a bridge con noi? (*Senhores, jogariam bridge conosco?*)

4 **Dovresti** restituirgli i soldi. (*Você deveria devolver-lhe o dinheiro.*)

5 **Vorrebbero** passare per Madrid. (*Eles gostariam de passar por Madrid.*)

6 **Potremmo** comprare quella casa. (*Poderíamos comprar aquela casa.*)

7 Lei **vorrebbe** andarsene, mentre lui **vorrebbe** rimanere. (*Ela gostaria de ir embora, ao passo que ele gostaria de ficar.*)

8 Chiedono che loro **spostino** la data della firma del contratto. (*Estão pedindo que eles mudem a data da assinatura do contrato.*)

9 Credo che lei **vada/stia andando** dal medico. (*Acho que ela está indo ao médico.*)

10 Il Signor Poretti dichiara che sua moglie **è** il presidente della società. (*Sr. Poretti declara que sua esposa é a presidente da firma.*)

11 L'avvocato afferma che il suo cliente **dice** la verità. (*O advogado afirma que seu cliente está falando a verdade.*)

12 Pensi che Mario **dia** le demissioni? (*Você acha que Mario vai pedir demissão?*)

13 Preferiscono che tu **parta** domani. (*Eles preferem que você parta amanhã.*)

14 Laura stava dicendo che Luca **sarebbe passato** da noi domani. (*Laura estava dizendo que Luca passaria na nossa casa amanhã.*)

15 "Signora, desidera che le **consegniamo** il pacco a casa?" ("*Senhora, quer que entreguemos o pacote em sua casa?*")

16 Lisa temeva che il dottore le **desse** brutte notizie. (*Lisa temia que o médico lhe desse más notícias.*)

17 Speravi che il professore **avrebbe ripetuto/ripetesse** la lezione dopo il tuo ritorno? (*Esperavas que o professor repetisse/; tivesse repetido a lição depois do teu retorno?*)

18 Nicoletta mi ha scritto che suo marito **è arrivato** a Mosca. (*Nicoletta escreveu-me dizendo que seu marido chegou a Moscou.*)

19 Mi informano che il senatore **dà/darà** le dimissioni ieri sera. (*Estão informando que o senador renunciará esta noite.*)

Capítulo 15: O Condicional e o Subjuntivo e Ação 259

20 Credo che Ugo **sia venuto** da noi ieri sera solo per vedere Carla. (*Acho que Ugo veio a nossa casa ontem à noite apenas para ver Carla.*)

21 Se **comprassimo** una macchina ibrida, risparmieremmo benzina. (*Se comprássemos um carro híbrido, economizaríamos gasolina.*)

22 Se Umberto **parte** tra due ore, arriva stasera. (*Se Umberto partir em duas horas, chegará esta noite.*)

23 Se **prendi** il corso di latino, avrà mia zia come professore. (*Se você fizer o curso de latim, terá minha tia como professora.*)

24 Se **andassi** in India, farei un corso di yoga. (*Se eu fosse à India, faria um curso de ioga.*)

25 Se **aveste ascoltato** me, avreste risparmiato molti soldi. (*Se vocês tivessem me escutado, teriam economizado muito dinheiro.*)

26 Se lo **avessero visto**, lo avrebbero invitato a cena. (*Se o tivesse visto, eu o teria convidado para jantar.*)

27 Se a mia sorella piacesse l'opera, **andremmo alla Scala.** (*Se minha irmã gostasse de ópera, iríamos ao La Scala.*)

28 Se Dora ha comprato lo zucchero, **possiamo fare la torta.** (*Se Dora tiver comprado o açúcar, poderemos/podemos fazer o bolo.*)

29 Se la petroliera fosse affondata, **sarebbero morti molti pesci.** (*Se o petroleiro tivesse afundado, muitos peixes teriam morrido.*)

30 Se si laureerà in Legge, **lavorerà per l'ONU.** (*Se ele/ela se formar em Direito, trabalhará na ONU.*)

31 Se perdi il passaporto, **devi denunciarlo all polizia.** (*Se você perder o passaporte, deve denunciar à polícia.*)

32 Se tu fossi Einstein, **risolveresti questa equazione.** (*Se você fosse Eisntein, resolveria esta equação.*)

33 Se vuoi giocare meglio a tennis, **va a correre tutti i giorni.** (*Se você quiser jogar tênis melhor, corra todos os dias.*)

260 Parte IV: Acrescentando Nuances aos Modos e Tempos Verbais

Capítulo 16

Satisfazendo Sua Curiosidade com Perguntas e Respostas

Neste Capítulo

▶ Tentando diferentes maneiras de fazer perguntas

▶ Fazendo perguntas negativas (e respondendo)

▶ Brincando com mais maneiras de responder perguntas

Construir perguntas e respostas é uma das coisas mais fáceis de fazer no italiano. Assim como no português, você transforma qualquer frase em uma pergunta apenas pelo acréscimo do ponto de interrogação no final. Por exemplo:

> **Laura studia il russo.** (*Laura estuda russo.*) → **Laura studia il russo?** (*Laura estuda russo?*)

Você também pode começar sua pergunta com palavras interrogativas como **come** (*como*) ou **dove** (*onde*). Neste capítulo, direi quais são estas palavras em italiano e como pode usá-las. Você também pode usar adjetivos interrogativos e pronomes como **quanto, quanta, quanti, quante** (*quanto, quanta, quantos, quantas*); por exemplo, **Quante ciliegie hai mangiato?** (*Quantas cerejas você comeu?*). Estas palavras variam em gênero e número. Com palavras como **quale** (*qual*) e **chi** (*quem*), usam-se pronomes interrogativos. (Você pode encontrá-los no Capítulo 8 como pronomes relativos.)

Embora fazer perguntas em italiano seja muito fácil, preciso explicar algumas coisas. Antes de mais nada, esclarecerei como pode ter respostas afirmativas, como em **Laura studia il russo** (*Laura estuda russo*); ou respostas negativas, como em **Laura non studia il russo** (*Laura não estuda russo*). Também direi como fazer perguntas negativas, como em **Laura non studia russo?** (*Laura não estuda russo?*). Finalmente, falarei sobre o uso de negativas múltiplas, como em **"È venuto qualcuno alla festa?" "Non è venuto nessuno"** (*Alguém veio à festa?" "Não veio ninguém"*).

As Três Maneiras de Fazer uma Pergunta

Você pode fazer perguntas de três maneiras (dependendo do que quer dizer, é claro):

- Acrescente um ponto de interrogação a uma frase afirmativa ou negativa.

   Vai al mercato? (*Você vai ao mercado?*)

   Non vai al mercato? (*Você não vai ao mercado?*)

- Use palavras interrogativas, como **quando** (*quando*), **dove** (*onde*), **come** (*como*), **perché** (*por que*) ou **che/che cosa** (*o que*).

   Dove vai in vacanza? (*Aonde você irá nas férias?*)

- Use adjetivos interrogativos e pronomes, como **quale** (*qual*) ou **chi** (*quem*).

   Quale borsa prendi? (*Qual bolsa você está pegando?*)

   Chi compra il latte? (*Quem vai comprar leite?*)

Acrescentando um ponto de interrogação a uma frase

Fazer perguntas acrescentando um ponto de interrogação a uma frase afirmativa ou negativa está muito fácil. Não tenho muito o que dizer sobre isso porque é muito fácil, mas posso dispender algumas palavras sobre a posição do sujeito na frase quando você o expressa com uma palavra específica, substantivo, nome, ou pronome – algo que possa ou não acontecer, especialmente quando se trata de pronomes.

Como vimos no Capítulo 9 (e se não olhou ainda, consulte-o), no italiano você não usa pronomes retos com muita frequência porque a terminação do verbo cuida de expressar quem está desempenhando a ação. Por exemplo, na frase **Dove stai andando?** (*Aonde você está indo?*), o sujeito está indicado pelo verbo (que é conjugado como *você[tu]*), e a questão está perfeitamente clara. Mas quando você quer usar um nome, substantivo ou pronome, pode colocar qualquer um deles em diferentes posições na frase, dependendo do que quer dizer. Preste atenção, você está entrando no campo das nuances aqui, porque o significado fundamental de sua pergunta (ou resposta) não foi afetado. Aqui estão suas opções:

- Você pode usar um nome ou substantivo. Se fizer uma pergunta direta, não enfática, coloca o sujeito depois do verbo, como em **Dove sono i ragazzi?** (*Onde estão os garotos?*). Se inverter a ordem das palavras e perguntar **I ragazzi dove sono?** (*Os garotos, onde estão?*) adiciona ênfase, talvez porque esteja levemente preocupado. O mesmo acontece se usar um nome.

✔ Você pode querer acrescentar um pronome, por duas razões:

- Para evitar desentendimentos. Coloque o pronome antes do verbo, como em **Lei accetterà quel lavoro?** (*Ela aceitará aquele emprego?*)

- Para acrescentar ênfase. Coloca o pronome após o verbo, como em **Pagano loro le tasse?** (*Eles pagam impostos?*).

Empregando o óbvio: Palavras interrogativas

Outra maneira clássica de fazer perguntas é pela introdução da frase com uma palavra interrogativa. Palavras interrogativas são advérbios, que são todos invariáveis. Você não tem que mudar a ordem das palavras da frase; simplesmente acrescenta a palavra interrogativa no início. Aqui estão as palavras interrogativas italianas com alguns exemplos de uso:

✔ **Quando** (*quando*): **Quando parti?** (*Quando você parte?*)

✔ **Come** (*como*): **Come stai?** (*Como está?*)

✔ **Dove** (*Onde*): **Dove andate?** (*Aonde vai?*),

✔ **Perché** (*por que*): **Perché vendi la bici?** (*Por que você está vendendo a bicicleta?*)

No italiano, o advérbio interrogativo **perché** (*por que*) é o mesmo da conjunção **perché** (*porque*) com o qual você introduz orações subordinativas que explicam as razões e as causas de um evento. Compare os exemplos a seguir: **Perché mi hai telefonato?** (*Por que você me telefonou?*); **Ti ho telefonato perché avevo bisogno del tuo parere** (*Telefonei porque preciso da sua opinião*).

Usa-se **come** e **perché** sozinhos, mas pode acrescentar uma preposição a **quando** e **dove**, dependendo do que está perguntando. Por exemplo, diz **Dove vai?** (*Aonde você vai?*) mas **Per quale città devi passare per andare a Roma?** (*Por qual cidade você tem que passar para ir a Roma?*). Como **quando** possibilita fazer perguntas relacionadas a tempo e **dove** relacionadas a lugar, você emprega algumas preposições relacionadas a tempo e lugar. A Tabela 16-1 lista somente as preposições simples que pode usar neste contexto, seus significados e alguns exemplos de como usá-las com **quando** e **dove**. (O Capítulo 6 tem cobertura total das preposições.)

Parte IV: Acrescentando Nuances aos Modos e Tempos Verbais

Tabela 16-1		Preposições de Tempo e Lugar Para Uso com Quando e Dove
Preposição	*Tradução*	*Exemplos Usando Quando e Dove*
di	de (tempo e lugar)	**Di quando è quel quadro?** (*De quando é aquele quadro?*) **Di dove sei?** (*De onde você é?*)
a	para (tempo)	**A quando rimandiamo l'incontro?** (*Para quando vamos transferir a reunião?*)
da	desde (tempo) de (tempo e lugar)	**Da quando non lo vedi?** (*Desde quando você não o vê?*); **Da dove venite?** (*De onde vocês estão vindo?*)
per	por, para (tempo e lugar)	**Per quando sarà pronto il libro?** (*Para quando estará pronto o livro?*); **Per dove sono passati?** (*Por onde eles viajaram/passaram?*)

Acrescente a palavra interrogativa adequada às frases a seguir.

P. _____ hai giocato l'asse di cuori?

R. **Perché** hai giocato l'asse di cuori? (*Por que você jogou o ás de copas?*)

1. _____ sono i bambini?

2. _____ vai in vacanza, tra una settimana o tra due?

3. _____ hai accettato quel lavoro?

4. _____ spieghi quello che è successo?

Usando pronomes interrogativos para perguntas específicas

Você também pode fazer perguntas com pronomes interrogativos, que possibilitam questionar algo específico sobre pessoas, coisas e situações. Coloca-se um pronome interrogativo no início de uma pergunta. Como você provavelmente já sabe, esta regra não é rígida, porque o italiano é muito flexível com a ordem das palavras. Mas, neste estágio de seu conhecimento da língua, recomendo que siga esta sugestão quando construir uma frase interrogativa.

Os pronomes interrogativos a seguir são invariáveis (eles não ganham terminações masculinas ou femininas, nem do singular ou plural):

Capítulo 16: Satisfazendo Sua Curiosidade com perguntas e Respostas 265

✔ **chi** (*quem, a quem*): usado como sujeito (*quem*) ou objeto direto (*a quem*) *somente* com pessoas (e alguns animais) para perguntar sobre:

- A identidade das pessoas e alguns animais, com o verbo **essere** (*ser*) conjugado na pessoa em que você está perguntando, como em **Chi sono le tue amiche?** (*Quem são as suas amigas?*)

- Quem está desempenhando a ação, com o verbo sempre na terceira pessoa do singular, como em **Chi va al mare?** (*Quem vai à praia?*)

✔ **che cosa, cosa** (*o que*): usado como um sujeito ou objeto direto *somente* com coisas ou situações sobre as quais perguntar

- Que ação está sendo realizada, como em **Che cosa ti preoccupa?** (*O que está te preocupando?*); **Che cosa fate?** (*O que vocês estão fazendo?*)

- O que está acontecendo, com verbos como **succedere** e **accadere** (*acontecer*) seguidos pelo verbo na terceira pessoa do singular, como em **Che cosa succede?** (*O que está acontecendo?*)

Em vez de **cosa** ou **che cosa**, você pode usar **che**. É mais coloquial e um pouco mais agressivo, como em **Ma che dici?** (*O que você está dizendo?*).

A Tabela 16-2 lista adjetivos/pronomes interrogativos, que variam em gênero e número ou somente em número.

Tabela 16-2	Adjetivos/Pronomes Interrogativos Usados com Pessoas e Coisas			
Tradução	*Masculino Singular*	*Feminino Singular*	*Masculino Plural*	*Feminino Plural*
o que, qual	*quale*	*quale*	*quali*	*quali*
Usado como adjetivo	**Quale CD vuoi sentire?** (*Que CD você quer ouvir?*)	**Quale gonna ti piace?** (*De que saia você gosta?*)	**Quali libri hai letto?** (*Que livros você leu?*)	**Quali rose hai piantato?** (*Que rosas você plantou?*)
Usado como pronome	**Ho tre CD. Quale vuoi?** (*Tenho três CDs. Qual você quer?*)	**Ho due gonne. Quale ti piace?** (*Tenho duas saias. De qual você gosta?*)	**Hanno libri di storia e romanzi. Quali vuoi?** (*Eles têm livros de história e romance. Quais você quer?*)	**Hanno rose bianche e rosse. Quali vuoi piantare?** (*Eles têm rosas brancas e vermelhas. Quais você quer plantar?*)
quanto, quanta, quantos, quantas	*quanto*	*quanta*	*quanti*	*quante*
Usado como adjetivo	**Quanto zucchero hai messo nella torta?** (*Quanto açúcar você colocou no bolo?*)	**Quanta frutta hai comprato?** (*Quanta fruta você comprou?*)	**Quanti fichi hai mangiato?** (*Quantos figos você comeu?*)	**Quante rose hai piantato?** (*Quantas rosas você plantou?*)
Usado como pronome	**Ho molto miele. Quanto ne vuoi?** (*Tenho muito mel. Quanto você quer?*)	**Ho un mucchio di frutta. Quanta ne vuoi?** (*Tenho muita fruta. Quanto você quer?*)	**Ho molti fichi. Quanti ne vuoi?** (*Tenho muitos figos. Quantos você quer?*)	**Ho molte rose. Quante ne vuoi?** (*Tenho muitas rosas. Quantas você quer?*)

Capítulo 16: Satisfazendo Sua Curiosidade com perguntas e Respostas

Para expressar o pronome *de quem*, acrescenta-se a preposição **di** ao pronome **chi**. Como em **Di chi sono questi guanti?** (*De quem são estas luvas?*).

Como você pode ver na tabela, **quale** varia em número, mas não em gênero. Ele perde o **-e** antes da terceira pessoa do singular do verbo **essere** (*ser*), mas não ganha apóstrofo, portanto, fica **qual era** (*o que, qual era*). É usado

- Para perguntar sobre a identidade de uma pessoa ou coisa, como em **Qual è il loro numero di telefono?** (*Qual é o número de telefone deles/delas?*)

- Para selecionar um ou mais itens em um grupo, como em **Quali gonne ti interessano?** (*Quais saias te interessam?*)

Quanto varia em gênero e número, coordenando com o substantivo a que se refere, no caso de este substantivo ser expresso. Do contrário, use o padrão masculino singular ou plural (ver Tabela 16-2), como em **Quanto costa il vestito?** (*Quanto custa aquele vestido?*); **"Avevamo cento membri." "Quanti si sono iscritti di nuovo?"** (*"Tínhamos 100 membros." "Quantos se reinscreveram?"*).

Você pode também usar **che** (que é invariável) como um adjetivo interrogativo antes de substantivos referindo-se a pessoas e coisas, como em **Che lavoro fa?** (*Qual é o trabalho dele/dela?*).

Quando você usa o adjetivo ou pronome interrogativo como o sujeito de uma frase, precisa decidir qual pessoa o verbo vai assumir. E se o verbo está em uma forma composta (como o pretérito perfeito composto, como em **sono andato** [*fui embora*]), também precisa decidir a terminação do particípio passado. Quando usa qualquer adjetivo ou pronome interrogativo como objeto direto com um verbo transitivo, que leva o **avere** (*ter*) como seu auxiliar, em tempos compostos deixa o particípio passado no padrão masculino singular. Por exemplo, **Quali libri hai comprato?** (*Quais livros você comprou?*).

Você também pode acrescentar preposições aos pronomes/adjetivos interrogativos, como em **Di quante pere hai bisogno per la torta?** (*De quantas peras você precisa para a torta?*). Com **quali** (*qual*) e **quanto** (*quanto*) (mas não **quanta**) e **quanti/quante** (*quantos, quantas*), pode também usar a preposição **fra/tra** (*por, entre*). Considere estes exemplos:

> **Fra quanto tornate?** (*Faz quanto tempo que vocês voltaram?*)

> **Tra quanti appartamenti potete scegliere?** (*Entre quantos apartamentos vocês podem escolher?*)

Acrescente a palavra interrogativa ou pronome ou adjetivo interrogativo adequado às seguintes frases, escolhendo as opções entre parênteses.

P. (Chi/Che cosa/Quale) è capitato?

R. **Che cosa** è capitato? (*O que aconteceu?*)

5. (Chi/Quale/Quanto) bussa alla porta?

6. (A chi/Di chi/Qual) è quell'ombrello?

7. (Con quale/Con chi/Chi) giochi a pallone?

8. (Quali/Quante/Quanti) giorni ci sono in una settimana?

9. Mamma, (a chi/a quale/a che cosa) devo dare questo pacchetto?

10. (Quanta/Quanti/Quale) giornali hai comprato?

As Nuances de Adjetivos e Pronomes Negativos: P & R

Para perguntas negativas, usa-se qualquer uma das três fórmulas que apresento para fazes as possíveis perguntas e simplesmente acrescentar **non** (*não*) à frase, colocando-o antes da forma verbal, simples ou composta. Considere estes exemplos:

Laura non ha studiato il russo? (*Laura não estudou russo?*)

Perché non ci avete risposto? (*Por que vocês não nos responderam?*)

Chi non mangia la carne? (*Quem não come carne?*)

Ao fazer uma pergunta negativa, são usados pronomes e adjetivos negativos. Aqui estão algumas coisas que precisa saber sobre seu uso:

- **Nessuno, nessuna (***ninguém, nenhum, nenhuma***)** é apenas singular. Como um adjetivo você usa antes de um substantivo masculino ou feminino, como em **Non hanno visto nessuna amica** (*Eles não viram nenhuma amiga*). Como pronome, é usado com verbos no singular e é escolhida a forma padrão masculina singular para o particípio passado em uma forma verbal composta, como em **Non è partito nessuno** (*Ninguém partiu*).

- **Niente/Nulla** (*nada, nenhum, nenhuma*) refere-se somente a coisas. É usado apenas no singular e leva a forma padrão masculina singular para o particípio passado, em uma forma verbal composta, como em **Non è successo niente** (*Nada aconteceu*). Não há diferença de significado entre **niente** e **nulla**.

Além de pronomes indefinidos como **nessuno** e **niente** usados em perguntas e respostas, tem uma gama de palavras à sua disposição, a maioria advérbios, para expressar situações negativas. Você pode usar os advérbios

- **nemmeno/neanche/neppure** (*nem, nem mesmo*), seguido por um substantivo, um pronome ou um nome, como em **Non lo sapevi neanche tu?** (*Nem você sabia?*). Você pode escolher qualquer uma das três palavras de acordo com seu gosto.

Capítulo 16: Satisfazendo Sua Curiosidade com perguntas e Respostas

- **né... né** (*nem... nem*), como em **Non lo hanno comprato nè lui nè lei?** (*Nem ele nem ela o compraram?*)

Você pode usar as seguintes expressões adverbiais:

- **non... ancora** (*ainda não*), como em **Non l'hanno ancora vista?** (*Não a viram ainda?*)
- **non... mai** (*nunca, nunca mais*), como em **Non l'avete mai vista?** (*Você não a viu mais?*)
- **non... più** (*não mais, nunca mais*), como em **Non la vedi più?** (*Você não a viu mais?*)

Com estas expressões adverbiais, coloca-se **non** antes do verbo (simples ou composto) e o outro componente após uma forma verbal simples, ou logo antes do auxiliar em uma forma composta, como nos exemplos anteriores. (Para mais informações sobre advérbios e suas colocações, volte ao Capítulo 5.)

Agora, nas exceções mais importantes com relação às negações: tira-se o advérbio **non** (*não*) da frase (pergunta ou resposta) se a frase começar com uma das seguintes palavras:

- **nessuno**
- **nemmemo/neanche/neppure** (seguido por um substantivo, pronome ou nome)
- **niente**
- **né... né**

Nessuno ha mangiato niente? (*Ninguém comeu nada?*)

Né Laura né Piero sono d'accordo? (*Nem Laura nem Piero estão de acordo?*)

Preste atenção, eu disse *se* a frase começar com estas palavras. Não é necessário começar com elas. A frase **Non ha mangiato niente nessuno** (*Ninguém comeu nada*) está perfeitamente correta. É sua a escolha, se usa uma construção ou outra.

Respondendo às Perguntas

O tipo de resposta que se vai dar a uma pergunta depende do que está sendo perguntado. Quando você responde negativamente a uma pergunta buscando informações, há uma gama de palavras negativas que podem ser acrescentas à resposta. É possível escolher qualquer um dos adjetivos e pronomes negativos listados na seção anterior "Usando pronomes interrogativos para perguntas específicas". Tudo o que precisa ser feito é retirar o ponto de interrogação. Portanto, uma pergunta como **Non l'hanno ancora vista?** (*Eles ainda não a viram?*) pode virar uma resposta: **Non**

l'hanno ancora vista (*Eles ainda não a viram*). Similarmente, **Nessuno ha mangiato niente?** (*Ninguém comeu nada?*) fica **Nessuno ha mangiato niente.** (*Ninguém comeu nada.*)

Respostas simples

Mesmo quando é respondido com **sì** ou **no**, há mais palavras a serem escolhidas do que apenas estas duas. A seguir, listas de expressões que expressam várias reações, de absoluta concordância a absoluta discordância, assim como as nuances entre elas.

Respostas Positivas e Tentativas

assolutamente (*absolutamente*)

certo/certamente (*certamente*)

di sicuro (*seguramente*)

forse/può darsi (*talvez*)

forse sì, forse no (*talvez sim, talvez não*)

grazie (*obrigado*)

Penso di sì. (*Penso que sim.*)

Perché no? (*Por que não?*)

probabilmente (*provavelmente*)

senza dubbio (*sem dúvida*)

senz'altro (*sem dúvidas*)

Respostas Negativas

assolutamente no (*absolutamente não*)

certo che no/certamente no (*certamente que não*)

forse no (*talvez não*)

mai (*nunca*)

mai più (*nunca mais*)

nemmeno/neppure/neanche + nome, substantivo ou pronome (*nem, nem mesmo*)

nessuno (*ninguém*)

niente/nulla (*nada*)

Penso di no. (*Penso que não.*)

per niente/niente affatto (*de modo algum*)

Usando um pronome em resposta

Quando você se engaja em uma conversação envolvendo perguntas e respostas, os pronomes são bem convenientes. Se alguém diz **"Conosci Mauro?"** (*"Conhece o Mauro?"*), em vez de responder **"Conosco Mauro/Non conosco Mauro"** (*"Eu conheço Mauro/Eu não conheço Mauro"*), pode dizer **"Lo conosco/Non lo conosco"** (*"Eu o conheço/Eu não o conheço"*). (Você pode encontrar mais pronomes no Capítulo 4.)

Os pronomes pessoais podem ser usados nas respostas quando a palavra que não precisa ser repetida é uma pessoa ou coisa específica. Porém, muitas vezes a resposta vai se referir a toda a situação mencionada na pergunta. Se alguém perguntar **"Sapevi che i ghiacciai della Groenlandia si stanno sciogliendo a un ritmo che preoccupa persino gli scienziati più pessimisti?"** (*Sabia que as geleiras da Groenlândia estão derretendo num ritmo que está alarmando até mesmo os cientistas mais pessimistas?"*) você pode responder **"Lo sapevo/Non lo sapevo"**

Capítulo 16: Satisfazendo Sua Curiosidade com perguntas e Respostas

(*"Eu sabia disso/Não sabia disso"*). O pronome **lo** (*isso*) refere-se a todo o argumento expresso pela pergunta. No italiano, você pode usar algumas expressões que empregam três pronomes: **lo, ci** (*aqui, ali, lá, sobre isso, sobre aquilo*), e **ne** (*disso, disto, dele, dela, deles, delas, daquilo, daquele, daquela*). (Consulte o Capítulo 4 para mais informações sobre os pronomes.)

"Sapevi che Marta si sposa?" (*"Sabia que Marta vai se casar?"*); **"Lo/Non lo sapevo."** (*"Eu sabia disso/Não sabia disso."*)

"Andate al concerto?" (*"Vocês irão ao concerto?"*); **"Ci/non ci andiamo."** (*"Vamos/Não vamos."*)

"Lei ha parlato della tesi?" (*"Ela falou sobre a tese?"*); **"Ne ha/Non ne ha parlato."** (*"Ela falou/ Ela não falou sobre isso."*)

"Ti ricordi di comprar le medicine?" (*Você vai se lembrar de comprar os medicamentos?"*) **"Me ne/Non me ne ricordo."** (*"Lembrarei/Não lembrarei."*)

"Si sono dimenticati di darle la lettera?" (*"Eles secesqueceram de dar a carta a ela?"*); **"Se ne sono/Non se ne sono dimenticati."** (*"Eles esqueceram/eles não esqueceram."*)

Responda as questões a seguir usando frases completas. Se puder responder corretamente tanto de forma afirmativa quanto negativa, faça-o para praticar os dois tipos de respostas.

P. Nel Capitolo 15, hai imparato a porre delle domande e a dare risposte?

R. No, ho imparato a usare il condizionale e il congiuntivo. (*Não, aprendi a usar o condicional e o conjuntivo.*)

11. Vorresti che ci fossero più esempi in questo capitolo?

_____

12. Vorresti che ci fossero più esercizi?

_____

13. Aggiungeresti degli esercizi con delle figure?

_____

14. Vuoi fare un test delle tue conoscenze riguardo al materiale presentato in questo capitolo?

_____

15. Devi cambiare l'ordine delle parole per fare una domanda in italiano?

_____

16. Se qualcuno ti domanda, "Ti piace leggere?", basta rispondere "sì" o "no"?

_____

272 Parte IV: Acrescentando Nuances aos Modos e Tempos Verbais

17. Se qualcuno ti domanda, "Quante ore ci sono in un giorno?", basta rispondere "sì" o "no"?

18. Qual è la risposta corretta alla domanda 17?

19. In italiano, si può usare più di una negazione in una domanda o una risposta negativa?

20. La frase "Nessuno non può partire" è corretta?

21. Qual è la frase corretta nella domanda 20?

Capítulo 16: Satisfazendo Sua Curiosidade com perguntas e Respostas 273

Respostas

1 **Dove** sono i bambini? (*Onde estão as crianças?*)

2 **Quando** vai in vacanza, tra una settimana o tra due? (*Quando você entrará em férias: em uma semana ou duas?*)

3 **Perché** hai accettato quel lavoro? (*Por que você aceitou aquele emprego?*)

4 **Come** spieghi quello che è successo? (*Como você explica o que aconteceu?*)

5 **Chi** bussa alla porta? (*Quem está batendo à porta?*)

6 **Di chi** è quell'ombrello? (*De quem é aquele guarda-chuva?*)

7 **Con chi** giochi a pallone? (*Com quem você joga futebol?"*)

8 **Quanti** giorni ci sono in una settimana? (*Quantos dias há em uma semana?*)

9 Mamma, **a chi** devo dare questo pacchetto? (*Mãe, a quem devo dar este pacote?*)

10 **Quanti** giornali hai comprato? (*Quantos jornais você comprou?*)

11 **Sì, vorrei che ci fossero più esempi.** (*Sim, Gostaria de mais exemplos.*) ou **No, non vorrei che ci fossero più esempi.** (*Não, não gostaria de mais exemplos.*)

12 **Sí, vorrei che ci fossero più esercizi.** (*Sim, gostaria de mais exercícios.*) ou **No, non vorrei che ci fossero più esercizi.** (*Não, não gostaria de mais exercícios.*)

13 **Sì, aggiungerei degli esercizi con delle figure.** (*Sim, eu acrescentaria mais exercícios com figuras.*) ou **No, non aggiungerei degli esercizi con delle figure.** (*Não, eu não acrescentaria mais exercícios com figuras.*)

14 **Sì, voglio fare un test delle mie conoscenze [riguardo al materiale presentato in questo capitolo].** (*Sim, quero fazer um teste do que aprendi [sobre o material apresentado neste capítulo].*) ou **Non, non voglio fare un test delle mie conoscenze.** (*Não, não quero fazer um teste do que aprendi.*)

15 **No, non devo cambiare l'ordine delle parole per fare una domanda in italiano.** (*Não, eu não tenho que mudar a ordem das palavras para fazer uma pergunta em italiano.*)

16 **Sì, basta rispondere "sì" o "no".** (*Sim, basta responder "sim" ou "não".*)

17 **No, non basta rispondere "sì" o "no".** (*Não, não basta responder "sim" ou "não".*)

18 **In un giorno ci sono ventiquattro ore.** (*Há 24 horas em um dia.*)

19 **Sì, in italiano si può usare più di una negazione in una domanda o una risposta negativa.** (*Sim, no italaino pode-se usar mais de uma negação em uma pergunta ou resposta negativa.*)

274 Parte IV: Acrescentando Nuances aos Modos e Tempos Verbais

20 No, la frase "Nessuno non può partire" non è corretta. (*No, a expressão "Ninguém não pode sair" não está correta.*)

21 "Nessuno può partire." ou "Non può partire nessuno." (*"Ninguém pode partir." ou "Não pode partir ninguèm."*)

Capítulo 17

As Construções Reflexivas, Passivas e Impessoais

Neste Capítulo

▶ Sendo o objeto de suas próprias ações

▶ Mudando orações ativas em passivas

▶ Expressando que alguém (que você não sabe exatamente quem) está fazendo algo

Na maioria das vezes, você constrói frases em que um agente conhecido realiza uma ação que pode ou não ter um impacto em um objeto. Porém, este cenário não se aplica sempre; neste capítulo, discutirei situações nas quais precisa usar uma forma verbal especial por que

✔ O sujeito é o objeto de sua própria ação, em cujo caso usa-se a forma reflexiva.

✔ O sujeito da frase é o receptor passivo de uma *ação realizada por um agente* (observe a voz passiva em itálico aqui – facilitadora eu, não?), em cujo caso é necessária a forma passiva.

✔ Alguém anônimo está fazendo algo, em cujo caso é necessária a forma impessoal.

Este capítulo explica como você pode fazer essas construções no italiano e o ajuda a entender quando é apropriado usá-las.

Virando o Objeto de Suas Próprias Ações

Um verbo reflexivo permite que se diga que uma ação é direcionada ao sujeito que a está realizando. Os verbos reflexivos são usados para expressar que

✔ O sujeito está realizando uma ação em si mesmo: **Io mi lavo** (*Estou me lavando*).

Parte IV: Acrescentando Nuances aos Modos e Tempos Verbais

- ✔ Algo está acontecendo ao próprio sujeito, apesar de não ser algo que a pessoa esteja realmente fazendo: **Io mi sveglio** (*Estou acordando*).

- ✔ A ação é direcionada ao sujeito e uma parte de si mesmo: **Io mi lavo le mani** (*Eu lavo minhas mãos*).

- ✔ O sujeito está fazendo algo por si mesmo: **Io mi faccio gli spaghetti** (*Estou cozinhando espaguete para mim mesmo*).

- ✔ Duas ou mais pessoas engajadas em uma ação recíproca: **Noi ci scriviamo** (*Nós nos escrevemos*).

Formando verbos reflexivos

Para identificar um verbo reflexivo a partir de um verbo transitivo ou intransitivo, procure pelo **-si** junto ao radical do infinitivo sem o final **-e**: **lavare** (*lavar*) → **lavarsi** (*lavar-se*). Depois, o verbo reflexivo é conjugado no modo e tempo verbal desejado, seguindo estas etapas:

1. Conjuga-se o verbo normalmente (ver Partes III e IV), acrescentando o auxiliar **essere** nos tempos compostos: **I bambini si sono addormentati**. (*As crianças adormeceram.*) Consulte o Capítulo 9 para cobertura dos tempos compostos.

   Porém, quando você junta o pronome a um infinitivo que segue um auxiliar modal usa-se **essere** *(ser)* em vez de **avere** *(haver)* como auxiliar, porque o verbo que está sendo conjugado é o auxiliar modal em vez do verbo reflexivo.

2. Coordena-se o particípio passado com o sujeito em tempos compostos: **Le bambine si sono addormentate.** (*As menininhas adormeceram.*) Vá ao Capítulo 9 para descobrir sobre os particípios passados e a coordenação.

3. Colocam-se os pronomes reflexivos **mi** (*me*), **ti** (*ti*) **si** (*si, consigo*), **ci** (*nos*), **vi** (*vos*), **si** (*si, consigo*) antes do verbo: **I bambini si addormentano.** (*As crianças adormeceram*). Cubro os pronomes reflexivos no Capítulo 4.

Aqui está um exemplo de um verbo conjugado na forma reflexiva.

lavarsi (lavar-se): Presente do Indicativo	
io **mi lavo** (*eu me lavo*)	noi **ci laviamo** (*nós nos lavamos*)
tu **ti lavi** (*tu te lavas*)	voi **vi lavate** (*vós vos lavastes*)
lui/lei/Lei/esso **si lava** (*ele/ela se lava*)	loro/Loro/essi/esse **si lavano** (*eles/ elas se lavam*)
Ci laviamo le mani prima di mangiare. (*Nós lavamos as mãos antes de comer.*)	

Capítulo 17: As Construções Reflexivas, Passivas e Impessoais

Colocam-se os pronomes reflexivos antes do verbo em todos os modos e tempos verbais, como ilustrado na Tabela 17-1, com exceção das formas verbais que usam o gerúndio ou o infinitivo. Por exemplo, **Lavarsi le mani prima di mangiare è importante** (*Lavar as mãos antes de comer é importante*). (Cubro os gerúndios e auxiliares modais nos Capítulos 9 e 10.)

Tabela 17-1	Posição dos Pronomes Reflexivos com Gerúndio e Infinitivo		
Gerúndio		*Auxiliar Modal + Infinitivo*	
Antes da Forma Verbal	*ou Unido ao Gerúndio*	*Antes da Forma Verbal*	*OU Unido ao Infinitivo*
Si sta lavando. (*Ela está se lavando.*)	Sta lavandosi. (*Ela está se lavando.*)	Si è voluta lavare. (*Ela queria lavar-se.*)	Ha voluto lavarsi. (*Ela queria lavar-se.*)

Transformando um verbo transitivo em um verbo reflexivo

No italiano, é possível transformar quase todos os verbos transitivos – verbos que requerem tanto um sujeito quanto um objeto – em reflexivos acrescentando a terminação **-si** ao infinitivo do verbo. Isso é feito quando você precisa que a ação de um verbo transitivo regular caia sobe o orador. Por exemplo, **Io mi guardo allo specchio** (*Estou me olhando no espelho*); **La neve si è sciolta** (*A neve derreteu*). Para mais informações sobre verbos transitivos, vá ao Capítulo 9. A maioria dos verbos pode ser transformada em verbos reflexivos; como uma regra básica, use discernimento: você pode certamente lavar uma maçã *e* você mesmo, mas não pode beber uma cerveja e você mesmo, certo? Se você não estiver certo se o verbo que acabou de transformar em reflexivo existe, consulte o dicionário.

Alguns verbos reflexivos têm um significado passivo, como **rompersi** (*quebrar-se*). Por exemplo, na frase **Il bicchiere si è rotto** (*O copo quebrou*), você está tecnicamente dizendo que o copo sofreu danos, mas o verbo usado para expressar esta ideia é reflexivo, apesar de o copo não ter realmente feito nada a si mesmo.

Os significados transitivos e reflexivos de um verbo podem não diferir muito. **Quel film mi ha annoiata** (*Aquele filme me entediou*) significa mais ou menos o mesmo que **Mi sono annoiata a vedere quel film** (*Entediei-me assistindo àquele filme*). Porém, **Si è ucciso** (*Ele se matou*) é diferente de **L'hanno ucciso** (*Eles o mataram*). Um dicionário sempre esclarecerá os significados transitivo e reflexivo de um verbo.

A Tabela 17-2 mostra os significados que os verbos transitivos comuns adquirem quando se tornam reflexivos.

Tabela 17-2 Verbos Transitivos Usados de Forma Reflexiva

Verbo Transitivo	Verbo Reflexivo	Verbo Transitivo	Verbo Reflexivo
accomodare (*acomodar*)	accomodarsi (*acomodar-se*)	ricordare (*recordar*)	ricordarsi (*recordar-se*)
addormentare (*colocar para dormir*)	addormentarsi (*pegar no sono*)	rilassare (*relaxar*)	rilassarsi (*relaxar-se*)
affaticare, stancare (*fatigar, cansar*)	affaticarsi, stancarsi (*Fatigar-se, cansar-se*)	sentire (*ouvir*)	sentirsi (*ouvir-se*)
affrettare (*apressar*)	affrettarsi (*apressar-se*)	scusare (*perdoar*)	scusarsi (*desculpar-se*)
alzare (*erguer*)	alzarsi (*erguer-se*)	separare (*separar*)	separarsi (*separar-se*)
annoiare (*entediar*)	annoiarsi (*entediar-se*)	spaventare (*assustar*)	spaventarsi (*assustar-se*)
chiamare (*chamar*)	chiamarsi (*chamar-se*)	spogliare (*despir*)	spogliarsi (*despir-se*)
curare (*curar*)	curarsi (*curar-se*)	sposare (*casar*)	sposarsi (*casar-se*)
dimenticare (*esquecer*)	dimenticarsi (*esquecer-se*)	stupire (*surpreender*)	stupirsi (*surpreender-se*)
divertire (*divertir*)	divertirsi (*divertir-se*)	svegliare (*acordar*)	svegliarsi (*acordar-se*)
fare male (*machucar*)	farsi male (*machucar-se*)	svestire (*despir*)	svestirsi (*despir-se*)
fermare (*interromper*)	fermarsi (*interromper-se*)	tagliare (*cortar*)	tagliarsi (*cortar-se*)
offendere (*ofender*)	offendersi (*ofender-se*)	trasferire (*transferir*)	trasferirsi (*transferir-se*)
rendere conto (*dar conta, perceber*)	rendersi conto (*dar-se conta*)	vestire (*vestir*)	vestirsi (*vestir-se*)

Reescreva as frases a seguir de modo que os verbos sejam reflexivos e use o pretérito perfeito composto. Nas suas frases, pule as palavras entre colchetes.

P. Bianca ha offeso Marisa.

R. **Marisa si é offesa.** (*Maria está ofendida.*)

_____ Capítulo 17: As Construções Reflexivas, Passivas e Impessoais **279**

1. [La sveglia] ha svegliato Pietro.

2. [Il clown] ha divertito i bambini.

3. Nicola è diventato il marito di Fulvia.

4. I miei genitori hanno dimenticato le chiavi di casa.

5. I signori Bernini sono andati a vivere a Napoli. (trasferire)

6. Mi meraviglia molto che tu non abbia protestato.

Verbos que são muito reflexivos

Alguns verbos italianos são usados principalmente no seu sentido reflexivo. Se usados transitivamente, eles não fazem sentido.

A lista a seguir mostra os verbos usados principalmente, se não somente, na forma reflexiva:

- **arrabbiarsi, adirarsi** (*enfurecer-se*)
- **arrendersi** (*render-se*)
- **coricarsi** (*deitar-se*)
- **fidanzarsi** (*ficar noivo*)
- **inchinarsi** (*inclinar-se*)
- **innamorarsi** (*apaixonar-se*)
- **lamentarsi** (*lamentar-se*)
- **ostinarsi** (*obstinar-se*)
- **pentirsi** (*arrepender-se*)
- **sedersi** (*sentar-se*)
- **suicidarsi** (*suicidar-se*)
- **vergognarsi** (*envergonhar-se*)

Agindo no corpo (ou partes dele): Pronome reflexivo + verbo transitivo + objeto direto

Quando você fala sobre alguém fazendo algo para seu corpo ou partes dele, pode "construir" um significado reflexivo usando um verbo transitivo seguido por um objeto direto e precedido por um pronome reflexivo expressando que a ação caia no sujeito. Na verdade, os pronomes reflexivos **mi, ti, si** e assim por diante, significa, neste sentido, **a,/per me** (*a/para mim*), **te** (*a/para ti*), **lui** (*a/para ele*), e assim por diante

(Capítulo 4). O sujeito não é o objeto direto da ação – como é o caso com verbos reflexivos reais –, mas sim um objeto indireto: você está fazendo coisas *para* você mesmo.

Esta construção acrescenta ênfase e evita confusão sobre o recipiente da ação. Se você disser **Io lavo i capelli** (*Estou lavando o cabelo*), não está dizendo se está lavando seu próprio cabelo ou de outra pessoa. Mas se acrescentar um pronome reflexivo e disser **Io mi lavo i capelli**, só pode estar lavando o seu cabelo.

Similarmente, se o verbo italiano que está usando é seguido pelas preposições **a/per** como em **insegnare a** (*ensinar*), **dire a** (*dizer, falar*) ou **raccontare a qualcuno** (*contar*), usa-se a forma reflexiva. Por exemplo, **Mi insegno l'inglese da sola** (*Estou ensinando inglês a mim mesma*).

A seguir alguns verbos comuns usados ao falar de si mesmo:

- **depilarsi** (*depilar-se*)
- **lavarsi** (*lavar-se*)
- **mettersi** (*colocar-se*)
- **pettinarsi** (*pentear-se*)
- **prepararsi** (*preparar-se*)
- **pulirsi** (*limpar-se*)
- **radersi, farsi la barba** (*barbear-se*)

- **rompersi** (*quebrar-se*)
- **spazzolarsi** (*escovar-se [o cabelo]*)
- **struccarsi** (*demaquilar-se*)
- **tagliarsi** (*cortar-se*)
- **tingersi** (*tingir-se [cabelo]*)
- **togliersi** (*despir-se*)
- **truccarsi** (*maquiar-se*)

Ao falar sobre si mesmo, pode-se usar a forma reflexiva para enfatizar a ação que normalmente requereria um verbo transitivo simples. Este uso do reflexivo acentua o fato de que está fazendo algo para mimar-se. Por exemplo, **Adesso bevo in bicchiere di vino** (*Estou bebendo uma taça de vinho agora*) é transitivo; **Adesso mi bevo un bel bicchiere di vino!** (*Agora vou beber uma boa taça de vinho!*) é reflexivo. A lista a seguir mostra os verbos transitivos mais comuns usados em uma forma reflexiva a fim de expressar esta ideia.

- **ascoltarsi** (*escutar-se*)
- **bersi** (*beber*)
- **comprarsi** (*comprar-se*)
- **cucinarsi** (*cozinhar para si*)

- **farsi** (*fazer-se*),
- **giocarsi** (*esbanjar-se [no jogo]*)
- **mangiarsi** (*comer*)
- **vedersi** (*assistir-se, ver-se*)

Ao usar um composto com um particípio passado, coordene-o com o sujeito se o objeto seguir o verbo e coordene-o com o pronome oblíquo precedendo os verbos (consulte o Capítulo 4 sobre pronomes). Por exemplo, **"Lia si è lavata le mani?" "Se le è lavate."** (*Lia lavou as mãos?" "Ela as lavou"*).

Capítulo 17: As Construções Reflexivas, Passivas e Impessoais

Traduza as frases a seguir para o italiano.

P. Um homem está se barbeando.

R. **Un uomo si rade.**

7. Uma mulher penteia seu cabelo.

_____

8. Um garoto escova os dentes.

_____

9. Uma garota maquia seus olhos.

_____

10. Um gato lambe seu pelo.

_____

11. Um homem tira sua camisa.

_____

12. Três homens cozinham peixe para o churrasco.

_____

Engajando-se em ações recíprocas

As pessoas frequentemente se engajam em atividades características pela reciprocidade: elas falam umas com as outras, escrevem umas para as outras, e assim por diante. Para expressar esta ação, no italiano, é usado o verbo reflexivo no plural porque o sujeito incluirá no mínimo duas pessoas (a seção "Formando verbos reflexivos", anteriormente neste capítulo, mostra como formar o verbo reflexivo no plural). Considere estes exemplos:

Si conosco da molti anni. (*Eles se conhecem há muitos anos.*)

Marina e Pietro si sono fidanzati. (*Marina e Pietro noivaram.*)

A seguir está uma lista de alguns verbos com os quais você pode expressar reciprocidade. É claro, também pode usar alguns destes verbos para expressar uma emoção ou uma ideia, dizendo que o sujeito está sentindo algo sobre si mesmo, como em **Nadia si conosce bene** (*Nadia se conhece bem*) oposto a **Nadia e Maria si conoscono da due anni** (*Nadia e Maria se conhecem há dois anos.*)

- **amarsi** (*amar-se*)
- **baciarsi** (*beijar-se*)
- **chiamarsi, telefonarsi** (*telefonar-se*)
- **conoscersi** (*conhecer-se*)
- **fidanzarsi** (*noivar*)
- **incontrarsi** (*encontrar-se*)
- **odiarsi** (*odiar-se*)
- **parlarsi** (*falar-se*)

- **presentarsi** (*apresentar-se*)
- **salutarsi** (*saudar-se*)
- **scriversi** (*escrever-se*)
- **separarsi** (*separar-se*)
- **sposarsi** (*casar-se*)
- **stringersi la mano** (*apertar-se as mãos*)
- **vedersi** (*ver-se*)
- **volersi bene** (*querer-se bem*)

Traduza as seguintes frases para o italiano.

P. Giulio e Barbara estão se telefonando.

R. **Giulio e Barbara si telefonano.**

13. Um homem e uma mulher apertam-se as mãos.

14. Vincenzo e Daria casaram-se.

15. Francesco e Elisabetta amam-se.

16. Um homem e uma mulher dizem-se oi.

17. Dois homens odeiam-se.

Indo da Forma Ativa para a Passiva

Na maioria das frases comuns, a forma *ativa*, alinha-se um sujeito, um verbo e um objeto. Às vezes, entretanto, você pode querer ou precisar alterar a ordem do sujeito e objeto, produzindo a forma *passiva*. Quando o receptor é um objeto direto, você pode pegar o objeto e transformá-lo em sujeito, transformando o sujeito em agente responsável por aquela ação. A forma passiva é útil quando você não sabe ou não tem certeza de quem está realizando a ação. No italiano, os jornalistas e a mídia jornalística usam a passiva como meio de apresentar a informação o mais objetivamente possível. Por exemplo, você pode ler "**Il corpo di una donna è stato trovato privo di vita ieri mattina in Piazza Statuto**" (*Foi encontrado o corpo de uma mulher ontem pela manhã na Piazza Statuto.*").

Você só pode passar da ativa para a passiva verbos que tenham um objeto direto, já que este objeto vai transformar-se no sujeito de uma frase passiva.

Capítulo 17: As Construções Reflexivas, Passivas e Impessoais

Formas verbais passivas são sempre formas compostas, porque é preciso tanto um verbo auxiliar para expressar modo e tempo verbal quanto um particípio passado para expressar que algo está sendo feito. Para transformar uma frase ativa em uma passiva, como **L'inquinamento causa l'effetto serra** (*A poluição causa o efeito estufa*), siga estes passos:

1. Conjugue o auxiliar **essere** no tempo e modo verbal que for necessário, escolhendo a pessoa e número que combine com o objeto (que é agora o sujeito da frase).

    L'effetto serra è... (*O efeito estufa é...*)

2. Acrescente o particípio passado ao verbo principal coordenado com o sujeito.

    causato... (*causado...*)

3. Acrescente o agente, pessoa ou coisa responsável pela ação, introduzido pela preposição **da** (*por*) (se um agente for expressado).

    ... dall'inquinamento (*... pela poluição*)

A Tabela 17-3 apresenta alguns exemplos de tempos verbais nas formas ativa e passiva. Você pode encontrar tabelas completas de verbos na ativa, passiva e reflexiva no Apêndice A.

Tabela 17-3 — Da Forma Ativa Para Passiva

Modo e Tempo Verbal	Presente do Indicativo	Pretérito Perfeito Composto do Indicativo	Pretérito Imperfeito do Indicativo	Futuro do Presente do Indicativo	Presente do Condicional	Passado do Condicional
Ativa	io **lodo**	io **ho lodato**	io **lodavo**	io **loderò**	io **loderei**	io **avrei lodato**
Passiva	io **sono lodato**	io **sono stato lodato**	io **ero lodato**	io **sarò lodato**	io **sarei lodato**	io **sarei stato lodato**

Modo e Tempo Verbal	Presente do Subjuntivo	Pretérito Perfeito Composto do Subjuntivo	Pretérito Imperfeito do Subjuntivo	Presente do Imperativo	Presente do Infinitivo	Passado do Infinitivo
Ativa	che io **lodi**	che io **abbia lodato**	che io **lodassi**	**loda!**	lodare	**avere lodato**
Passiva	che io **sia lodato**	che io **sia stato lodato**	che io **fossi stato lodato**	**sii lodato!**	**essere lodato**	**essere stato lodato**

Se você usar um tempo composto, precisará de dois particípios passados na forma passiva: o do verbo principal e o do verbo auxiliar **essere (stato,**

stata, stati, state [*sido, estado*]), ambos coordenados com o sujeito. O exemplo a seguir progride de uma frase ativa no tempo presente (1) a uma passiva no presente (2) e, então, de uma frase ativa no passado (3) a uma passiva no passado (4):

(1) **Loro mangiano la torta.** (*Eles estão comendo a torta.*)

(2) **La torta è mangiata da loro.** (*A torta está sendo comida por eles.*)

(3) **Loro hanno mangiata la torta.** (*Eles comeram a torta.*)

(4) **La torta è stata mangiata da loro.** (*A torta foi comida por eles.*)

Reescreva as frases a seguir, mudando-as da forma ativa para a passiva.

P. I bambini hanno rotto il vetro della finestra.

R. **Il vetro della finestra è stato rotto dai bambini.** (*O vidro da janela foi quebrado pelas crianças.*)

4. Maria ha vinto la gara di sci.

5. Mia sorella venderà la casa.

6. La maestra aveva lodato mio figlio.

7. Construirono questa casa nel 1927.

8. Nel 1960 Kennedy vinse le elezioni.

9. La casa editrice Mondadori pubblicherà le sue poesie.

10. Diceva che noi avremmo vinto la partita.

Referindo-se ao Anônimo "Alguém"

No italiano, quando não há certeza de quem está realizando uma ação ou quando se quer expressar um sujeito genérico, emprega-se o pronome **si** seguido pelo verbo na terceira pessoa. Por exemplo, **In questo ristorante si beve dell'ottimo vino** (*Neste restaurante bebe-se um excelente vinho*).

Quando a construção **si** + verbo é seguida pelo substantivo plural, o verbo fica na terceira pessoa do plural, como em **Si mangiano le pesche d'estate** (*Come-se pêssegos no verão*).

Capítulo 17: As Construções Reflexivas, Passivas e Impessoais 285

Ao usar o impessoal **si** em um tempo pretérito perfeito, o verbo **essere** (*ser*) é o verbo auxiliar (ver Capítulo 8 para mais sobre como trabalhar com tempos compostos), seguido pelo particípio passado do verbo. Por exemplo, **Si è mangiato** (*Nós [já] comemos*).

Nota: A mesma regra de concordância é aplicada quando a construção **si** + verbo é seguida pelo substantivo plural no passado, como em **Si sono mangiate delle pere squisite** (*Comemos algumas peras deliciosas*).

Quando **si** é seguido pelo verbo **essere** e um adjetivo, o adjetivo concorda em gênero e número com o sujeito. Por exemplo, **Si è belle** (*Nós [mulheres] somos bonitas*).

A maioria dos verbos – intransitivo e transitivo – podem ser usados de modo impessoal; por exemplo, **si va** (*nós vamos*), **si parte** (*nós partimos*), **si beve** (*nós bebemos*); **si impara** (*nós aprendemos*) e **si disse** (*as pessoas dizem*). Somente o contexto diz qual é o sujeito.

Si va al cinema stasera? (*Vamos ao cinema esta noite?*)

Si dice che la tregua non durerà. (*Dizem que a trégua não durará.*)

Se você usar um verbo reflexivo de modo impessoal, que faz quando a ação é expressa por um verbo reflexivo, porém o sujeito não está declarado, acrescenta-se o pronome **ci** ao impessoal **si**: **Ci si lava ogni mattina** (*[As pessoas] lavam-se todas as manhãs.*).

Traduza as frases a seguir para o italiano usando a construção com **si**. Consulte o Capítulo 15 para instruções sobre a construção de orações dependentes.

P. Você pode inscrever-se para uma bolsa de estudos on-line.

***R.* Si può fare domanda per una borsa di studio on line.**

11. As pessoas dizem que a princesa foi morta.

_____

12. Vamos ao jogo de futebol?

_____

13. As pessoas comem mais vegetais no verão.

_____

14. Come-se bem naquele restaurante.

_____

15. Pode-se dirigir pela Bologna para ir a Roma.

_____

16. Muitas línguas são faladas na Índia.

_____

286 Parte IV: Acrescentando Nuances aos Modos e Tempos Verbais _____

Respostas

1 Pietro si è svegliato. (*Pietro acordou.*)

2 I bambini si sono divertiti. (*As crianças divertiram-se.*)

3 Nicola si è sposato con Fulvia. (*Nicole casou-se com Fulvia.*)

4 I miei genitori si sono dimenticati le chiavi di casa. (*Meus pais esqueceram-se das chaves da casa.*)

5 I Signori Bernini si sono trasferiti a Napoli. (*Sr. e Sra. Bernini mudaram-se para Nápoles.*)

6 Mi sono meravigliato/a molto che tu non abbia protestato. (*Fiquei muito surpreso que não tenhas protestado.*)

7 Una donna si pettina i capelli.

8 Un bambino si lava i denti.

9 Una ragazza si trucca gli occhi.

10 Un gatto si lecca il pelo.

11 Un uomo si toglie la camicia.

12 Tre uomini si cucinano il pesce alla griglia.

13 Un uomo e una donna si stringono/darsi la mano.

14 Vincenzo e Daria si sposano.

15 Francesco e Elisabetta si amano.

16 Un uomo e una donna si salutano. ou Un signore e una signora si salutano.

17 Due uomini si odiano.

18 La gara di sci è stata vinta da Maria. (*A corrida de esqui foi vencida por Maria.*)

19 La casa sarà venduta da mia sorella. (*A casa será vendida pela minha irmã.*)

20 Mio figlio era stato lodato dalla maestra. (*Meu filho foi elogiado por sua professora.*)

21 Questa casa fu construita nel 1927. (*Esta casa foi construída em 1927.*)

22 Nel 1960 le elezioni furono vinte da Kennedy. (*Em 1960, as eleições foram ganhas por Kennedy.*)

Capítulo 17: As Construções Reflexivas, Passivas e Impessoais 287

23 **Le sue poesie saranno pubblicate dalla casa editrice Mondadori.**
(*Seus poemas serão publicados pela Editora Mondadori.*)

24 **Diceva che la partita sarebbe stata vinta da noi.** (*Ele disse que o jogo teria sido ganho por nós.*)

25 **Si dice che la principessa sia stata uccisa.**

26 **Si va alla partita di calcio?**

27 **Si mangia/mangiano più verdura/verdure in estate/d'estate.**

28 **Si mangia bene in quel ristorante.**

29 **Si può passare da Bologna per andare a Roma.**

30 **Si parlano molte lingue in India.**

288   Parte IV: Acrescentando Nuances aos Modos e Tempos Verbais

Parte V
A Parte dos Dez

Nesta Parte...

Quando você está falando com alguém em italiano, sempre tem a opção de esclarecer que o que está dizendo, ou a outra pessoa pode dar a você uma sugestão útil sobre como expressar-se melhor. Porém, se estiver escrevendo em italiano, está por sua conta – com a ajuda dos capítulos nesta parte, é claro. Nesta parte alerto sobre os *falsos amigos*, ou palavras que parecem similares em italiano e português, mas que têm significados diferentes. Compartilharei conselhos de diferentes maneiras para você se expressar e lidar com nuances da linguagem, e também chamo sua atenção para diferenças sutis em significados de dez importantes pares de verbos.

Capítulo 18

Dez Fatos para Lembrar-se da Gramática Italiana

Neste Capítulo

▶ Ficar alerta para as palavras que soam ou se parecem similares, mas que possuem significados diferentes

▶ Obtendo mais dos verbos

▶ Explorando outras maneiras de expressar a voz passiva

▶ Dando voz a emoções fortes

*E*ste capítulo é uma mistura de dicas da gramática italiana com a intenção de ajudá-lo a evitar alguns erros simples assim como enriquecer suas habilidades de fala e escrita em italiano. Começo com o que chamamos no jargão do aprendizado de idiomas: *falsos amigos ou falsos cognatos* – palavras que parecem similares no italiano e no português, mas que têm significados diferentes – e vamos para outras coisas mais complexas como adjetivos usados como adjetivos ou substantivos, maneiras diferentes de expressar a voz passiva e construções idiomáticas. Também falarei como expressar emoções fortes e de como fazer alguém concordar com o que você está dizendo. Em outras palavras, este capítulo é dedicado a nuances da língua que devem ajuda-lo a adquirir maior fluência.

Falsos Amigos: Palavras Similares no Italiano e no Português que não Necessariamente Compartilham Significados

O italiano e o português compartilham muitas palavras derivadas do latim. Em vários casos, as palavras compartilhadas têm significados similares, como **fortunadamente,** que significa *felizmente.* Em outros casos, seus

Parte V: A Parte dos Dez

significados são diferentes: *Católico* pode ser traduzido para o italiano como **universale** ou **cattolico**, dependendo do contexto.

Você também encontrará palavras no português e no italiano que se assemelham na ortografia, mas que não compartilham da mesma origem linguística. Palavras como estas o induzem a acreditar que pode adivinhar seus significados quando, na verdade, não pode. Estes são os *falsos amigos*. Listarei algumas na Tabela 18-1.

Tabela 18-1	Falsos Amigos em Italiano e Português		
Italiano	*Tradução Português*	*Português*	*Tradução Italiano*
accerchiare, recintare	*cercar*	*procurar*	**cercare**
argomentazione	*argumento*	*assunto*	**argomento**
assumere (un lavoratore)	*contratar*	*negociar*	**contrattare**
automobile	*carro*	*carrinho*	**carro**
banca, sedile, panca	*banco*	*escrivaninha*	**banco**
bello, carino	*lindo*	*limpo, arrumado*	**lindo**
brodo, dado per minestra, succo	*caldo*	*calor*	**caldo**
candeggina, varechina	*água sanitária*	*água encanada*	**acqua sanitaria**
capricci, bizza	*birra*	*cerveja*	**birra**
cartoncino	*cartolina*	*cartão postal*	**cartolina**
cercare	*procurar*	*providenciar*	**procurare**
chiodo	*prego*	*"de nada", "por favor"*	**prego**
fronte	*testa*	*cabeça*	**testa**
mettere via, conservare	*guardar*	*olhar*	**guardare**
nervoso, arrabbiato	*bravo*	*bom, capaz, hábil*	**bravo**
parecchio	*bastante*	*suficientemente*	**abbastanza**
rovesciare	*derrubar*	*roubar (alguém)*	**derubare**
sigla, firma abbreviata	*rubrica*	*seção (de revista); caderno de endereços e telefones*	**rubrica**
svegliarsi	*acordar*	*afinar um instrumento musical*	**accordare**
trancio, pezzo (di pesce)	*posta*	*correio*	**posta**

Capítulo 18: Dez Fatos para Lembrar-se da Gramática Italiana 293

Verbos Italianos Podem Ter Funções Múltiplas

Você pode transformar o infinitivo dos verbos italianos em substantivos ao acrescentar o artigo masculino singular **il** (oi **l'** ou **lo**, dependendo das primeiras letras dos verbos) ao infinitivo.

Você pode também transformar os particípios presente e passado em adjetivos e substantivos.

- ✔ **Particípio presente:** formado pelo acréscimo de **-ante** ou **-ente** ao radical do verbo, de modo que **cantare** fique **cantante** (*cantor*) e **attarre** fica **attraente** (*atraente*). Aqui a distinção entre o particípio presente e o gerúndio (consulte os modos e tempos verbais na tabela na Folha de Cola) é muito próxima: enquanto que o particípio passado termina em **-ante** ou **-ente** (plural **-anti** ou **-enti**), o gerúndio termina em **-ando** ou **-endo**, como em **andando** (*indo*), **dormendo** (*dormindo*) e **finendo** (*terminando*). É invariável e pode funcionar somente como uma forma verbal.

  Você pode usar o particípio presente como um adjetivo, como em **La ragazza era attraente** (*A garota era atraente*) ou como um substantivo, como em **Il cantante venne applaudito** (*O cantor foi aplaudido*).

- ✔ **Particípio Passado**: você pode usar o particípio como um substantivo. O particípio passado que se torna substantivo pode ser masculino, como em **il passato** (*o passado*) ou feminino, como em **la veduta** (*a vista*). Os particípios passados também podem se tornar adjetivos, mas, como eles terminam em **-o**, eles podem tomar quatro formas: **-o, -a, -i** ou **-e**. Por exemplo, o particípio passado **amato** fica **amata, amati, amate**, como em **Petrarca scrisse molte poesie alla donna amata** (*Petrarca escreveu muitos poemas para sua amada*).

Alguns Verbos Transformam o Objeto em Sujeito

O verbo **piacere** literalmente significa *agradar*, apesar de corresponder ao verbo *gostar*, como em **Il gelato piace a me** (*Sorvete me agrada*), ou mais fluentemente, **Mi piace il gelato** (*Gosto de sorvete*). Você coordena o verbo com a coisa de que gosta, e expressa que a pessoa que gosta de algo com um pronome oblíquo indireto, a maioria conjugado na terceira pessoa do singular e plural, colocado antes do verbo (consulte Capítulo 4 para mais informações sobre pronomes). (Lembre-se de que o oposto de **piacere** é **non piacere**.)

A mesma construção usada com **piacere** é usada com vários outros verbos, que mostrarei na lista a seguir:

- ✔ **accadere, capitare, succedere** (*acontecer, suceder*)
- ✔ **bastare** (*bastar, ser suficiente*)
- ✔ **dispiacere** (*desagradar, sentir muito [no caso de pedir desculpas ou demonstrar condolências]*)
- ✔ **far(e) piacere** (*agradar, ser agradável*)
- ✔ **far(e) dispiacere** (*desagradar, ser desagradável*)
- ✔ **importare** (*importar-se*)
- ✔ **interessare** (*interessar-se*)
- ✔ **mancare** (*faltar*)
- ✔ **parere, sembrare** (*aparecer, parecer-se*)

Você pode usar esses verbos de duas formas: pode transformar a pessoa que é o sujeito no receptor da ação; ou pode usar o verbo com a pessoa ou coisa realizando a ação como o sujeito. Cuidado, porque as duas construções não são intercambiáveis, e estará falando duas coisas diferentes. Considere estes exemplos: **Non mi interessa se tu vieni o no** (*Não me importo se você vem ou não*), e **I problemi di Paolo non interessano a nessuno** (*Os problemas de Paolo não interessam a ninguém*).

Alguns Verbos Não Podem Ficar Sem Pronomes

Os verbos a seguir, muito usados, são completamente idiomáticos no sentido de que você não pode dar seu significado interpretando os significados de seus componentes. Cada um destes verbos acrescenta um pronome reflexivo combinado com a pessoa que está realizando a ação (expresso no infinitivo com **si**, que fica **se** para facilitar a pronúncia) e outro pronome, às vezes **ne** (*deste, daquele lugar*) e às vezes **la** (*esta coisa, esta situação*). Nenhum destes pronomes aponta para algo real; eles têm apenas uma função idiomática.

- ✔ **andarsene** (*ir embora*): **È tardi: Me ne vado a casa.** (*É tarde. Vou para casa.*)
- ✔ **cavarsela** (*conseguir*): **La tormenta ci ha sorpreso, ma ce la siamo cavata.** (*A nevasca estava repentinamente sobre nós, mas nós conseguimos.*)
- ✔ **farcela** (*ser capaz de*): **Non preoccuparti della valigia, ce la faccio da sola.** (*Não se preocupe com a mala, posso carregá-la sozinha.*)
- ✔ **tornarsene** (*voltar*): **È meglio che ce ne torniamo a casa.** (*É melhor voltarmos para casa.*)
- ✔ **vedersela** (*ver por si mesmo*): **Ma le vedo io per le tasse.** (*Em mesmo/a verei os impostos.*)
- ✔ **venirsene** (*vir, caminhar*): **Se ne veniva piano piano.** (*Ele vinha/caminhava lentamente.*)

Fare é o Coringa

O verbo **fare** significa *fazer*, e coloquialmente (e por um pouco de preguiça) substitui muitos outros verbos. Por exemplo, **fare da mangiare** (*fazer a comida*) é o mesmo que **cucinare** (*cozinhar*); **fare una festa** (*fazer uma festa*) é o mesmo que **dare una festa** (*dar uma festa*); e assim por diante.

Você também pode usar o verbo **fare** seguido por um infinitivo para expressar as expressões *ter algo feito [por outra pessoa], fazer algo acontecer*. Você pode usá-las para expressar duas ideias diferentes:

- Você terá algo feito em seu benefício: **Faccio pitturare la casa.** (*Terei a casa pintada.*)
- Alguém fará algo acontecer: **Il gatto ha fatto cadere il vaso.** (*O gato derrubou o vaso.*)

Você pode até mesmo usar **fare** seguido por **fare**, como em **Faccio fare il pacco** (*Farei com que façam o pacote.*) E pode usar de modo reflexivo: **Farsi fare qualcosa** significa *ter qualquer coisa feita para/por alguém*. Por exemplo, **Mi faccio tagliare i capelli** (*Terei meu cabelo cortado.*)

Fare é um verbo transitivo que leva **avere** (*ter*) como seu auxiliar em tempos compostos. Mas, quando é usado de modo reflexivo, como **farsi**, ele precisa do auxiliar **essere** (*ser*).

da + Verbo = Quatro Significados Possíveis

Usa-se **da** (*de, por*) seguido por um infinitivo para dizer que algo *está para ser feito* ou *pode ser feito*, com quatro nuances diferentes.

- Algo está disponível para nós fazermos: "**Hai dei libri da leggere?**" "**Ne ho troppi!**" (*"Você tem algum livro para ler?" "Tenho muitos!"*)
- Algo deve ser feito: **Il professore ci ha dato da leggere tre libri.** (*O professor designou três livros para serem lidos.*)
- Algo precisa ser feito: **La mia automobile è da lavare.** (*Meu carro precisa ser lavado.*)
- Algo vale a pena ser feito: **È un posto da vedere.** (*É um lugar que vale a pena ser visto.*)

Expressar a Voz Passiva de Mais de Uma Maneira

Você pode dizer que coisas foram feitas por alguém usando verbos diferentes de **essere** (*ser*). Diferentemente de **essere**, que expressa uma condição estática, estes verbos expressam movimento e são úteis quando você deseja enfatizar o processo que levou a determinado resultado. Seu uso é governado por padrões idiomáticos, em vez de regras, que obtém ao ler ou ouvir os falantes nativos. Por exemplo, você pode dizer **Il lavoro andrà finito entro domani** (*O trabalho deverá estar finalizado até amanhã*), mas não pode dizer **Sono rimasta assunta** (*Eu permaneci contratada*). Conjuga-se o verbo que funciona como auxiliar da mesma forma que se conjuga o verbo **essere**, e acrescenta-se o particípio passado do verbo principal. No caso de **venire** e **andare**, você pode dizer **vengono/vanno fatte** (*devem ser feitos, estão feitos*), mas não **sono venute fatte** (*literalmente, eles têm que vir feitos*). Aqui estão as alternativas para **essere**:

- ✔ **venire** (*vir*) pode significar *ser* ou *conseguir*. **venire** somente pode ser usado em tempos simples da voz ativa, como em **Le porte vengono chiuse** (*As portas estão sendo fechadas*).

- ✔ **andare** (*ir*) pode significar *conseguir*. é usado somente na terceira pessoa do singular ou plural, como em **La casa andò distrutta** (*A casa foi destruída*). Pode também significar *ter que*, ou *dever*; pode ser usado com o sujeito de qualquer pessoa, como em **Le tasse vanno pagate subito** (*Os impostos precisam ser pagos imediatamente*).

- ✔ **rimanere** (*permanecer*) pode significar *conseguir*. é usado para enfatizar as consequências de um evento, como em **Il conducente è rimasto bloccato sull'autostrada** (*O motorista ficou preso no tráfego na autoestrada*).

Você expressa construções como *Me falaram* ou *Fomos lembrados* usando **essere** ou **venire** de modo impessoal, na terceira pessoa do singular:

- ✔ **essere** (*ser*) no pretérito perfeito composto + particípio passado do verbo principal: **È stato detto loro di parlare col medico.** (*Disseram a eles que falassem com o médico.*)

- ✔ **venire** (*ser, conseguir*) no presente do indicativo ou outro tempo verbal simples seguido pelo particípio passado do verbo principal: **Le verrà consigliato di cambiare lavoro.** (*Ela será aconselhada a procurar por outro emprego.*)

Expressar Emoções Fortes com Palavras Exclamativas

Quando você sente algo muito forte, pode usar várias expressões curtas que expressam sua emoção e chamam a atenção do ouvinte. Aqui está um resumo de suas opções:

- **Che!** (*Que!*): seguida por um adjetivo ou substantivo, sem qualquer artigo:

  Che disgrazia! (*Que desgraça!*)

  Che bei bambini! (*Que belas crianças!*)

- **Come!** (*Como!*): seguida pelo verbo com o sujeito colocado após este: **Com'è pesante quella valigia!** (*Como está pesada aquela mala!*)

- **Quanto!** (*Quanto!*): combinada em gênero e número ao substantivo que a segue. Você também pode usar **quanto** como um pronome indefinido (consulte Capítulo 7). Neste caso, pode usá-la com um substantivo; ou pode acrescentar qualquer verbo expressando quantidade ou o verbo **essere** (*ser*) e um adjetivo. O verbo e o adjetivo são combinados com o sujeito da frase (*às vezes expressados e às vezes expressados pelo verbo*):

  Quanta gente! (*Quanta gente!*)

  Quanto hai speso! (*Como você gastou!*)

  Quanto sono stati gentili! (*Como foram gentis!*)

- **Ecco!** (*Aqui/Aí ele/ela/eles/elas está/estão!*): usado se alguém que você está procurando finalmente chegou ou se você quiser chamar a atenção para algo. Se usar um pronome para referir-se àquela pessoa, junte-o a **Ecco:**

  "Dov'è Maria?" "Eccola!" (*Onde está Maria?" "Ali está ela!"*)

  "Hai visto i miei occhiali?" "Eccoli!" (*Você viu meus óculos?" "Aqui/Ali estão eles!"*)

Dar (ou Solicitar) Permissão para Sair

Sua filha quer dormir fora e você dá permissão dizendo *Deixo você ir, mas precisa terminar o dever de casa antes.* Em italiano, usa-se o verbo **lasciare** seguido por um verbo no infinitivo para dar ou pedir permissão, como em **Ti lascio andare ma prima devi finire i compiti.**

Se você usar um pronome para expressar a pessoa a quem está dando permissão, tem duas opções para construir as frases:

Parte V: A Parte dos Dez

- ✔ **Se a pessoa for o único objeto direto da frase**, usam-se os pronomes oblíquos diretos, normalmente na sua forma átona, colocados antes da forma verbal, como em **La lascia andare al centro commerciale?** (*Vai deixá-la ir ao shopping?*)

- ✔ **Se você tiver uma pessoa a quem você está dando permissão e um objeto direto**, representa a pessoa com um pronome oblíquo indireto. Se usar um pronome duplo, representa a pessoa com um pronome oblíquo indireto e a coisa que a está deixando fazer com o pronome oblíquo direto. Por exemplo. **Lascio che Mario ascolti il CD!** → **Glielo lascio ascoltare** (*Deixei Mario ouvir o CD!* → *Deixei-o ouvi-lo!*). (Volte ao Capítulo 4 para mais informações sobre pronomes.)

Colocam-se os pronomes antes da forma verbal **lasciare** + infinitivo ou unido a **lasciare** quando estiver no infinitivo, imperativo ou gerúndio (consulte o Capítulo 9.)

Quando você usa **lasciare** seguido por uma frase introduzida por **che**, precisa do verbo no subjuntivo, como em **Hanno lasciato che lui passasse per primo** (*Eles o deixaram passar primeiro*). (Os Capítulos 15 e 16 cobrem o subjuntivo e o uso do **che**.)

Se Quiser Que Alguém Concorde Com Você, Acrescente *Non è Vero?*

Você pode querer ter certeza de que entendeu o que alguém acabou de falar-lhe ou pode querer que alguém concorde com o que acabou de falar. No italiano, usa-se sempre **È vero?** (*É verdade?*) ou **Non è vero?** (*Não é verdade?/ Não é?*), independente de estar usando um auxiliar e qual . Por exemplo, **Possiamo andare tutti con la tua macchina, non è vero?** (*Podemos ir todos no teu carro, não é [verdade]?*)

Capítulo 19

Dez Distinções Sutis dos Verbos

. . . .

Neste Capítulo

▶ Entendendo as leves diferenças nos significados dos verbos

▶ Escolhendo os verbos certos para ações especificas

. . . .

*O*s significados de alguns verbos italianos têm diferenças sutis, porém muito importantes, apesar de suas traduções no português serem quase idênticas. Neste capítulo, cobrirei as nuances mais comunas entres dez pares de verbos, esclarecendo a variação de significados que cada um reivindica.

Abitare (Habitar, Morar) versus Vivere (Viver, Morar)

Usa-se **abitare** (*habitar, morar*) para falar sobre endereço, como em **Abito in Italia, a Milano, in Via Sarpi 18** (*Moro na Itália, em Milão, na Rua Sarpi, 18*). Você também pode dizer **Vivo in Italia, a Milano** (*Vivo na Itália, em Milão*). Mas, apesar de todos o entenderem, é menos provável que diga **Vivo in Via Sarpi** (*Vivo na Ria Sarpi*). **Vivere** expressa mais do que apenas uma moradia: refere-se a sua vida inteira, que é provável de ter um contexto maior. **Vivere**, portanto, refere-se à *vida* de alguém, não apenas residência, como no português; por exemplo, você pode dizer, **Ha vissuto a lungo** (*Ele teve uma longa vida*).

Quando se fala de uma residência, você também pode usar **stare** (*estar, residir*); por exemplo, **"Dove stai?" "Sto in Via Sarpi"**. (*"Onde você está?/ Qual é teu endereço?" "Estou na Rua Sarpi/ Moro na Rua Sarpi."*)

Andare (Ir) versus Partire (Partir)

Andare descreve a ação de ir ao cinema, ao escritório, à Lua, e assim por diante, ou a ação de ir de um lugar para o outro, como de sala para sala, ou de cidade para cidade. Quando usar **andare**, acrescente **da** (*de*) ao lugar que você está deixando e **a, in** ou **su** ao lugar para onde você está indo. Por exemplo, **Andiamo da Roma a Napoli** (*Estamos indo de Roma a Nápoles*).

Partire descreve sair para uma viagem, mas aponta às atividades organizacionais e físicas necessárias para chegar ao destino. Você pode dizer: **Parto per Shangai** (*Estou partindo para Xangai*) ou **Parto per le vacanze** (*Estou saindo de férias*), o que se pode entender por *Abasteci o carro, peguei meus mapas, o tanque está cheio*, e assim por diante. Adicione **da** se mencionar de onde está vindo e **per** para seu destino. Porém, não se usa **partire** para dizer **Parto per l'ufficio** (*Parto para o escritório*). E, se vai sair de férias e quer enfatizar que em vez de trabalhar vai se divertir, diga **Vado in vacanza** (*Estou saindo de férias*).

Sapere (Saber) versus Conoscere (Conhecer)

Sapere expressa conhecimento, ao passo que **conoscere** significa *estar familiarizado com, conhecer*. Portanto, você diz **Sai a che ora parte il treno?** (*Sabe a que horas parte o trem?*), mas **Conosci mia sorella?** (*Conhece minha irmã?*). A injunção Socrática *Conheça-te a ti mesmo!*, portanto, traduz-se como **Conosci te stesso!**

Fare (Fazer) versus Essere (Ser)

Você pode usar **fare** para falar sobre os trabalhos das pessoas, como em **Laura fa il medico** (*Laura é uma médica*). É usado, especialmente, em perguntas como **Che cosa fai? Che lavoro fai?** (*O que você faz? Em que você trabalha?*). Você também pode usar o verbo **essere** (*ser*), dizendo **Ida è avvocato** (*Ida é advogada*). Mas, como o verbo **essere**, fica implícito que a profissão da pessoa define sua identidade. Quando seu papel se torna sua identidade, usa-se **essere** em vez de **fare**. Por exemplo, você não diz **Ratzinger fa il papa** (*Ratzinger é um Papa.*), mas sim **Ratzinger è il papa** (*Ratzinger é o Papa.*)

Essere (Ser) versus Stare (Estar)

Usa-se **essere** para expressar situações duradouras e indicam não apenas um ser físico, mas também as emoções e sentimentos; por exemplo, **Sei** contenta? (*Está contente?*). Como explico na seção anterior, **essere** não tem nada a ver com identidade, como em **È una donna coraggiosa** (*Ela é uma mulher corajosa*). Entretanto, quando falamos sobre *como estás*, usa-se **stare**. Por exemplo, **Stai bene?** (*Você está bem?*) pode relacionar-se com saúde ou sentimentos. Em português, usamos *Como você está?* **(Come stai?, Come sta?)** também como uma forma de saudação, que as pessoas retoricamente respondem *Estou bem*, normalmente independente de como realmente se sentem. Na Itália, se perguntar **Come stai?**, é provável que receba um relatório sobre a saúde e o estado mental da pessoa. Usa-se **Buon giorno** (*Bom dia*), ou **Buona sera** (*Boa noite*) quando encontramos alguém e **Ciao** (oi) somente com pessoas a que nos dirigimos informalmente.

Suonare (Tocar um Instrumento) versus Toccare (Tocar)

Se você estiver se referindo a tocar um instrumento, use **suonare** (*tocar*). Por exemplo, se você for um pianista , diz **Suono il piano** (*Toco piano*). Se for usar tocar, no sentido de toque, estilo, ou tocar com as mãos, por exemplo, usa **toccare** e diz **Un tocco di colore in cucina** (*Um toque de cor na cozinha*), **Non mi toccare** (*Não me toca*).

Partire (Partir) versus Uscire (Sair) ou Lasciare (Sair, Partir)

Como **partire** significa *sair em viagem*, você não diz **Parto dalla stanza** (*Estou partindo da sala*), mas sim **Esco dalla stanza** (*Estou saindo da sala*), **Lascio la stanza** (*Estou saindo da sala*), ou **Io ho lasciato il telefonino a casa** (*Deixei o telefone celular em casa*). Porém, **uscire** aponta somente para movimento físico, ao passo que **lasciare** pode implicar nas suas razões para partir. Por exemplo, usa-se **lasciare** para explicar o porquê de você estar saindo da sala: **A che ora dobbiamo lasciare la camera?** (*Que horas temos que sair do quarto?*). Entretanto, você também pode usar **uscire** metaforicamente, significando *sair com* ou *ter um encontro*: **Escono insieme da tre mesi** (*Eles estão saindo juntos há três meses*).

Prendere (Pegar, Tomar) versus Bere (Beber) ou Mangiare (Comer)

No italiano, você pode usar **prendere** (*pegar, tomar*) para pedir comida ou expressar que está decidindo o que comer ou beber, ao passo que com **bere**

302 Parte V: A Parte dos Dez

(*beber*) ou **mangiare** (*comer*) você aponta para atividades físicas. Por exemplo, **Non prendo il caffè dopo cena** (*Não tomo café depois do jantar*).

Potere (Poder) versus Riuscire (Poder, Ser Capaz De)

No italiano, usa-se **potere** para expressar poder e permissão e **riuscire** para expressar sucesso. Veja a diferença nestes exemplos: **Posso fumare qui?** (*Posso fumar aqui?*); **Non sono riuscita a finire il lavoro in tempo** (*Não consegui [pude] terminar o trabalho a tempo*).

Udire/Sentire (Ouvir) versus Ascoltare (Escutar)

A distinção entre os verbos **udire** ou **sentire** (*ouvir*) e **ascoltare** (*escutar*) é a mesma do português. *Ouvir* significa que você está exposto a sons, independente de gostar ou não, e **udire** é usado com mais frequência na literatura. *Escutar* significa que você decidiu prestar atenção aos sons. Por exemplo, você diz **Ho sentito il campanello** (*Ouvi a campainha*), mas **Ascolto la sinfonia "Dal nuovo mondo"** (*Estou escutando a sinfonia "Do Novo Mundo"*).

Parte VI
Apêndices

"Se você está tendo problemas com os verbos irregulares, tente usar os cartões de memória e coma mais fibra."

Nesta Parte...

Os apêndices nesta parte são recursos úteis para uma consulta rápida. Para as conjugações regulares e irregulares, dos tempos mais importantes dos verbos, inicie pelo apêndice A. Você achará isto útil para ver todas as variações possíveis dos verbos, em um só lugar. Os Apêndices B e C são dicionários que fornecem um suporte rápido e fácil quando você se sentir perdido, embora, não substituem total e completamente, um dicionário de italiano. Uma sugestão, quando se tratar de dicionários tente usar um monolíngue, tanto quanto possível e um bilíngue apenas como apoio.

Apêndice A

Tabelas de Verbos

*E*stas tabelas resumem padrões de conjugações regulares e apresentam listas completas de conjugações irregulares para os verbos mais comuns, nos tempos verbais simples mais importantes. Depois, listo as conjugações de verbos irregulares. Conjugarei o verbo somente nos seus modos e tempos irregulares, com exceção de **essere** (que é quase que totalmente irregular) e **avere**, pois você realmente precisa de todas as suas formas na ponta da língua. Quando olhar os verbos irregulares e não encontrar um tempo listado, pode assumir que este verbo em particular é regular naquele tempo, apesar de ser irregular em muitos outros. **Fare** (*fazer*) é um bom exemplo de um destes verbos peculiares.

Aqui estão algumas sugestões para ajudá-lo a usar as tabelas. Listarei um verbo que "estabelece" um padrão de irregularidade (para falar), por exemplo, dipin**gere** (*pintar*). Deixarei em negrito as letras que você terá que tirar quando o verbo toma formas irregulares. Então, apresentarei estas formas irregulares. Portanto, encontrará io dipin**si** (*eu pintei*). Quando digo que outro verbo, vamos dizer pian**gere** (*chorar.*), comporta-se como dipin**gere**, quero dizer que nos mesmos modos e tempos verbais, piangere perde as mesmas letras que dipingere e ganha os mesmo sufixos: io pian**si** (*eu chorei*). Esta característica também dá a você uma boa maneira de praticar suas conjugações e memorizá-las.

Nota: neste apêndice, listo as conjugações na ordem das seis pessoas a que correspondem seis formas do verbo: **io** (*eu*), **tu** (*tu*), **lui** (*ele*), que também pode ser usado para **lei, esso, essa** (*ela, ele/ela para coisas*), **noi** (*nós*), **voi** (*vós*) e **loro** (*eles, elas*), que também pode ser usado para **essi, esse** (*eles, elas para coisas*).

Verbos Regulares

As Tabelas A-1, A-2 e A-3 mostram as terminações dos verbos regulares em cada uma das três conjugações.

Parte VI: Apêndices

Tabela A-1 — Terminações de Verbos, Tempos Variados, Primeira Conjugação em -are

Sujeito	Presente Indicativo	Pretérito Imperfeito Indicativo	Pretérito Perfeito Indicativo	Futuro Presente Indicativo	Presente Condicional	Presente Subjuntivo	Pretérito Imperfeito Subjuntivo
io	-o	-avo	-ai	-erò	-erei	-i	-assi
tu	-i	-avi	-asti	-erai	-eresti	-i	-assi
lui	-a	-ava	-ò	-erà	-erebbe	-i	-asse
noi	-iamo	-avamo	-ammo	-eremo	-eremmo	-iamo	-assimo
voi	-ate	-avate	-aste	-erete	-ereste	-iate	-aste
loro	-ano	-avano	-arono	-eranno	-erebbero	-ino	-assero

Tabela A-2 — Terminações de Verbos, Tempos Variados, Primeira Conjugação em -ere

Sujeito	Presente Indicativo	Pretérito Imperfeito Indicativo	Pretérito Perfeito Indicativo	Futuro Presente Indicativo	Presente Condicional	Presente Subjuntivo	Pretérito Imperfeito Subjuntivo
io	-o	-evo	-ei (-etti)	-erò	-erei	-a	-essi
tu	-i	-evi	-esti	-erai	-eresti	-a	-essi
lui	-e	-eva	-é (-ette)	-erà	-erebbe	-a	-esse
noi	-iamo	-evamo	-emmo	-eremo	-eremmo	-iamo	-essimo
voi	-ete	-evate	-este	-erete	-ereste	-iate	-este
loro	-ono	-evano	-erono (-ettero)	-eranno	-erebbero	-ano	-essero

Tabela A-3 — Terminações de Verbos, Tempos Variados, Primeira Conjugação em -ire

Sujeito	Presente Indicativo	Pretérito Imperfeito Indicativo	Pretérito Perfeito Indicativo	Futuro Presente Indicativo	Presente Condicional	Presente Subjuntivo	Pretérito Imperfeito Subjuntivo
io	-o	-ivo	-ii	-irò	-irei	-a	-issi
tu	-i	-ivi	-isti	-irai	-iresti	-a	-issi
lui	-e	-iva	-ì	-irà	-irebbe	-a	-isse
noi	-iamo	-ivamo	-immo	-iremo	-iremmo	-iamo	-issimo
voi	-ite	-ivate	-iste	-irete	-ireste	-iate	-iste
loro	-ono	-ivano	-irono	-iranno	-irebbero	-ano	-issero

Verbos Regulares com uma Deformação: Mudanças Simples na Ortografia

Verbos que mudam a escrita não são realmente irregulares porque eles modificam *somente* a ortografia para manter a mesma pronúncia por todos os tempos verbais.

Verbos -care/gare

giocare (jogar)

Presente do Indicativo: gioco, gio**chi**, gioca, gio**chi**amo, giocate, giocano

Futuro do Presente do Indicativo: gio**cherò**, gio**cherai**, gio**cherà**, gio**cheremo**, gio**cherete**, gio**cheranno**

Presente do Condicional: gio**cherei**, gio**cheresti**, gio**cherebbe**, gio**cheremmo**, gio**chereste**, gio**cherebbe**ro

Presente do Subjuntivo: gio**chi**, gio**chi**, gio**chi**, gio**chi**amo, gio**chi**ate, gio**chi**no

pagare (pagar)

Presente do Indicativo: pago, pa**ghi**, paga, pa**ghi**amo, pagate, pagano

Futuro do Presente do Indicativo: pa**gherò**, pagherai, pa**gherà**, pa**gheremo**, pagherete, pagheranno

Presente do Condicional: pa**gherei**, pa**gheresti**, pa**gherebbe**, pa**gheremmo**, pa**ghereste**, pa**gherebbe**ro

Presente do Subjuntivo: pa**ghi**, pa**ghi**, pa**ghi**, pa**ghi**amo, pa**ghi**ate, pa**ghi**no

Verbos -ciare/giare

falciare (ceifar)

Presente do Indicativo: falcio, fal**ci**, falcia, falciamo, falciate, falciano

Futuro do Presente do Indicativo: fal**cerò**, fal**cerai**, fal**cerà**, fal**ceremo**, fal**cerete**, fal**ceranno**

Presente do Condicional: fal**cerei**, fal**ceresti**, fal**cerebbe**, fal**ceremmo**, fal**cereste**, fal**cerebbero**

Presente do Subjuntivo: fal**ci**, fal**ci**, fal**ci**, falciamo, falciate, fal**ci**no

mangiare (comer)

Presente do Indicativo: mangio, mang**i**, mangia, mangiamo, mangiate, mangiano

Futuro do Presente do Indicativo: mang**erò**, mang**erai**, mang**erà**, mang**eremo**, mang**erete**, mang**eranno**

Presente do Condicional: mang**erei**, mang**eresti**, mang**erebbe**, mang**eremmo**, mang**ereste**, mang**erebbero**

Presente do Subjuntivo: mang**i**, mang**i**, mang**i**, mangiamo, mangiate, mang**ino**

Verbos -gliare

consigliare (aconselhar)

Presente do Indicativo: consiglio, consigl**i**, consiglia, consigliamo, consigliate, consigliano

Presente do Subjuntivo: consigl**i**, consigl**i**, consigl**i**, consigliamo, consigliate, consigl**ino**

Verbos -ìare

sciare (esquiar)

Presente do Indicativo: scio, sci**i**, scia, sciamo, sciate, sciano

Presente do Subjuntivo: sci**i**, sci**i**, sci**i**, sciamo, sciate, sci**i**no

Verbos -iare

studiare (estudar)

Presente do Indicativo: studio, stud**i**, studia, studiamo, studiate, studiano

Presente do Subjuntivo: stud**i**, stud**i**, stud**i**, studiamo, studiate, stud**ino**

Verbos -ire com acréscimo de -sc-

finire (terminar)

Presente do Indicativo: fini**sc**o, fini**sci**, fini**sc**e, finiamo, finite, fini**sc**ono

Presente do Subjuntivo: fini**sc**a, fini**sc**a, fini**sc**a, finiamo, finiate, fini**sc**ano

Apêndice A: Tabelas de Verbos **309**

Os verbos conjugados como fini**re** – que acrescenta **-sc-** após o radical e antes da terminação de conjugação – incluem agi**re** (_agir_), capi**re** (_entender_), colpi**re** (_acertar, atingir_), costrui**re** (_construir_), gesti**re** (_gerenciar, administrar_), guari**re** (_recuperar_), uni**re** (_unir_) e preferi**re** (_preferir_).

Verbos Irregulares

Um verbo é irregular quando você precisa modificar seu radical, terminação ou ambos. A seguir estão os verbos irregulares mais comuns e os tempos verbais em que eles são irregulares.

Auxiliares e modais auxiliares

avere (ter)

Presente do Indicativo: ho, hai, ha, abbiamo, avete, **hanno**

Pretérito Imperfeito do Indicativo: avevo, avevi, aveva, avevamo, avevate, avevano

Pretérito Perfeito do Indicativo: ebbi, avesti, **ebbe,** avemmo, aveste, **ebbero**

Futuro do Presente do Indicativo: avrò, avrai, avrà, avremo, avrete, avranno

Presente do Condicional: avrei, avresti, avrebbe, avremmo, avreste, avrebbero

Presente do Subjuntivo: abbia, abbia, abbia, abbiamo, abbiate, abiano

Pretérito Imperfeito do Subjuntivo: avessi, avessi, avesse, avessimo, aveste, avessero

Presente do Gerúndio: avendo

Particípio Passado: avuto

essere (ser)

Presente do Indicativo: sono, sei, è, siamo, siete, sono

Pretérito Imperfeito do Indicativo: ero, eri, era, eravamo, eravate, erano

Pretérito Perfeito do Indicativo: fui, fosti, fu, fummo, foste, furono

Futuro do Presente do Indicativo: sarò, sarai, sarà, saremo, sarete, saranno

Presente do Condicional: sarei, saresti, sarebbe, saremmo, sareste, **sarebbero**

310 Parte VI: Apêndices

Presente do Subjuntivo: sia, sia, sia, siamo, siate, siano

Pretérito Imperfeito do Subjuntivo: fossi, fossi, fosse, fossimo, foste, fossero

Presente do Gerúndio: essendo

Particípio Passado: stato

dovere (dever, ter que)

Presente do Indicativo: devo, devi, deve, dobbiamo, dovete, **devono**

Futuro do Presente do Indicativo: dovrò, dov**rai,** dov**rà,** dov**remo,** dov**rete,** dov**ranno**

Presente do Condicional: dov**rei,** dov**resti,** dov**rebbe,** dov**remmo,** dov**reste,** dov**rebbero**

Presente do Subjuntivo: debba, debba, debba, dobbiamo, dobbiate, debbano

potere (poder, conseguir)

Presente do Indicativo: po**sso, puoi, può,** po**ssiamo,** potete, po**ssono**

Futuro do Presente do Indicativo: pot**rò,** pot**rai,** pot**rà,** pot**remo,** pot**rete,** pot**ranno**

Presente do Condicional: pot**rei,** pot**resti,** pot**rebbe,** pot**remmo,** pot**reste,** pot**rebbero**

Presente do Subjuntivo: possa, possa, possa, possiamo, possiate, possano

sapere (saber)

Presente do Indicativo: so, sai, sa, sap**piamo,** sapete, sa**nno**

Pretérito Perfeito do Indicativo: seppi, sapesti**, seppe,** sappemmo, sapeste, **seppero**

Futuro do Presente do Indicativo: sap**rò,** sap**rai,** sap**rà,** sap**remo,** sap**rete,** sap**ranno**

Presente do Condicional: sap**rei,** sap**resti,** sap**rebbe,** sap**remmo,** sap**reste,** sap**rebbero**

Presente do Subjuntivo: sap**pia,** sap**pia,** sap**pia,** sap**piamo,** sap**piate,** sap**piano**

volere (querer)

Presente do Indicativo: vo**glio, vuoi, vuole,** vo**gliamo,** volete, vo**gliono**

Apêndice A: Tabelas de Verbos **311**

Pretérito Perfeito do Indicativo: volli, volesti, volle, volemmo, voleste, vollero

Futuro do Presente do Indicativo: vorrò, vorrai, vorrà, vorremo, vorrete, vorranno

Presente do Condicional: vorrei, vorresti, vorrebbe, vorremmo, vorreste, vorrebbero

Presente do Subjuntivo: voglia, voglia, voglia, vogliamo, vogliate, vogliano

Primeira conjugação em -are

andare (ir)

Presente do Indicativo: vado, vai, va, andiamo, andate, vanno

Futuro do Presente do Indicativo: andrò, andrai, andrà, andremo, andrete, andranno

Presente do Condicional: andrei, andresti, andrebbe, andremmo, andreste, andrebbero

Presente do Subjuntivo: vada, vada, vada, andiamo, andiate, vadano

dare (dar)

Presente do Indicativo: do, dai, dà, diamo, date, danno

Pretérito Perfeito do Indicativo: detti, desti, dette, demmo, deste, dettero

Presente do Subjuntivo: dia, dia, dia, diamo, diate, diano

Pretérito Imperfeito do Subjuntivo: dessi, dessi, desse, dessimo, deste, dessero

fare (fazer)

Presente do Indicativo: faccio, fai, fa, facciamo, fate, fanno

Pretérito Imperfeito do Indicativo: facevo, facevi, faceva, facevamo, facevate, facevano

Pretérito Perfeito do Indicativo: feci, facesti, fece, facemmo, faceste, fecero

Presente do Subjuntivo: faccia, faccia, faccia, facciamo, facciate, facciano

Pretérito Imperfeito do Subjuntivo: facessi, facessi, facessi, facessimo, faceste, facessero

Presente do Gerúndio: facendo

Particípio Passado: fatto

stare *(estar)*

Presente do Indicativo: sto, **stai**, sta, stiamo, state, **stanno**

Pretérito Perfeito do Indicativo: stetti, stesti, stette, stemmo, steste, stettero

Futuro do Presente do Indicativo: starò, starai, starà, staremo, starete, staranno

Presente do Subjuntivo: stia, stia, stia, stiamo, stiate, stiano

Segunda conjugação em –ere

alludere *(aludir)*

Pretérito Perfeito do Indicativo: allu**si**, alludesti, allu**se**, alludemmo, alludeste, allu**sero**

Particípio Passado: all**uso**

Os verbos conjugados como allu**dere** incluem: chiu**dere** *(fechar)*, deci**dere** *(decidir)*, divi**dere** *(dividir)*, esplo**dere** *(explodir)*, eva**dere** *(escapar)*.

accendere *(acender, ligar)*

Pretérito Perfeito do Indicativo: acce**si**, accendesti, acce**se**, accendemmo, accendeste, acce**sero**

Particípio Passado: acce**so**

Os verbos conjugados como accen**dere** (acces-), que levam **-s-** no pretérito perfeito e no particípio passado, incluem: compren**dere** *(compreender, entender)*, condivi**dere** *(compartilhar)*, divi**dere** *(dividir)*, emer**gere** *(emergir)*, esplo**dere** *(explodir)*, eva**dere** *(escapar)*, immer**gere** *(imergir, submergir, mergulhar)*, mor**dere** *(morder)*, per**dere** *(perder)*, pren**dere** *(pegar, prender)* ra**dere** *(barbear)*, ri**dere** *(rir)*, ripren**dere** *(recomeçar)* e scen**dere** *(descer)*

aggiungere *(acrescentar)*

Pretérito Perfeito do Indicativo: aggiun**si**, aggiungesti, aggiun**se**, aggiungemmo, aggiungeste, aggiun**sero**

Particípio Passado: aggiunto

Os verbos conjugados como aggiun**gere** incluem: dipin**gere** *(pintar)*, distin**guere** *(distinguir)*, estin**guere** *(extinguir)*, fin**gere** *(fingir)*, giun**gere** *(chegar)*, mun**gere** *(ordenhar)*, pian**gere** *(chorar)*, por**gere** *(entregar)*, pun**gere** *(picar, aferroar)*, raggiun**gere** *(unir)* spin**gere** *(empurrar)* e tin**gere** *(tingir)*.

Apêndice A: Tabelas de Verbos 313

cadere (cair)

Pretérito Perfeito do Indicativo: cad**di**, cadesti, cad**de**, cademmo, cadeste, cad**dero**

Futuro do Presente do Indicativo: cad**rò**, cad**rai**, cad**rà**, cad**remo**, cad**rete**, cad**ranno**

Presente do Condicional: cad**rei**, cad**resti**, cad**rebbe**, cad**remmo**, cad**reste**, cad**rebbero**

cogliere (colher, pegar)

Presente do Indicativo: co**lgo**, cogli, coglie, cogliamo, cogliete, co**lgono**

Pretérito Perfeito do Indicativo: co**lsi**, cogliesti, co**lso**, cogliemmo, coglieste, co**lsero**

Presente do Subjuntivo: co**lga**, co**lga**, co**lga**, cogliamo, cogliate, co**lgano**

Particípio Passado: co**lto**

Verbos conjugados como co**gliere** incluem sce**gliere** (*escolher*), scio**gliere** (*derreter*) e to**gliere** (*remover*).

correre (correr)

Presente do Indicativo: cor**si**, corresti, cor**se**, corremmo, correste, cor**sero**

Particípio Passado: cor**so**

Verbos conjugados como cor**rere** incluem accor**rere** (*apressar*), discor**rere** (*discorrer*) e tricor**rere** (*recorrer, apelar*).

concedere (conceder)

Presente do Indicativo: conce**ssi**, concedesti, conce**sse**, concedemmo, concedeste, conce**ssero**

Particípio Passado: conce**sso**

conoscere (conhecer, familiarizar-se)

Presente do Indicativo: cono**bbi**, conoscesti, cono**bbe**, conoscemmo, conosceste, cono**bbero**

Particípio Passado: conosc**iuto**

Verbos que modificam uma ou mais consoantes do radical e/ou, então, dupli-cam-na como ca**dere** incluem dir**igere** (dir**ess-**) (*dirigir, controlar*), discu**tere** (discu**ss-**) (*discutir*), leg**gere** (le**ss-**) (*ler*), proteg**gere** (*prot**ess-***) (*proteger*), red**igere** (**red**ass-) (*redigir*), reg**gere** (re**ss-**) (*manter*), **rompere** (**rupp-**) (*quebrar*), scri**vere** (scri**ss-**) (*escrever*) e ricono**scere** (ricono**bb-**) (*reconhecer*).

Parte VI: Apêndices

cuocere (cozinhar)

Presente do Indicativo: cuoc**io**, cuoci, cuoce, **c[u]ociamo, c[u] ocete,** cuoc**iono**

Pretérito Perfeito do Indicativo: cossi¸ c[u]ocesti, cosse, c[u] ocemmo, c[u]oceste, cossero

Presente do Subjuntivo: cuoc**ia**, cuoc**ia**, cuoc**ia**, cuociamo, cuociate, cuoc**iano**

Particípio Passado: cotto

crescere (crescer)

Presente do Indicativo: cresc**o**, cresci, cresce, cresciamo, crescete, cresc**ono**

Pretérito Perfeito do Indicativo: cre**bbi,** crescesti, cre**bbe**, crescemmo, cresceste, cre**bbero**

Presente do Subjuntivo: cres**ca**, cres**ca**, cres**ca**, cresciamo, cresciate, cresc**ano**

Particípio Passado: cresc**iuto**

Verbos conjugados como cresc**ere** incluem accresc**ere** (*aumentar*) e decresc**ere** (*diminuir*).

dipingere (pintar)

Pretérito Perfeito do Indicativo: dipin**si**, dipingesti, dipin**se**, dipingemmo, dipingeste, dipin**sero**

Particípio Passado: dipin**to**

Os verbos conjugados como dipin**gere** são fin**gere** (*fingir*), mun**gere** (*ordenhar*) e pian**gere** (*chorar*).

flettere (flexionar)

Pretérito Perfeito do Indicativo: fle**ssi**, flettesti, fle**sse**, flettemmo, fletteste, fle**ssero**

Particípio Passado: fle**sso**

Os verbos conjugados como fle**ttere** (fle-) incluem rifle**ttere** (*refletir*).

fondere (fundir, derreter)

Pretérito Perfeito do Indicativo: fu**si**, fondesti, **fuse**, fondemmo, fondeste, **fusero**

Particípio Passado: fu**so**

Apêndice A: Tabelas de Verbos **315**

Os verbos conjugados como fondere incluem con**fondere** (_confundir_) e dif**fondere** (_difundir_).

friggere (fritar)

Pretérito Perfeito do Indicativo: fri**ssi**, friggesti, fri**sse**, friggemmo, friggeste, fri**ssero**

Particípio Passado: fri**tto**

leggere (ler)

Pretérito Perfeito do Indicativo: le**ssi**, leggesti, le**sse**, leggemmo, leggeste, le**ssero**

Particípio Passado: le**tto**

Os verbos conjugados como le**ggere** incluem ele**ggere** (_eleger_) e rile**ggere** (_reler_).

mettere (colocar)

Pretérito Perfeito do Indicativo: misi, mettesti, **mise**, mettemmo, metteste, **misero**

Particípio Passado: me**sso**

Os verbos conjugados como **mettere** incluem amm**etere** (_admitir_), perme**ttere** (_permitir_) e trasm**ettere** (_transmitir_).

muovere (mover)

Pretérito Perfeito do Indicativo: mossi, m[u]ovesti, mosse, m[u] ovemmo, m[u]oveste, mossero

Particípio Passado: mosso

Os verbos conjugados como m**uovere** incluem comm**uovere** (_comover_), prom**uovere** (_promover_) e rim**uovere** (_remover_).

nascere (nascer)

Pretérito Perfeito do Indicativo: na**cqui**, nascesti, na**cque**, nascemmo, nasceste, na**cquero**

Particípio Passado: nato

nascondere (esconder)

Pretérito Perfeito do Indicativo: nasco**si**, nascondesti, nasco**se**, nascondemmo, nascondeste, nasco**sero**

Particípio Passado: nasco**sto**

316 Parte VI: Apêndices

Você pode conjugar rispo**ndere** (*responder*) do mesmo modo que nasc**ondere.**

piacere (gostar)

Presente do Indicativo: piac**cio,** piaci, piace, piac**ciamo,** piacete, piac**ciono**

Pretérito Perfeito do Indicativo: piac**qui,** piacesti, piac**que,** piacemmo, piaceste, piac**quero**

Presente do Subjuntivo: piac**cia,** piac**cia,** piac**cia,** piac**ciamo,** piac**ciate,** piac**ciano**

Particípio Passado: piac**iuto**

Verbos conjugados como piac**ere** incluem dispiac**ere** (*desgostar, lamentar*), tac**ere** (*silenciar*) e giac**ere** (*mentir*).

piovere (chover)

Pretérito Perfeito do Indicativo: piov**vi,** piovesti, piov**ve,** piovemmo, pioveste, piov**vero**

prendere (pegar, prender)

Pretérito Perfeito do Indicativo: pre**si,** prendesti, pre**se,** prendemmo, prendeste, pre**sero**

Particípio Passado: pre**so**

Verbos conjugados como prend**ere** (pres-) incluem scend**ere** (*descer*).

proteggere (proteger)

Pretérito Perfeito do Indicativo: prote**ssi,** proteggesti, prote**sse,** proteggemmo, proteggeste, prote**ssero**

Particípio Passado: prote**tto**

rimanere (permanecer)

Presente do Indicativo: riman**go,** rimani, rimane, rimaniamo**,** rimanete, riman**gono**

Pretérito Perfeito do Indicativo: rima**si,** rimanesti, rima**se,** rimanemmo, rimaneste, rima**sero**

Futuro do Presente do Indicativo: rima**rró,** rima**rrai,** rima**rrà,** rima**rremo,** rima**rrete,** rima**rranno.**

Presente do Condicional: rima**rrei,** rima**rresti,** rima**rrebbe,** rima**rremmo,** rima**rreste,** rima**rrebbero**

Apêndice A: Tabelas de Verbos *317*

Presente do Subjuntivo: rima**nga**, rima**nga**, rima**nga**, **r**imaniamo, rimaniate, riman**gano**

Particípio Passado: rima**sto**

rompere (quebrar)

Pretérito Perfeito do Indicativo: ruppi, rompesti, **ruppe,** rompemmo, rompeste, **ruppero**

Particípio Passado: rotto

Verbos conjugados como **r**ompere (**r-**) incluem corr**ompere** (*corromper*).

sconfiggere (derrotar)

Pretérito Perfeito do Indicativo: sconfi**ssi,** sconfiggesti, sconfi**sse,** sconfiggemmo, sconfiggeste, sconfi**ssero**

Particípio Passado: sconfi**tto**

scrivere (escrever)

Pretérito Perfeito do Indicativo: scri**ssi,** scrivesti, scri**sse,** scrivemmo, scriveste, scri**ssero**

Particípio Passado: scri**tto**

Verbos conjugados como scri**vere** incluem sottoscri**vere** (*subscrever*) e trascri**vere** (*transcrever*).

scuotere (sacudir)

Pretérito Perfeito do Indicativo: sc**ossi,** sc[**u**]otesti, sc**osse,** sc[**u**] ot**emmo,** sc[**u**]oteste, sc**ossero**

Particípio Passado: sc**osso**

Verbos conjugados como sc**uotere** incluem perc**uotere** (*atingir*) e ris**cuotere** (*coletar*).

sedere (sentar)

Pretérito Perfeito do Indicativo: siedo (seggo), siedi, siede, sediamo, sedete, **siedono (seggono)**

Possedere (*possuir*) é conjugado como **sedere.**

stringere (apertar, estreitar)

Pretérito Perfeito do Indicativo: strinsi, stringesti, strinse, stringemmo, stringeste, strinsero

Particípio Passado: stretto

Parte VI: Apêndices

spegnere (e menos comum spengere) (desligar)

Pretérito Perfeito do Indicativo: spen**si**, spegnesti, spen**se**, spegnemmo, spegneste, spen**sero**

Particípio Passado: spen**to**

succedere (suceder-se, acontecer)

Pretérito Perfeito do Indicativo: succe**ssi**, succedesti, succe**sse**, succedemmo, succedeste, **succe**ssero

Particípio Passado: suce**sso**

tenere (manter)

Presente do Indicativo: ten**go**, **tiene**, **tiene**, teniamo, tenete, ten**gono**

Pretérito Perfeito do Indicativo: ten**ni**, tenesti, ten**ne**, tenemmo, teneste, ten**nero**

Futuro do Presente do Indicativo: te**rrò**, te**rrai**, te**rrà**, te**rremo**, te**rrete**, te**rranno**.

Presente do Condicional: te**rrei**, te**rresti**, te**rrebbe**, te**rremmo**, te**rreste**, te**rrebbero**

Presente do Subjuntivo: ten**ga**, ten**ga**, ten**ga**, teniamo, teniate, ten**gano**

Verbos conjugados como te**nere** incluem sosten**ere** (sosten-) *(sustentar, manter)*.

vedere (ver)

Pretérito Perfeito do Indicativo: **vidi**, vedesti, **vide**, vedemmo, vedeste, **videro**

Futuro do Presente do Indicativo: ved**rò**, ved**rai**, ved**rà**, ved**remo**, ved**rete**, ved**ranno**.

Presente do Condicional: ved**rei**, ved**resti**, ved**rebbe**, ved**remmo**, ved**reste**, ved**rebbero**

Particípio Passado: veduto, **visto**

Verbos conjugados como v**edere** incluem riv**edere** *(rever)* e strav**edere** *(delirar)*.

vincere (vencer)

Pretérito Perfeito do Indicativo: vin**si**, vincesti, vin**se**, vincemmo, vinceste, vin**sero**

Apêndice A: Tabelas de Verbos **319**

Particípio Passado: vin**to**

Verbos conjugados como vin**cere** incluem convin**cere** (*convencer*) e stravin**cere** (*ganhar com facilidade*).

vivere (viver)

Pretérito Perfeito do Indicativo: vi**ssi**, vivesti, vi**sse**, vivemmo, viveste, vi**ssero**

Particípio Passado: vi**ssuto**

Verbos conjugados como vi**vere** incluem convi**vere** (*conviver*) e sopravvi**vere** (*sobreviver*).

Terceira conjugação em -ire

apparire (aparecer)

Presente do Indicativo: appa**io** (appari**sco**), appari (appari**sci**), appare (appari**sce**), appariamo, apparite, appa**iono** (appari**scono**)

Pretérito Perfeito do Indicativo: appar**vi**, apparisti, appar**ve**, apparimmo, appariste, appar**vero**

Presente do Subjuntivo: appa**ia**, appa**ia,** appa**ia**, appariamo, appariate, appa**iano**

Particípio Passado: appar**so**

Verbos conjugados como appar**ire** incluem riappar**ire** (*reaparecer*) e scompar**ire** (*desaparecer*).

aprire (abrir)

Presente do Indicativo: ap**ersi** (apr**ii**), apristi, ap**erse** (apr**i**), aprimmo, apriste, ap**ersero** (aprirono)

Particípio Passado: ap**erto**

Verbos conjugados como ap**rire** incluem cop**rire** (*cobrir*), off**rire** (*oferecer*), **ris**cop**rire** (*redescobrir*), scop**rire** (*descobrir*) e soff**rire** (*sofrer*).

dire (dizer)

Presente do Indicativo: d**ico**, d**ici**, d**ice**, d**iciamo**, d**ite**, d**icono**

Pretérito Imperfeito do Indicativo: d**icevo**, d**icevi**, d**iceva**, d**icevamo**, d**icevate**, d**icevano**

Presente do Subjuntivo: d**ica**, d**ica,** d**ica**, d**iciamo**, d**iciate**, d**icano**

320 Parte VI: Apêndices

> Pretérito Imperfeito do Subjuntivo: dicessi, dicessi, dicesse, dicessimo, diceste, dicessero
>
> Presente do Gerúndio: dicendo
>
> Particípio Passado: detto

Verbos conjugados como **dire** incluem bene**dire** (*abençoar*), contrad**dire** (*contradizer*) e dis**dire** (*cancelar, desdizer*).

morire (morrer)

> Presente do Indicativo: **muoio, muori, muore,** moriamo, morite, **muoiono**
>
> Futuro do Presente do Indicativo: **morrò** (morirò), **morrai** (morirai), **morrà** (morirà), **morremo** (moriremo), **morrete** (morirete), **morreste** (morireste), **morrebbero** (morirebbero)
>
> Presente do Condicional: **morrei** (morirei), **morresti** (moriresti), **morrebbe** (morirebbe), **morremmo** (moriremmo), **morranno** (mor-reste), **morrebbero** (morirebbero)
>
> Presente do Subjuntivo: **muoia, muoia, muoia,** moriamo, moriate, **muoiano**
>
> Particípio Passado: **morto**

offrire (oferecer)

> Presente do Indicativo: **offer**si (offrii), offristi, **offer**se (offri), offrimmo, offriste, **offer**sero (offrirono)
>
> Particípio Passado: **offer**to

O verbo **soffr**ire (*sofrer*) é conjugado da mesma forma que **offr**ire.

salire (subir)

> Presente do Indicativo: sal**go**, sali, sale, saliamo, saliete, sal**gono**
>
> Presente do Subjuntivo: sal**ga**, sal**ga**, sal**ga**, saliamo, saliate, sal**gano**

Verbos conjugados como sal**ire** incluem assal**ire** (*assaltar*) e risal**ire** (*voltar, subir novamente*).

udire (ouvir)

> Presente do Indicativo: **odo, odi, ode,** udiamo, udite, **odono**
>
> Presente do Subjuntivo: **oda, oda, oda,** udiamo, udiate, **odano**

Apêndice A: Tabelas de Verbos **321**

uscire (sair)

Presente do Indicativo: esco, esci, esce, usciamo, uscite, **escono**

Presente do Subjuntivo: esca, esca, esca, usciamo, usciate, **escano**

O verbo ri**uscire** (_suceder, conseguir_) é conjugado da mesma forma que **uscire**.

venire (vir)

Presente do Indicativo: ven**go**, **vieni**, **viene**, veniamo, venite, ven**gono**

Futuro do Presente do Indicativo: verrò, verrai, verrà, verremo, verrete, verranno

Presente do Condicional: verrei, verresti, verrebbe, verremmo, verreste, verrebbero

Pretérito Perfeito do Indicativo: venni**,** venisti, ven**ne**, venimmo, veniste, ven**nero**

Presente do Subjuntivo: ven**ga**, ven**ga**, ven**ga**, veniamo, veniate, ven**gano**

Verbos conjugados como ven**ire** (**vem-**) incluem avven**ire** (acontecer), diven**ire** (_tornar-se_), preven**ire** (_evitar, prevenir_), proven**ire** (_originar_) e rinven**ire** (_reencontrar_).

Combinando Irregularidades: Verbos que Usam um Radical Antigo

Alguns verbos usam um radical antigo e/ou modificam o que eles possuem agora. **Bere** (_beber_) vem de **bevere**; ele também forma pessoas a partir de **berr-; condurre** (_conduzir_) vem de **conducere; porre** (_colocar_) vem de **ponere**, mas ele também ganha **pong-** em algumas pessoas (ver sua conjugação); e **trarre** (_traçar_) vem de **traere**, que fica **tragg-** ou **trass-** em alguns modos e tempos verbais.

bere (beber)

Presente do Indicativo: bevo, bevi, beve, beviamo, bevete, bevono

Pretérito Imperfeito do Indicativo: bevevo, bevevi, beveva, bevevamo, bevevate, bevevano

Pretérito Perfeito do Indicativo: bevei, bevesti, bevve (bevé, bevette), **bevemmo, beveste, bevvero** (beverono, bevettero)

Futuro do Presente do Indicativo: berrò, berrai, berrà, berremo, berrete, berranno

Presente do Condicional: berrei, berresti, berrebbe, berremmo, berreste, berrebbero

Presente do Subjuntivo: bevessi, bevessi, bevesse, bevessimo, beveste, bevessero

Presente do Gerúndio: bevendo

Particípio Passado: bevuto

condurre (conduzir)

Presente do Indicativo: conduco, conduci, conduce, conduciamo, conducete, conducono

Pretérito Imperfeito do Indicativo: conducevo, conducevi, conduceva, conducevamo, conducevate, conducevano

Pretérito Perfeito do Indicativo: condussi, conducesti, condusse, conducemmo, conduceste, condussero

Presente do Subjuntivo: conduca, conduca, conduca, conduciamo, conduciate, conducano

Pretérito Imperfeito do Subjuntivo: conducessi, conducessi, condusesse, conducessimo, condusceste, conducessero

Presente do Gerúndio: conducendo

Particípio Passado: condotto

Todos os verbos formados com **–durre** (que é a base para **condurre**) comportam-se como ele: de**durre** (*deduzir*), intro**durre** (*introduzir*), pro**durre** (*produzir*), ri**durre** (*reduzir*), de**durre** (*seduzir*) e tra**durre** (*traduzir*).

porre (colocar)

Presente do Indicativo: pongo, poni, pone, poniamo, ponete, pongono

Pretérito Perfeito do Indicativo: posi, ponesti, pose, ponemmo, poneste, posero

Presente do Subjuntivo: ponga, ponga, ponga, poniamo, poniate, pongano

Pretérito Imperfeito do Subjuntivo: ponessi, ponessi, ponesse, ponessimo, poneste, ponessero

Presente do Gerúndio: ponendo

Particípio Passado: posto

Todos os verbos formados com **porre** comportam-se como ele: com**porre** (*compor*), de**porre** (*depor*), op**porre** (*opor-se*), e sup**porre** (*supor*).

trarre (traçar)

Presente do Indicativo: traggo, trai, trae, traiamo, traete, **traggono**

Pretérito Imperfeito do Indicativo: traevo, traevi, traeva, traevamo, traevate, traevano

Pretérito Perfeito do Indicativo: trassi, traesti, trasse, traemmo, traeste, trassero

Presente do Subjuntivo: tragga, tragga, tragga, traiamo, traiate, **traggano**

Pretérito Imperfeito do Subjuntivo: traessi, traessi, traesse, traessimo, traeste, traessero

Presente do Gerúndio: traendo

Particípio Passado: tratto

Todos os verbos formados com **trarre** comportam-se como ele: at**trarre** (*atrair*), con**trarre** (*contratar*), ri**trarre** (*retratar*), e sot**trarre** (*subtrair*).

324 Parte VI: Apêndices

Apêndice B

Dicionário Português-Italiano

●●●

Aqui estão algumas das palavras italianas usadas neste livro, arranjadas em ordem alfabética em português, para ajudá-lo quando for escrever ou falar em italiano.

a menos: **a meno di/che**

a, em: **a, in**

abaixo: **sotto, di sotto**

abaixo: **giù**

aborrecer **annoiare**

abrir: **aprire**

acreditar: **credere**

adquirir: **acquistare**

agora: **ora, adesso**

ainda não: **non ancora**

ainda: **ancora**

algo: **qualcosa**

algum lugar **da qualche parte**

algum, alguns, alguma, algumas: **alcuno, alcuni**

alto: **alto**

alugar: **affittare (un appartamento), noleggiare (un'automobile)**

amar: **amare**

amargo: **amaro**

analisar: **guardare**

antes: **prima**

anular: **annullare**

ao passo que: **mentre**

apesar: **sebbene**

após: **dopo**

aqui: **qui, lì**

assim que: **non appena**

assistir a: **guardare**

assustar, amedrontar: **spaventare**

até: **finché, finché non**

atrás: **dietro a**

através: **attraverso, per**

atualmente: **attualmente**

aumentar: **allevare, aumentare**

baixo: **basso**

barato: **a buon mercato**

beber: **bere**

bem: **bene**

bom: **buono**

bonito: **bello**

cair: **cadere**

caminhar: **camminare**

cancelar: **cancellare**

caro (querido): **caro**

caro, de alto valor: **caro, costoso**

casar-se: **sposarsi**

cedo: **presto**

chamar: **chiamare**

chegar: **arrivare**

colocar: **mettere**

com prazer: **volentieri**

com: **con**

começar: **incominciare**

comer: **mangiare**

como: **come**

comprar: **comprare**

conhecer: **conoscere**

conseguir **ricevere**

construir: **costruire**

contar: **dire, raccontare**

contra: **contro**

326 Parte VI: Apêndices

conversar: **parlare**

corrigir: **correggere**

crescer: **crescere**

dar: **dare**

de (origem): **da, di**

de modo que: **in modo da/ che**

de: **di**

defender: **difendere**

deixar (largar, abandonar): **lasciare**

deixar (permissão) **lasciare, permettere**

dela: **lei, [il] suo, [la] sua, [i] suoi, [le] sue**

dele: **[il] suo, [la] sua, [i] suoi, [le] sue**

deles/delas: **[il] loro, [la] loro, [i] loro, [le] loro**

demais: **troppo, troppi**

dentro: **dentro**

desde: **da quando, poiché**

desdizer: **disdire**

desejar: **desiderare, volere**

dever, ter que: **dovere**

devolver: **restituire**

dia: **giorno**

difícil: **difficile**

dirigir: **guidare**

divorciar: **divorziare**

dizer: **dire**

doar: **donare**

doce: **dolce**

dormir: **dormire**

e: **e**

educar **tirare su**

ela: **lei**

ele: **lui**

eles/elas: **loro**

em direção: **verso**

em torno: **intorno**

em: **in, a**

embarcar (expedir): **spedire**

emprestar **imprestare**

encontrar: **trovare, incontrare**

enquanto: **mentre**

então: **allora, poi**

entrar: **entrare**

entre: **tra**

enviar: **mandare**

escolher: **scegliere**

escutar: **ascoltare**

esperar, aguardar: **aspettare**

esperar, ter esperança: **sperare**

esquecer: **dimenticare, dimenticarsi**

estar acostumado a: **essere abituato a**

estar: **stare**

este: **questo**

estúpido: **stupido**

eu: **io**

experimentar: **provare**

fácil: **facile**

falar: **parlare**

fazer: **fare**

fechar: **chiudere**

feio: **brutto**

feliz: **felice**

finalizar: **finire**

finalmente: **finalmente**

fora: **fuori**

frequentemente: **spesso**

fresco: **fresco**

garoto: **ragazzo**

gentil: **gentile**

gordo: **grasso**

gostar: **piacere**

gracioso **carino**

grande: **grosso, grande**

homem: **uomo**

hora: **ora**

inteligente: **intelligente**

interessante: **interessante**

ir: **andare**

isso, esse, essa: **esso, essa**

já: **già**

jamais: **mai**

jogar: **giocare**

jovem: **giovane**

lá, aí: **là, ci**

largo: **largo**

lembrar: **ricordare, ricordarsi**

lentamente: **lentamente, piano**

levantar: **tirare su**

ligar de volta: **richiamare**

limpar: **pulire**

lindo: **carino**

logo: **presto**

longe: **lontano**

magro: **magro**

mais, mais do que: **più, più di/che**

mal: **male**

manter: **tenere**

Apêndice B: Dicionário Português-Italiano 327

mas: **ma**

máximo: **massimo**

me: **me**

melhor (que): **meglio, migliore**

menos, menos que: **meno, meno di/che**

meu: **[il] mio, [la] mia, [i] miei, [le] mie**

mínimo: **minimo**

morrer: **morire**

mover: **m[u]overe, m[u]oversi**

mudar: **cambiare**

muito, muitos: **molto, molti**

muito: **molto**

mulher: **donna**

na frente de, em frente: **di frente [a]**

na verdade: **effettivamente**

não: **no**

nascer: **nascere, essere nato**

necessitar: **avere bisogno di**

nem...nem: **né... né**

nenhum: **nessuno**

noite: **notte**

nós: **noi**

nosso: **[il] nostro, [la] nsotra, [i] nostri, [le] nostre**

novamente: **di nuovo**

novo: **nuovo**

nunca **non... mai**

o mesmo: **stesso**

o que: **che, que cosa**

o: **il**

observar: **guardare**

obter: **ottenere**

odiar: **odiare**

oferecer: **offrire**

onde: **dove**

ótimo: **ottimo**

ou...ou **o... o**

ou: **o**

pagar: **pagare**

para cima: **su**

para, a: **a, in, da**

parar: **fermare, fermarsi**

partir: **lasciare, partire**

passar: **passare**

pegar emprestado, fazer empréstimo: **prendere a prestito**

pegar: **prendere, portare**

pensar: **pensare**

pequeno: **piccolo**

perder: **perdere**

perdoar: **perdonare**

péssimo: **pessimo**

pior: **peggio, peggiore**

poder, ser capaz: **potere**

por, de (meios de transporte)*:* **da, in** (+ meios de transporte)

por: **per**

porque: **perchè**

portanto: **cosi**

possuir: **possedere**

poucos: **pochi**

preferir **preferire**

procurar: **cercare**

próximo: **vicino**

qual: **che, il quale, il quale**

qualquer coisa: **qualcosa, qualsiasi cosa**

qualquer um/uma: **chiunque**

quando: **quando**

quanto/a, quantos/as; tanto/a, tantos/as **quanto, quanti; tanto, tanti**

que: **che, il quale, quello**

quem, a quem: **chi**

querer: **volere**

rapidamente: **rapidamente, in fretta**

rápido: **veloce, velocemente, in fretta**

receber: **ricevere**

repetir: **ripetere**

reservar: **prenotare**

responder: **rispondere**

restituir: **restituire**

retornar: **ritornare, restituire**

ruim: **cattivo**

saber: **sapere**

sair: **uscire**

se: **se**

sem: **senza**

sempre: **sempre**

sentir, perceber: **sentire**

ser: **essere**

sério: **serio**

sim: **sì**

sobre: **su, sopra, di sopra**

somente: **solo, soltanto**

suceder (sucesso): **riuscire, succedere**

suficiente: **abbastanza**

Parte VI: Apêndices

tanto... como, (ambos) ... e .... **sia... sia**

tarde: **tardi**

telefonar: **telefonare**

ter: **avere**

terminar: **finire**

teu: **[il]tuo, [la]tua, [i]tuoi, [le]tue**

tocar (um instrumento)?: **s[u]onare**

todo lugar: **dappertutto**

todos, todas (pessoas): **ciascuno, tutti**

trabalhar: **lavorare**

trazer: **portare**

triste: **triste**

tu: **tu/te**

tudo, toda, todo, todas, todos: **tutto, tutta, tutti, tutte**

um pouco (de): **un po', un po' di**

um, uma: **un, uno** (m.)/**una** (m.)

usar: **usare**

velho: **vecchio**

vender: **vendere**

ver: **vedere**

vestir: **indossare, portare**

viajar: **viaggiare**

vir: **venire**

viver: **vivere, abitare**

voar: **volare**

vós: **voi/vi**

vosso: **[il]vostro, [la] vostra, [i]vostri, [le]vostre**

Apêndice C
Dicionário
Italiano-Português

Aqui estão algumas das palavras italianas usadas neste livro, listadas em ordem alfabética em italiano, para ajudá-lo quando for escrever ou falar em italiano.

a, in *a, em, para*

abbastanza *suficiente*

abitare *morar*

acquistare *comprar, adquirir*

adesso *agora*

affittare (un appartamento) *alugar (apartamento)*

alcuno, alcuni *algum, alguns, alguma, algumas*

allevare *educar, criar*

allora *então*

alto *alto*

amare *amar*

amaro *amargo*

ancora *ainda*

andare *ir*

annoiare *aborrecer*

annullare *anular*

aprire *abrir*

arrivare *chegar*

ascoltare *escutar*

aspettare *esperar, aguardar*

attraverso *através*

attualmente *atualmente*

avere *ter*

avere bisogno di *necessitar*

basso *baixo*

bello *bonito*

bene *bem*

bere *beber*

brutto *feio*

a buon mercato *barato*

buono *bom*

cadere *cair*

cambiare *mudar*

camminare *caminhar*

cancellare *cancelar*

carino *gracioso, bonitinho*

caro *caro, de alto valor*

cattivo *ruim*

cercare *procurar*

cercare di *tentar*

che *que, qual*

che, que cosa *o que, qual*

chi *quem, a quem*

chiamare *chamar, telefonar*

chiamarsi *chamar-se*

chiudere *fechar*

chiunque *qualquer um/uma, alguém*

ci *aqui, ali, nos*

ciascuno *todos, todas (pessoas)*

come *como*

comprare *comprar*

con *com*

conoscere *conhecer*

contro *contra*

correggere *corrigir*

così *portanto*

costoso *caro, custoso*

costruire *construir*

credere *acreditar*

crescere *crescer*

da *por, de, até*

dappertutto *todo lugar*

dare, donare *dar, doar*

dei *algum, alguns*

del *um pouco, algum, do/da*

dentro *dentro*

desiderare *desejar*

di *de*

dietro a *atrás*

difendere *defender*

difficile *difícil*

dimenticare, dimenticarsi *esquecer*

dire *dizer*

divorziare *divorciar*

dolce *doce*

donna *mulher*

dopo *após*

dormire *dormir*

dove *onde*

dovere *dever, ter que, ser obrigado a*

e *e*

effettivamente *na verdade*

entrare *entrar*

essere *ser*

essere abituato a *estar acostumado a*

facile *fácil*

fare *fazer*

felice *feliz*

fermare, fermarsi *parar*

finalmente *finalmente*

finché, fino a quando *até*

finire *finalizar, terminar*

forte *forte, rápido*

fra *entre*

fresco *fresco*

in fretta *rápido*

di fronte [a] *em frente a, na frente de*

fuori *fora*

gentile *gentil*

già *já*

giocare *jogar*

giorno *dia*

giovane *jovem*

giù *abaixo*

grande *grande*

grasso *gordo*

grosso *grande*

guardare *analisar, assistir, observar*

guidare *dirigir*

il *o*

imprestare *emprestar*

in, in (+ meios de transporte) *em, a, por*

incominciare *começar*

incontrare *encontrar*

indossare, portare *vestir*

intelligente *inteligente*

interessante *interessante*

intorno *em torno*

io *eu*

là, ci *lá, aí*

la *a*

largo *largo*

lasciare *deixar, partir*

lavorare *trabalhar*

lei *ela, dela*

lentamente *lentamente*

li *ali*

lontano *longe*

loro *eles/elas*

loro, il loro *deles, delas*

lui *ele*

ma *mas*

magro *magro*

mai *jamais*

male *mal*

malvolentieri *relutantemente*

mandare *enviar*

mangiare *comer*

massimo *máximo*

me *me*

meglio, migliore *melhor (que)*

meno, meno di che *menos, menos que*

a meno di/che *a menos que*

mentre *enquanto, ao passo que*

mettere *colocar*

migliore *melhor*

minimo *mínimo*

mio, il mio *meu*

in modo da/che *de nodo que*

molto, molti *muito, muitos*

morire *morrer*

m[u]overe, m[u]oversi *mover*

nascere, essere nato *nascer*

ne *deste, daquele, dele, deles*

né... né *nem... nem*

da nessuna parte *de lugar algum*

Apêndice C: Dicionário Italiano-Português 331

nessuno *nenhum*

no *não*

noi *nós, nos*

noleggiare (un'automobile) *alugar (um carro)*

non *não*

non ancora *ainda não*

non appena *assim que*

non... mai *nunca*

nostro, il nostro *nosso*

notte *noite*

nulla *nada*

nuovo *novo*

o *ou*

o... o *ou...ou*

odiare *odiar*

offrire *oferecer*

ora *hora*

ottenere *obter*

ottimo *ótimo*

pagare *pagar*

parecchio *muitos, vários*

parlare *conversar, falar*

passare *passar*

peggio *pior*

peggiore *pior*

pensare *pensar*

per *por*

perché *porque*

perdere *perder*

perdonare *esquecer*

pessimo *péssimo*

piacere *gostar*

piano *lentamente*

piccolo *pequeno*

più, più di/che *mais, mais do que*

di più *mais*

pochi *poucos*

poco *muito pouco, pequeno*

poi *então*

poiché *desde que, conforme*

portare *trazer*

possedere *possuir*

potere *poder, ser capaz*

preferire *preferir*

prendere *pegar*

prendere a prestito *pegar emprestado, fazer empréstimo*

prenotare *reservar*

presto *logo, cedo*

prima *antes*

primo *primeiro*

prossimo *próximo, a seguir*

provare *experimentar*

pulire *limpar*

da qualche parte *de algum lugar*

qualcosa *algo, qualquer coisa*

quando *quando*

da quando *desde quando*

quanti *todos aqueles que*

quanto, quanti *quanto/a, quantos/as; tanto/a, tantos/as*

quello *aquele*

questo *este*

qui *aqui*

raccontare *contar*

ragazzo *garoto*

rapidamente *rapidamente*

restituire *devolver, restituir*

ricevere *consegui,r receber*

richiamare *ligar de volta*

ricordare qualcosa a qualcuno *lembrar algo a alguém*

ricordare, ricordarsi *lembrar*

ripetere *repetir*

rispondere *responder*

ritornare *retornar*

riunione *reunião*

riuscire *suceder (sucesso)*

sapere *saber, conhecer*

scegliere *escolher*

se *se*

sebbene *apesar*

sempre *sempre*

sentire *sentir, perceber*

senza *sem*

serio *sério*

si *si, nós, eles*

sì *sim*

sia... sia *tanto... como, (ambos) ... e ....*

solo, soltanto *somente*

sopra *sobre*

sopra, di sopra *acima*

sotto, di sotto *abaixo*

spaventere *assustar, amedrontar*

spedire *embarcar (expedir), enviar*

spendere *gastar*

sperare *esperar, ter esperança*

spesso *frequentemente*

332 Parte VI: Apêndices

sposare *casar*

sposarsi *casar-se*

stare *estar*

stesso *o mesmo*

stupido *estúpido*

su *para cima*

suo, il suo *dele, dela*

suonare *tocar (instrumento, campainha)*

tanto, tanti *tanto, tantos*

tardi *tarde*

te *ti*

telefonare *telefonar*

tenere *manter*

tirare su *criar, educar*

tra *entre*

triste *triste*

troppo, troppi *demais*

trovare *encontrar*

tu/te *tu/você*

tuo, il tuo *teu*

tutti *tudo, todas, todos*

tutto *tudo, toda, todo,*

un po', un po' di *um pouco (de)*

un/uno, una *um, uma*

uomo *homem*

usare *usar*

uscire *sair*

vecchio *velho*

vedere *ver*

veloce *rápido*

velocemente *rápidamente*

vendere *vender*

venire *vir*

verso *em direção*

viaggiare *viajar*

vicino *próximo*

vivere, abitare *viver*

voi *vós/vocês*

volare *voar*

volentieri *com prazer*

volere *querer*

vostro, il vostro *vosso*

Indice Remissivo

• A •

Abitare 299
accadere 294
accendere 312
a cui 139
adjetivo 12
  Advérbios 81
  colocação 87
  Comparações 93
  concordância 14
  Demonstrativo 115
  Indefinido 115
  interrogativo 262
  Invariáveis 85
  irregular 84
  negativo 269
  Possessivo 115
  Preposições 101
  regular 82
  Sobre 12
  superlativos 95
Adjetivos irregulares 83
Advérbios 81
  adjetivos derivador do 90
  colocação 92
  comparativo 94
  derivados usando –mente 98
  Negativo 268
  Preposições 101
  sobre 89
  superlativo 95
advérbios compostos 92
Advérbios originais 90
affinché 135
aggiungere 185
agire 177
alcuno 119

allora 133
alludere 312
a meno che 136
ancora 92
andare 105
andarsene 294
apparire 319
a (preposição) 101
  + artigo 102
  Qualidades e funções 103
aprire 319
Artigo 27
  Artigo indefinido 29
  artigos definidos 28
  Artigos Partitivos 126
  sobre 27
ascoltare 329
a tal punto da 137
Auxiliar Modal
  Sobre 178

• B •

bastare 294
bello 83
benché 135
bene 90
Bere 156
breve 87
brutto 87
buono 87

• C •

cadere 210
calendários 51
capitare 294

caro 329
cavarsela 294
ch
  pronuncia 10
che
  Sobre 4
che cosa 262
chi 262
chiunque 117
ci 64
  O pronome adverbial ci 71
ciare 231
ciascuno 120
cogliere 313
cognatos 291
Comando comparativos
  sobre 81
come 262
comparativos
  regras 96
Comparativos
  formas especiais 97
Complementos 103
concordância 14
  Adjetivos 14
  artigos definidos 28
  Artigos indefinidos 29
  formas 20
  sobre 14
Conjugação
  coordenativas 13
  primeira conjugação, verbos irregulares
    –are 306
  segunda conjugação, verbos irregulares
    –ere 306
  subordinativas 13
  terceira conjugação, verbos irregulares
    –eire 306
conjunção 13
  conjunções coordenativas 132
  conjunções subordinativas 131
  Orações com Conjunções e
    Preposições 132
  Preposições Funcionando como
    Conjunções 137
conoscere 300
consigliare 308
construções idiomáticas 291
correre 313
cosa 265
così...come 94
crescere 314
cui 139
cuocere 314

da cui 139
dall'altra parte di 105
davanti a 105
del 119
del quale 139
dias e datas 107
Di chi 273
dicionário bilíngue 23
Dicionários 21
  dicionário bilíngue 23
  Dicionário Português-Italiano 325
  dicionários monolíngues 24
  Italiano-Português 329
dicionários eletrônicos 22
di cui 139
dietro a/di 105
dipingere 314
dire 319
dispiacere 294
dopo 135
dove 262
dovere 310

• E •

ecco 295
entro 108
ere 194

Índice Remissivo 335

essere 162
expressões idiomáticas 24
expressões preposicionais 71

• F •

falciare 307
farcela 294
Fare
  Formas compostas 295
  sobre 295
feriados 108
finché 135
finire 308
fino a 137
flettere 314
fondere 314
Fonologia 10
Formas não infinitas do
     verbo 14
Formas Possessivas 128
fra 330
friggere 315

• G •

Gênero e Número 27
gh, pronúncia 207
giocare 16
gi, pronúncia 11
g, pronúncia 11
Grande 81

• I •

il cui 139
il più/meno...di/in 95
il quale 138
Imperativos
  sobre 220
Imperfeito Progressivo 194

importare 294
in modo da 137
interessare 294
interjeições 14
invece di 137
issimo 95

• L •

l'altro 121
lasciare 297
latim 9
leggere 315
lei 305
loro 60
lungo 87
l'hora 46-48

• M •

ma 3,12
male 90
mancare 294
Mangiare 301
meno 97
mettere 172
modo condicional
  Sobre 229
Modo Indicativo 16
modo subjuntivo 234
Molti 117
molto 122
Morfologia 10
morire 158
muovere 315

• N •

nascere 315
nascondere 315
nemmeno/neanche/neppure 268

né...né 269
nessuno 270
niente 270
Non è Vero? 298
nonostante 135
nulla 125
Números Cardinais
  Data/hora 45
  Sobre 45
Números Ordinais 48
nuovo 88

• O •

offrire 320
ogni 120
ognuno 125
oltre a 137
o...o 133
o/oppure 131
Orações causais 19
Orações Declarativas
  Sobre 247
orações dependentes
  sobre 245
Orações hipotéticas 19
orações independentes
  Sobre 20

• P •

pagare 307
palavras indefinidas 117
parecchio 123
Particípio Passado 171
Particípio presente 293
Particípios 171
Partire 300
per caso 19
perché 135
perciò 144
piacere 155
piccolo 88

piovere 316
più 92
pochi 126
poco 122
poi 133
ponto de exclamação 219
porre 159
potere 209
povero 88
prendere 316
Preposições 101
Pretérito
  pretérito imperfeito do subjuntivo 237
  pretérito passado do subjuntivo 240
  pretérito perfeito composto 178
prima che 135
prima de/del 108
prima di 137
produrre 160
pronomes 59
  Pronomes Compostos 69
  Pronomes Oblíquos Diretos 63
  Pronomes Oblíquos
    Indiretos 66
  pronomes reflexivos 60
  Pronomes Retos 60
pronomes oblíquos 177
  pronomes oblíquos diretos
    sobre 298
  Pronomes oblíquos indiretos
    sobre 225
pronúncia 10
  Fonologia 10
proteggere 316
purché 135

qualche 117
qualcosa 125
qualcuno 125
Quale 138
Qualificadores Demonstrativos
  sobre 115

Índice Remissivo 337

qualsiasi 124
Qualunque 124
quando 131
quanti 143
quanto 143
questo e quello 115
quindi 133

• R •

rimanere 316
Rimanere 156
Riuscire 302
rompere 317

• S •

Salire 157
sapere 153
scegliere 157
sciare 308
sconfiggere 317
scrivere 317
scuotere 317
Séculos 50
Semântica 10
sembrare 161
sempre 90
sempre più 94
sentire 235
senza 135, 137
senza che 135
sia...sia 133
Singular 28
sistema de 24 horas 52
Solo 88
som forte 150
sopra 105
sotto 105
spengere/spegnere 157
stare 162
stringere 317
studiare 308

succedere 318
su cui 141
Suonare 301
Superlativos Absolutos 96
superlativos, Os 95

• T •

tanti 126
tanto 122
tanto...quanto 94
tempo passado 169
Tempos Verbais 147
tenere 156
transporte 111
trarre 159
troppo 122
tuttavia 133
tutte e due 124
tutti 123
tutto 125
tutto il 123

• U •

udire 320
un altro 125
un certo 121
uno 126
un po' di 127
uscire 321

• V •

vecchio 88
vedere 318
vedersela 294
venire 296
venirsene 294
Verbos
    Tabelas de Verbos 305
Verbos auxiliares

338 Italiano Intermediário para Leigos

escolhendo 155
pretérito imperfeito 169
Sobre 151
Tabelas de Verbos 305
Verbos compostos
Con 13
concedere 313
condurre 322
Verbos Impessoais 160
Verbos Irregulares 309
avere 309

Tabelas de Verbos 305
Verbos Regulares 305
Tabelas de Verbos 305
verbos transitivos e intransitivos 174
vincere 318
vivere 319
volere 153
voz ativa 15
Voz Passiva 296
voz reflexiva 15